新时代大学生价值观培育与大学生思想政治教育研究

范 烨◎著

中国出版集团
中国民主法制出版社

全国百佳图书
出版单位

图书在版编目（CIP）数据

新时代大学生价值观培育与大学生思想政治教育研究/范烨著.—北京：中国民主法制出版社，2024.2

ISBN 978-7-5162-3510-2

Ⅰ.①新… Ⅱ.①范… Ⅲ.①大学生 – 思想政治教育 – 教学研究 – 中国 Ⅳ.① G641

中国国家版本馆 CIP 数据核字（2024）第 033116 号

图书出品人：刘海涛
出 版 统 筹：石　松
责 任 编 辑：刘险涛　吴若楠

书　　　名/新时代大学生价值观培育与大学生思想政治教育研究
作　　　者/范　烨　著

出版·发行/中国民主法制出版社
地址/北京市丰台区右安门外玉林里 7 号（100069）
电话/（010）63055259（总编室）　63058068　63057714（营销中心）
传真/（010）63055259
http://www.npcpub.com
E-mail: mzfz@npcpub.com
经销/新华书店
开本/16 开　787 毫米 × 1092 毫米
印张/14　　字数/229 千字
版本/2024 年 4 月第 1 版　　2024 年 4 月第 1 次印刷
印刷/廊坊市源鹏印务有限公司

书号/ISBN 978-7-5162-3510-2
定价/78.00 元
出版声明/版权所有，侵权必究。

前　言

　　当前，思想文化领域作为一项弘扬中国精神、集聚中国力量的系统工程，在捍卫主流意识形态、引领先进文化建设、推进中国特色社会主义事业方面无疑具有十分重要的战略意义。同时，各高校的社会主义核心价值观融入教育全过程工作取得了令人可喜的成绩，但是我们也应清醒地认识到，这项工作不是一朝一夕可以完成的，时代的不断发展给高校贯彻社会主义核心价值观提出了新要求和新任务。在新的时代背景下，高校社会主义核心价值观培育工作还存在一些不足，不容忽视。

　　近年来，虽然各高校均加大了大学生社会主义核心价值观培育载体的建设力度，开发了校园文化载体、管理载体、实践活动载体、传媒网络载体等多种形式，但是一些载体在利用上还是流于形式，没能取得应有的效果。因而，研究如何形成培育和践行社会主义核心价值观的合力，是摆在广大高校社科工作者面前迫切需要解决的重大现实课题。

　　本书是思想政治教育方向的著作，主要研究新时代大学生价值观与大学生思想政治教育，本书从新时代大学生价值观培育介绍入手，针对多元参与的大学生立体化价值观培育、新时代价值观引领大学生思想政治教育，以及大学生价值观与思想政治教育方式进行了分析；另外，对新时代大学生思想政治教育文化自觉培养、媒体参与对大学生思想政治教育的影响做了探讨；最后，对不同背景下的大学生思想政治教育提出了一些建议；对新时代大学生价值观培育与思想政治教育的应用创新有一定的借鉴意义。

　　在本书的策划和写作过程中，曾参阅了国内外有关的大量文献和资料，并从其中得到启示，作者在此致以衷心的感谢！同时，本书的撰写还有一些不尽如人意的地方，加上作者学识水平和时间所限，书中难免存在缺点和谬误，敬请同行专家及读者指正，以便进一步完善提高。

目录

第一章 新时代大学生价值观培育概述

第一节 大学生价值观培育的重要意义与驱动发展愿景

迅速崛起的中国，面临着诸多机遇与挑战。我们要在开放的平台上、激烈的竞争中、复杂的环境下，全面考量和系统谋划中国的未来发展。这种长远发展迫切需要强健的理想信念与持久的精神动力作为保障。

社会主义核心价值观的培育和践行，事关正能量的大小、软实力的升降、话语权的强弱、国家形象的好坏、社会风气的清浊以及民众心态的明暗，承担着为中国特色社会主义建设提供信仰支撑、价值感召与精神动力的重大责任。面对全球化时代，置身社会转型期与矛盾凸显期，处于价值形成和确立关键时期的当代中国青年大学生，达到何种认识、产生何种困惑、怀有什么期盼，尤其值得全社会关注和关怀。

一、新时代大学生社会主义核心价值观培育的重要意义

（一）社会主义核心价值观是社会转型期确立的重要支点

伴随中国社会转型的加速，改革逐渐由经济层面和政治层面向文化层面纵深。价值观是文化的核心，多元文化的并存与冲突在价值观领域表现为，传统价值观念逐渐失范，而同时新的主导性的价值观念还没有完全确立，价值观念呈现多元化和多层次化。多元的和多层次的价值观念同时从不同角度冲撞、挤压和困扰着中国民众。因此，在全社会确立社会主义核心价值观就成为重大的战略任务。大学生是祖国的未来和民族的希望，率先在当代大学生中内化社会主义核心价值观有助于引导转型期人们的价值选择，以点带面，引领整个社会的价值认同，从而推动社会主义核心价值观在全社会的确立。

（二）社会主义核心价值观是引导大学生走出自身价值困境的需要

当代大学生的价值观具有非常鲜明的时代特征，可以概括为既崇尚真善美的精神境界和高尚人格，又注重现实、讲求个人实惠和注重物质利益；虽憎恨贪婪与不道德，却宽容自己的放纵；既倾向于自立自强，又对依赖、依傍怀有不舍。因此，在新形势下，对大学生进行社会主义核心价值观培育具有十分重要的意义。

二、新时代大学生社会主义核心价值观教育的驱动发展愿景

当下大学生均为"00后""05后"，他们有一些不同于往届的群体特征：更愿意接受认为对其有用的东西，更愿意接受觉得有意思的东西，更愿意接受自己参与完成的东西。因此，面向新时代大学生群体的社会主义核心价值观教育，应唤醒其内在的利益需求，而非强行地灌输；应饶有兴致地讲故事，而非僵化刻板地讲道理；应该是双向互动，而非单向说教。简言之，受众导向下的大学生社会主义核心价值观培育必定要有"三轮驱动"。

（一）坚持需求驱动，让学生觉得"有所用"

马斯洛的需求层次理论把人的需求分为生理需求、安全需求、社交需求、尊重需求和自我实现需求五个层次，其中，生理需求和安全需求属于生存性需求，其他三者属于发展性需求。从马斯洛的需求层次理论出发，从宏观角度看，大学生的成长需求同样分为生存性需求和发展性需求；从微观角度看，大学生的成长需求包括思想引导、心理疏导、人际交往、学习指导、社会实践，以及就业择业等涉及学生成长各个环节的需求。因此，要做好对大学生的核心价值观教育，就要为大学生成长成才的需要创造良好的发展环境和条件保障，将社会主义核心价值观的内容融入其成长的各个环节，达到润物无声的教育效果。具体来说，首先，教育者要结合社会主义核心价值观，凝练和建构当代大学生群体的核心价值观内容，解决学生思想引导需求；其次，学校要想学生之所想，急学生之所急，千方百计、真真切切地帮助学生，做好学生发展需求的调研，解决学生的社交、学业、社会实践等方面的需求，并融入社会主义核心价值观的内容；再次，要做好职业生涯规划教育工作，将爱岗、敬业等核心价值观要素的解读与解决学生的择业问题、生涯目标问题结合起来，始终为学生的成长成才谋福利；最后，学校要维护好学生的根本利益，营造公平、正义、和谐、文明、民主、爱国、敬业、诚信的校园环境，在日常教育生活中增进学生对社会主义核心价值观的心理认同。

（二）坚持兴趣驱动，让学生觉得"有意思"

孔子说，"知之者不如好之者，好之者不如乐之者"。美国教育学家杜威也曾说，教育就是要激发被教育者的兴趣。兴趣是爱的源泉，是主动认识和实践的内生动力。对大学生来说，兴趣是直接推动学习活动和成才成长的动力因素，是促进个性和谐发展的有效途径，是成才的起点和成就事业的沃土。大学生思想观念尚未成熟，对于感性的直观事物更易接受，社会主义核心价值观教育要增强其吸引力和感染力，就要善于用学生喜闻乐见的方式开展。要善于用"简、易、微"的活动激发学生实践的兴趣，核心价值观教育可以"高大上"，但绝不能高高在上，要让核心价值观的教育活动成为"人人想参与，人人可参与"的身边事。第一，创新教育实践的内容和形式，让学生便于参与、乐于参与；第二，开展健康向上、格调高雅、内容丰富的校园文化活动来吸引学生，让学生在活动中陶冶情操，塑造自我，深受启发；第三，发挥道德典型和先进榜样的行为范式对当代大学生的引导作用，通过他们的典型事迹潜移默化地影响大学生的思想和行为；第四，以新媒体为载体，扩大社会主义核心价值观的教育影响。要紧跟时代特征，在创新传统教育形式的同时，精心创作一大批具有思想内涵和感染力的短视频、创意图片等新媒体文化产品，在追求高品质的同时做到"接地气"，让学生看得懂、喜欢看，听得懂、乐于听，说得通、讲得好，做得到、干得好。

（三）坚持主体驱动，让学生觉得"能做主"

现代世界的原则就是主体性的自由。在当代社会，我们可用"以人为本"来阐释这层含义。大学是发现人、培育人、成就人的地方，大学生既是教育的对象，也应是教育的主体，唤醒学生的主人翁意识，发挥学生的主体性作用，是学生认识自我、完善自我、超越自我的必要条件。大学生核心价值观培育应是双向互动的，而不是单向说教；应引导学生主动参与，而不是让学生被动接受。具体来说，第一，社会主义核心价值观的培育，除了要有严谨的课堂理论教学，更要有丰富生动的第二课堂，在第二课堂中加强核心价值观的引导和渗透。教育过程中要坚持"将舞台还给学生，将机会让给学生，将成长留给学生"的原则，以学生为本，鼓励学生发挥他们的积极性、主动性、创造性，让学生在自我服务、自我教育中收获成长，体会幸福；第二，引导学生主动参与社会实践，包括志愿服务、社会实践、校园文化、创新创业等具体实践，使学生在发挥主体作用的过程中，从对核心价值观自发的感性认识到自觉的理性思考，将社会主义核心价值观真正内化于心，外化于行；第三，评价学生学习和践行社会主义核心价值观的效果好不好，要让学生"能作主、说了算"，鼓励自我展现、自我推荐，通过搭建公选式民主评优平台，让每个学生都有机会展示自己优秀的一面，让学生发现优秀、评选优秀、学习优秀。

第二节 新时代大学生价值观培育的内容

社会主义核心价值观的三个层次，仅是对社会各阶层培育和践行社会主义核心价值观提出的核心要求，既有超越一定日常生活的普遍性和概括性，又有远离大众的高瞻远瞩性和理论抽象性。因此，在进行价值观教育时，还需要结合教育主客体的实际情况，进行教育内容上的细化与探究。新时代大学生有着更多的精神需要、价值追求和利益关切。探索大学生社会主义核心价值观的内容，需要在坚持相关原则的基础上确立培育的目标，深化吸收各类思想内容，以契合和满足大学生的个体发展需要。

一、新时代大学生社会主义核心价值观培育的原则

大学生社会主义核心价值观的培育是一项复杂的系统工程。为使这项塑造人的灵魂的工程顺利开展，必须在培育过程中遵循正确的基本原则。

（一）统一领导与齐抓共管相结合原则

认识是前提，领导是关键。对大学生社会主义核心价值观教育而言，必须有统一的领导。没有统一的领导，价值观教育就不可能真正地落到实处，更不可能发挥其实效。因为缺乏统一领导就不能建立起科学合理的领导机制，教师对进行大学生社会主义核心价值观教育的积极性就无法调动起来，而学生学习的积极性和主动性也会同样不高；另一方面，在大学生社会主义核心价值观教育过程中遇到的问题也会因为缺乏应有的重视而得不到有效地解决。因此，要建立起大学生社会主义核心价值观教育的长效机制，就要建立起科学合理的统一领导机制。作为高校领导，应当对大学生社会主义核心价值观教育工作进行分工负责，具体落实到人，形成"党委统一领导，党政齐抓共管，广大师生共同参与"的教育格局，经常检查和督促社会主义核心价值观教育工作的实施情况，并将教育效果作为领导和教师考核的一项重要指标，促使其对社会主义核心价值观教育真正重视起来。建立完善的统一领导体制的同时也要做到坚持全员育人、全方位育人，形成合力，齐抓共管，加强社会主义核心价值观的培育。因而，高校要大力加强学校各级党政干部和共青团干部、思想政治理论课和哲学社会科学课教师队伍、辅导员和班主任这三支队伍建设，明确分工，各自真正履行起教书育人的神圣职责。同时，要建立学校、家庭、社会教育的立体化、网络化育人机制，把教育、管理与服务结合起来，充分发挥合力育人的作用。

（二）显性教育与隐性教育相结合原则

大学生社会主义核心价值观的培育可以分为显性教育和隐性教育。显性教育是直接的、外显的，是通过受教育者有意识的特定的心理反应发生作用的教育影响因素。相对而言，隐性教育是间接的、内隐的，通过受教育者无意识的、非特定的心理反应发生作用的教育影响因素。通俗地讲，显性教育就是国家在高校中开设专门的思想政治理论课程，由专门的教育者有意识地引导大学生对核心价值体系的内容进行深入地学习认识，通过他们的言传身教，在学生的心中产生特定的心理反应作用，引导他们树立社会主义核心价值观。隐性教育具有鲜明的特征，以区别于显性教育，这些特征是：广泛的渗透性。从发生范围上讲，隐性教育不仅包含了学科课程和活动课程所覆盖的领域，同时也覆盖了学校物质环境、学校制度环境和学校文化环境中所蕴含的教育因素，呈现出"全天候"和"随时随地"的状态。潜隐的影响力：从影响方式看，隐性教育是以间接的、内隐的、不明确的方式，通过学生无意识的、非特定的心理反应机制来影响学生，无意识获得的教育价值。隐性教育是在不为受教育者自身所意识到的情况下，通过隐藏在受教育者内心深处的摄取机制而发生作用的。社会主义核心价值观培育要想取得好的效果，除了要加强对大学生的显性教育以解决大学生的认知问题，还要加强对大学生的隐性教育，从而使这种正确的认知能够走进大学生的内心，进而外化成大学生的行为。只有将二者有机结合起来，才能使核心价值观培育落到实处。

（三）正面教育与反面批判教育相结合原则

开展大学生社会主义核心价值观教育，要坚持正面教育为主的原则，既要坚持进行正面的、系统的马克思主义思想理论的教育，同时又要坚持批判教育为辅的原则，即对各种有影响的社会思潮进行积极、严肃、认真的研究，进行必要的分析和批判，坚持以社会主义核心价值体系引领大学生的思想道德建设，尊重差异，包容多样，最大程度地达成大学生的思想共识，这也是大学生社会主义核心价值观教育的重要任务之一。

在大学生中开展正面的社会主义核心价值观教育，一方面应在课堂上对大学生进行正面的、系统的社会主义核心价值体系所倡导的价值观念教育，使他们明确树立社会主义核心价值观的意义与要求；另一方面应鼓励大学生积极学习并参与党开展的各项政治活动，以自我教育为主，通过这些政治活动来学习，通过学习党中央的文件、学习马克思主义著作提高思想认识水平，领会社会主义核心价值观的精神实质。在正面教育的同时，也不能轻视社会思潮的影响，因为社会思潮有正确与错误、先进与落后之分，既具有鲜明的阶级性和政治性，又具有某种程度的广泛性和群众性。改革开放以来，无数充斥着资本主义思想的社会思潮涌进我们的社会和校园，这些社会思潮在一定程度上动摇了大学生的社会主义信念，阻碍着大学生社会主义核心价值体系教育功能的发挥。因此，在进行正面的社会主义核心价值体系教育的同时，应通过对各种社会思潮的分析研究，提高大学生辨别真假是非的能力，提高他们的思想觉悟水平，使大学生明白真理总是与谬误相比较而存在、相斗争而发展的，在对假、恶、丑的社会思潮的批判过程中，使大学生清楚树立社会主义核心价值观的真正意义。只有将正面的教育原则与对社会思潮的批判原则始终贯彻在教育过程中，才能使大学生社会主义核心价值体系教育真正扎实有效。

（四）坚持大学生核心价值观教育的主体性原则

大学生核心价值观教育的主体性原则包括两个方面：一是教师的主体性；二是学生的主体性。现代思想政治教育的实践活动证明，思想政治教育并不是老师单方面处于主动和主体地位，而学生处于教育的被动和客体地位，相反，两者都是教育的主体，都要满足其主体性。对老师来说，一定要提高教育方法的科学性，并要把思想政治教育的内容内化为自己的素质和责任，以此来引导和影响大学生。教育过程中必须努力做到尊重学生、理解学生、关心学生，把学生作为自己的知心人，平等地对待学生，真正沟通思想，要正确处理以情感人与以理服人的关系，既要动之以情、以情感人，又要以理服人，做到入情入理，情理交融，亲切可信。力戒标语口号式的说教，做到师生心相通，才能使之入耳入脑，真正体现出一种情感效应。要重视大学生的物质利益，坚持物质和精神相结合，教育者要力求做到"身教胜于言教"，发扬严于律己、以身作则的优良作风，努力把真理的力量和人格的力量统一起来。而大学生则要提高自我教育的能力，积极参加各种社会实践活动，努力学习社会主义核心价值体系的内容，积极践行它所倡导的价值观念。我们的核心价值观教育要尊重大学生的主体地位，抛弃教育霸权，培养和提高大学生自身的价值理解和价值判断的能力，使之形成以社会主义核心价值观为标准的核心价值观。

（五）时代性与历史性相结合原则

社会主义核心价值观是一个集历史智慧、经验教训和当今时代要求于一身的产物，在它的身上体现出了时代性与历史性的完美结合，所以我们在进行大学生社会主义核心价值观培育的过程中，一定要坚持时代性和历史性相结合的原则。坚持时代性就是在核心价值观的培育过程中要把理论和社会主义时代特征相结合。当前我国正处于一个历史性的大转折、大发展的时期，在这样大的历史转折过程中，人们的利益关系面临着新的调整，其思想观念、生活方式受到巨大冲击，各种思想异常活跃且错综复杂，在这种情况下构建中国特色社会主义核心价值观，成为时代的最强呼声，在它的身上体现出了鲜明的时代性。坚持历史性。社会主义核心价值观是在批判地继承和发展中国优秀传统文化的基础上产生、发展和完善起来的，因此在社会主义核心价值观培育过程中，要结合历史的实际开展合理有效的教育，要学会从它的历史性中吸取合理成分。由此可见，社会主义核心价值观的培育是社会发展的必然产物，要想取得培育工作的胜利，必须充分挖掘它的历史性。

二、新时代大学生社会主义核心价值观培育的目标

当代大学生社会主义核心价值观的培育目标具有丰富的内涵，从培育的层次结构来看，可以分为三部分，包括知识、方法和价值观；从培育的内容来看，可以分为社会目标和个体目标；从培育对象主体来看，由于对象有差异，可以分为基础性目标和先进性目标。

（一）知识、方法和价值观

从层次结构来看，当代大学生社会主义核心价值观的培育层级由低到高主要承担以下三方面任务。

一是知识层面，引导大学生深化社会主义核心价值观的认识和理解，并从思想层面逐步认同其内涵和价值取向，并将其转化为指导自身行为的价值标准。显然，前提是认同，即通过知识传授的方式帮助学生加强认同。当前，我们对大学生进行社会主义核心价值观教育首先也是从知识教育开始，甚至有些学校将知识传授作为主要任务，脱离了大学生的生活实际，忽视了大学生的情感体验和道德人格的形成，显然达不到很好的效果。

二是方法层面，帮助大学生从"应然"走向"实然"，做到知行合一。虽然价值观的培育以知识为基础，但更重要的是帮助学生形成价值判断、价值选择的科学方法和思维，唤醒主体的价值自觉，即从"授人以鱼"的阶段提升到"授人以渔"的层次，能够让学生主动思考，自主选择自身的行为方式。我们知道，当前很多高校大学生社会主义核心价值观教育在知识传授方面已经有了很好的基础，再往前一步，就是从实践层面将大学生的"知识"转化为"能力"，这也是实践育人的目标所在，如果知识与方法脱离，就容易形成调研数据显示的那样：内心认同爱国，但行为上却表达出国家与个人无关。需要指出的是，高校要重视从实践层面检验大学生的知行合一情况，为大学生提供更多的实践平台，并从过程中加以教育和引导。

三是价值观层面，即塑造大学生的完整人格。显然，知识是人格结构中的一个重要因素，但我们更应该关注的是从知识向方法和价值观的过渡。价值教育更多关注学生的价值信念塑造、价值理念提升以及正确的价值原则形成，而不是注重学生有关事实性、职业性或者程序性的相关知识与技能获得。如果大学生掌握了知识，也能够做出正确的判断，甚至做出与之相符的行为，但这种选择是来自环境的压力或者外在的约束，而不是发自内心的，没有形成自觉，那价值观培育就没有完成。社会主义核心价值观培育本质上是实践的，通过实践行为帮助大学生在多元的复杂的社会中明辨是非，坚守自己的内心，坚守自己的价值追求。

（二）社会目标和个体目标

社会目标是社会主义核心价值观培育的基本目标，是从集体层面来说的，关注的是对自然、对社会、对他人、对国家的看法；个体目标是关注自身的发展，关注的是自身发展所需要具备的技能素质和价值取向。

大学生有着极强的主观能动性，要激发大学生的积极性和创造性，就需要突出个体目标，让大学生取得进步、获得荣誉，逐步满足其个人的多层次需要，首先成为热爱生活、珍惜生命、乐观向上的社会人，首先能够做到爱学习、爱劳动，进而再培育其爱祖国的品质。这样，大学生在社会主义核心价值观培育过程中就能够展现自身活力，在知识层面和方法层面受到教育，最终做到价值理念与自身行为的完整统一。但从近几年的社会发展来看，大学生的行为实践越来越走向个体取向，甚至一些名校的大学生也失去了有识之士的理想抱负，成为个人利益至上者，以至于北京大学钱理群教授呼吁我们的一些大学，包括北京大学，正在培养一些"精致的利己主义者"，他们高智商、世俗、老到、善于表演、懂得配合，更善于利用体制达到自己的目的，这种人一旦掌握权力，会比一般的贪官污吏危害更大。显然，这种局面需要扭转，需要引导大学生从个人的小世界走出，更多心怀世界，关心社会。

大学生社会主义核心价值观培育要更多地注重社会目标，"为中国特色社会主义事业培养合格建设者和可靠接班人"，这里"合格"和"可靠"的要求就体现在社会层面上，体现了党和国家的意识以及主流意识形态，虽然具有鲜明的工具性，但却是社会发展所必需的、合理的。从社会对大学生的要求来看，作为受教育程度较高的群体，理应承担更多的社会目标，并带动其他群体更好地践行社会主义核心价值观。因此，大学生要有良好的认知，要有高度的觉悟来指导自身的行为选择，更好地展现个体爱国、敬业、诚信、友善的一面。

社会目标的实现前提是尊重和促进个体目标的实现。大学生个人目标的实现是为了更好地实现社会目标，体现自身的价值。否则，仅仅追求个人利益，就失去了社会主义核心价值观培育的目的了。

（三）基础性目标和先进性目标

由于大学生个体层面的差异性，在社会主义核心价值观培育过程中，不能一刀切，要尊重其差异性，针对不同的学生提出不同的教育目标，因材施教，引导学生循序渐进。

基础性目标是建立在延续中小学社会主义核心价值观教育基础之上的，

是所有学生必须要做到的基本行为规范。对于大学生而言，基础性目标主要是个人层面所倡导的"爱国、敬业、诚信、友善"等价值追求。爱国是中华民族的传统美德，是几千年凝聚和积淀起来的一种对祖国最纯洁、最高尚、最无私的感情；它也是最贴近当代大学生的思想状况的，也能走进大学生的内心，与大学生产生感情共鸣的。敬业就是敬仰和热爱所从事的事业，强调立足本职、干好工作，热爱劳动、勇于奉献。对于大学生来说要养成爱劳动、爱学习的习惯，要端正学习态度，努力学习科学文化知识，有良好的学风。诚信就是为人处世真诚可信，言必行、行必果，对于大学生而言就是要诚实处事，保持内心的洁净，拒绝抄袭、拒绝剽窃、拒绝造假、拒绝虚伪，养成良好的为人处世的习惯。友善就是对人亲近和睦，与人为善，宽容待人，面对比自己优秀的人，要虚心学习，见贤思齐；面对他人的过失，要给予体谅和宽容，善意提醒和帮助，形成帮扶互助的友善风气。

先进性目标是高于基础性目标的，除了培育大学生主体达到基础性目标之外，还需要对于大学生中的优秀分子提出更高的要求，即培养一批品德高尚、具有崇高共产主义理想和信念，能够在各方面起模范带头作用的先进分子和骨干力量，就是指高校中的拔尖人才培养、学生党员培养、学生干部培养，确立先进性目标，提高培养层次。拔尖人才培养要因人而异地制订合适的规划，给予超过课堂传授知识之外的辅导，并提供给学校先进的设备、仪器和专业教师的指导，帮助学生从理论学习到试验操作上都取得更大的进步；学生党员培养过程就是系统地对先进分子进行马克思主义理论教育，党的基本理论、路线、方针和政策的教育，以及中国特色社会主义事业的实践锻炼，让大学生真正认同马克思主义，坚定共产主义的信仰；学生干部培养主要从给予实践岗位锻炼，指导其工作的全过程，锻炼其组织能力、沟通能力、表达能力及团队合作能力等，切实让学生在实践锻炼中有成长、有收获。

三、新时代大学生社会主义核心价值观教育内容甄选

在当前存在的多元化的价值观中，社会主义核心价值观居于主导地位。大学生群体有着自己独特的地位和特点，因此他们会形成符合自身特点的核心价值观。结合当代大学生价值观的状况和时代要求，我们主要从立志、学习、创新、责任、修养五个方面来对他们应有的社会主义核心价值观做出内容甄选。

（一）志向远大

著名教育家徐特立曾说，一个人有了远大的理想，就是在最苦难的时候，也会感到幸福。大学生应该是有着远大志向和坚定奋斗目标的人。他们追求的目标越高，毅力会越坚强，胸怀也就越博大，这些因素都能促使其自身潜能得到更充分地发挥。

（二）勤学善思

学生的首要任务就是学习，刻苦学习是一个学生的本分。大学生是祖国的未来，更应该摆正自己的位置，用先进的理论知识来武装自己的头脑，提高自己的科学文化素质和综合能力，掌握为人民服务的各种本领，努力把自己锻炼成国家和人民需要的综合型人才。

（三）善于创新

创新是一个民族进步的灵魂，是中国发展的核心驱动力。21世纪的经济全球化使国家间的较量转向科技创新能力的比拼，单纯靠引进和模仿别国的技术已不能保证自己真正的优势。作为国家未来主人的大学生要培养自己的创新意识，有质疑的态度、超越的胆量、承担风险的勇气和协作的意识；另外，还要提高自身创新能力。这就要求他们要靠不断地学习来提升自我，通过了解各领域的前沿动态来丰富自己的知识，使自己的创新思维立足于更高的平台。

（四）修德重行

一个优秀的大学生应有良好的形象、气质，让别人从我们的一言一行中看出我们的良好修养。大学生要重视对自己道德品质的培养，在学习知识和自我反思的过程中养成正确的道德认知，并注意将自己的道德知识付诸实践，在道德实践中发展、强化自己的道德观念。

第三节 新时代大学生价值观培育的方法

作为大学生成长的摇篮，高校是帮助大学生树立正确理想信念、凝聚共同价值追求的重要场所，肩负着帮助他们"扣好人生第一粒扣子"的重要任务。掌握科学方法、开拓有效途径，加强大学生社会主义核心价值观培育既要讲求人性化、接地气，也要讲求常态化、善创新，更要讲求系统化、拼合力。

因此，我们既要把教育引导作为社会主义核心价值观教育的首要任务，用马克思主义占领意识形态领域的主阵地，用社会主义、共产主义的道德观念塑造灵魂，树立分辨是非的标准，增强大学生对社会主义核心价值观的认同，也要重视对大学生的人文关怀和心理疏导，更要发挥三个平台对大学生潜移默化的教育作用。

一、增强大学生对社会主义核心价值观的认同

习近平总书记在北京大学视察时指出，青年的价值取向决定了未来整个社会的价值取向，而青年又处在价值观形成和确立的时期，抓好这一时期的价值观养成十分重要。青年要从现在做起、从自己做起，使社会主义核心价值观成为自己的基本遵循。认真学习和领会习近平总书记的重要讲话，不断增强大学生对社会主义核心价值观的理论认同、情感认同和行为认同，使其做到"真学、真懂、真信、真用"，是引导大学生培育和践行社会主义核心价值观的基本前提。

（一）加强思想教育创新，不断增强大学生对社会主义核心价值观的理论认同

社会主义核心价值观具有丰富的理论内涵和重要的现实意义。要加强思政课体系和教学方法创新，使大学生全面把握和深刻理解核心价值观的理论内涵，做到内化于心。要实施思政课建设体系创新，构建思想政治理论教育、人文教育、专业教育一体化教学体系，将三者有机融合、相辅相成地贯穿于大学生核心价值观培育和理论认同的全过程。充分发挥思政课的主渠道作用，完善课程优化配置，合理安排与社会主义核心价值观内容相关的课程，不断丰富课堂教学的内容。同时，要在人文教育和专业教育中积极融入核心价值观教育，科学设置人文科学课程，充分挖掘专业课的核心价值观培育资源。要提高思政师资队伍能力建设，根据教师的学术专长，从不同维度，用喜闻乐见的语言和形式向大学生讲深、讲透、讲活社会主义核心价值观，使大学生真心喜欢、终身受益。

要进行课程教学方法和技术创新，提升核心价值观教育的育人实效。要改变传统思想政治教育以老师为主导的教学结构，注重师生之间的交互启发，引导学生提出见解和观点。要结合不同主题教学的目标与要求，采用专

题讲座法、个案分析教学法等，采取大学生乐于接受的教学手段，做到对象化、接地气。要加强多媒体网络教学、微信课堂等技术手段的运用，激发大学生对核心价值观理论知识的学习兴趣，加深其对核心价值观的理论认知和理解。

（二）发挥合力，不断增强大学生对社会主义核心价值观的情感认同

情感认同是理论认同的深化，是行为认同的基础。要形成社会、家庭和学校教育的合力，发挥文化育人和典型感化作用，不断强化大学生对社会主义核心价值观的情感认同和心理共鸣。

要构建社会、家庭与学校协同教育的模式。大学生核心价值观教育是一项系统工程，要积极营造培育社会主义核心价值观的良好社会环境，充分发挥宣传舆论引导作用，通过主流媒体和微信、微博、微电影等新媒体形式，大力传播向上向善的精神力量。同时，在发挥学校教育主阵地作用的基础上，学校要与家长就大学生的思想、学习、生活及人际交往等情况进行有效沟通，科学制订教育对策，共同帮助学生成长成才、克服困难、解决问题，从情感上促进大学生不断感知、认同核心价值观。

要以典型引领推进形成良好道德风尚。要加大对道德楷模的宣传力度，鼓励科技精英、企业领袖、创业先锋等进校园，分享成功经验，传递正能量。同时，树立身边的优秀典型，使学生感觉道德典范并非遥不可及、高不可攀。潜移默化地进行社会主义核心价值观教育，影响大学生的价值取向。

（三）加强实践育人，不断增强大学生对社会主义核心价值观的行为认同

行为认同是在理论认同、情感认同基础上的外在表现，是对核心价值观认同的关键环节。大学生培育社会主义核心价值观的主旨就在于将之贯彻、实践于社会生活之中。

要在教学中强化核心价值观实践环节。高校要结合思想政治理论课特点和核心价值观培育要求，分类制定实践教学标准，增加实践教学比重，规定相应学时学分，加强实践教学管理，切实把核心价值观融入教育教学体系。

要在社会实践中加强大学生核心价值观体验和培育。组织开展社会调查、生产劳动、志愿服务、公益活动、科技发明和勤工助学等社会实践活动，并抓住重要契机广泛开展特色鲜明的主题实践活动，使大学生对核心价值观

的先进性和正确性有切身感受。

实现大学生核心价值观教育的"生活化"。习近平总书记指出,一种价值观要真正发挥作用,就必须融入社会生活,让人们在实践中感知它、领悟它,在落细、落小、落实上下功夫。要把校园作为社会主义核心价值观教育的舞台,从大学生日常生活出发,利用课堂、学生社团、宿舍、网络等载体,结合现实中具体细微的场景和身边具体可感的故事,通过感知、领悟和实践,使核心价值观由"知识体系"转变为"情感体系",继而转变为"认同体系",从而使核心价值观真正成为大学生心灵的罗盘,做到内化于心、外化于行。

要增强核心价值观的实践育人实效,还需建立制度保障机制。高校要建立健全考核与评价体系,国家层面要在政策保障、经费投入、权益保护等方面给予支持。

二、重视对大学生的人文关怀与心理疏导

人文关怀是对人的生存状况的关怀,是对人的尊严与符合人性的生活条件的肯定,要求关注人的生存与发展,关心人、爱护人、尊重人。心理疏导是通过解释、说明、支持、同情以及理解,运用语言和非语言的交流方式,影响对方的心理状态,改变对方的认知、信念、情感、态度和行为等,从而达到降低心理压力,促进人格健康、协调发展的过程。注重人文关怀与心理疏导是以人为本的理念在思想政治教育中的体现,是增强思想政治教育针对性、实效性的重要途径。人文关怀与心理疏导有助于青年学生在感动与共鸣中形成社会主义核心价值理念,在大学生社会主义核心价值观培育中应当予以高度重视。

(一)运用人文关怀和心理疏导方法的依据

在当代大学生中培育社会主义核心价值观是灵魂塑造工程,既要系统地引导大学生培育正确的价值观念,又要关注并疏导大学生普遍存在的心理问题,这样才能培养出人格健全的大学生。注重人文关怀与心理疏导,是新形势下开展大学生社会主义核心价值观培育的必然需求。

首先,运用人文关怀和心理疏导的方法,是大学生社会主义核心价值观培育自身性质的要求。从内在属性看,大学生社会主义核心价值观培育以人为对象,以思想观念为内容,不仅涉及人的思想、观念、意识,而且涉及人的生理、情感、兴趣、家庭、环境和社会生活等各个方面。对大学生的教

育必须以尊重和激发他们的主体能动性为基础，一切教育影响和教育措施都必须经过学生的领会和主体内化，才能真正得到贯彻并成为内在的本质力量。从教育对象的主体特征看，大学生主体自身的不完全成熟与强烈追求自主性之间的矛盾需要外界给予人文关怀与心理疏导，以帮助他们正确地选择和确定自己的追求目标。从沟通过程看，富有情感的人文关怀与心理疏导最容易让教师走入大学生内心深处，感动大学生、塑造大学生，促进教育目标的实现。长期以来，大学生社会主义核心价值观培育忽视人的主体性，忽视对人的思想困惑与心理问题的疏导，使教育活动偏离了"现实的人"的主题，实效性受到较大影响。当前，在大学生社会主义核心价值观培育中亟需落实以人为本的教育理念，贴近大学生思想心理的实际，在了解大学生的基础上，以剖析他们的思想变化、疏导他们的心理问题、实现他们的观念转变、塑造他们的精神世界为目的，以关心人、激励人、提升人，尊重人的价值、激发人的主体性、调动人的积极性为宗旨，关注大学生的全面发展与自我完善，通过人文关怀与心理疏导，增强培育的实效性。

其次，运用人文关怀和心理疏导的方法，是大学生社会主义核心价值观培育直面现实的需要。在大学生社会主义核心价值观培育中运用人文关怀和心理疏导的方法，既是适应新时期形势发展的需要，也是促进大学生自身成长的必然需求，还是彰显社会文明进步的重要标志。随着社会的进步和人民生活水平的提高，人们的精神生活与精神世界更加丰富。与此同时，社会生活的急剧变化，工作和生活节奏的明显加快，竞争的日趋激烈，导致人们生活和工作的压力增大，各种心理障碍和精神疾病大幅度增加，由此引发的思想问题及其社会问题也日益突出。反映在大学生群体中，独生子女占有很大的比重，有的大学生从小到大都生活在溺爱与娇生惯养的家庭环境中，有的大学生只有从家门到校门的两耳不闻窗外事、一心只读圣贤书的经历，社会历练少，社会经验少，对真、善、美的鉴别能力差，对困难与挫折的承受能力差。有的大学生持有心高气傲的秉性和我行我素、不愿意与别人沟通、不愿听从他人说教的个性特征，往往依赖于个人的主观想象判断事情的正误，极易产生思想问题，做出过激行为。面对纷繁复杂的经济、政治、文化背景，面对众多的思想包袱和心理困难，只有注重人文关怀，给大学生以更多的指导、正确的引导和及时的心理疏导，才能帮助他们又好又快地成长与发展，帮助他们形成社会主义核心价值观。

最后，运用人文关怀和心理疏导的方法，是大学生社会主义核心价值观培育提高实效性的需要。大学生社会主义核心价值观培育的实效性与其针对性、情感性、前瞻性、系统性密切相关，而后四者又与人文关怀和心理疏导的方法密切相关。"针对性"要求价值观培育要有的放矢。要提高当代大学生社会主义核心价值观培育的针对性，就要转变过去的思维定式和教育模式，将教育目的与教育对象的思想心理状况紧密结合起来考虑；把讲道理与解决实际问题结合起来，把大学生思想热点问题作为教育的切入点和着力点；要掌握大学生的心理变化和思想动态，做得其心、暖其心、稳其心的思想工作。"情感性"要求价值观培育要有"人情味"，以情感人，而人文关怀正是大学生社会主义核心价值观培育情感性的体现。注重人文关怀，实施情感化教育，可以弥补理性化教育形式的缺陷，使教师既有奔放的感情，同时又保持冷静的头脑，使学生能够从情感上接受教诲。"前瞻性"能要求教育者关注大学生的心理动态，把握大学生心理变化的趋向，提前予以引导与疏导，把问题解决在萌芽状态，而不是每次都等到大学生思想问题、心理问题发生了、严重了，才被动地做弥补工作。"系统性"要求价值观培育不能仅仅局限于方法上的理论灌输、渠道上的课堂教育，而要从多角度、多层面做好工作，尤其要注重以润物无声的方式解决大学生的思想心理问题。总之，大学生社会主义核心价值观培育的针对性、情感性、前瞻性、系统性有赖于人文关怀与心理疏导，离开了人文关怀与心理疏导，其效果就会大打折扣。

（二）运用人文关怀和心理疏导方法的思路

人文关怀与心理疏导是以人为本的理念在当代大学生社会主义核心价值观培育中的体现，同时也是当代大学生社会主义核心价值观培育直面现实、提高实效性的必然。在具体工作中，实施人文关怀与心理疏导的方法，需要从以下几个方面做出努力。

首先，要关注大学生的心理感受，满足大学生多方面的需求。大学生的感受和需求是多层次、多方面的，包括满足感、自豪感、成就感、安全感、被尊重感等多个方面。推进新时代大学生社会主义核心价值观培育工作，要关注大学生的感受，特别是其理想信念和情感。要引导他们加强自身修养，提高精神境界，完善自我人格，把个人发展与国家的发展、民族的发展结合起来，把自身价值的实现与他人价值的实现、社会价值的实现统一起来。在为祖国和民族的奋斗中实现自身价值，最大程度地消除引发大学生心理失衡、失调的外部诱因，使之在心理健康的基础上成才。这种关注要体现在情感关注与心理疏导方法的运用上，让大学生的情感得到尊重与关怀，心理问题得到有效的疏导。教育者要带着对学生的深厚感情做工作，避免以居高临下的姿态使学生和教师产生距离和隔阂。这就需要教师提高自身人文素养，将心比心，换位思考，以平等的姿态与学生交流，建立起民主平等、团结友爱的师生关系。实践证明，在大学生社会主义核心价值观培育中，就其实际教育效果而言，与其磨破嘴皮讲一大堆空道理，不如真心实意办一件能感动学生的实事。应通过为困难学生送温暖、对问题学生家访、探访生病学生等活动，给予学生人文关怀，使学生感受到浓厚的人情味，拉近师生间的距离。在大学生社会主义核心价值观培育中实施人文关怀和心理疏导，教师还要讲究工作策略，注重语言艺术，既讲原则又讲情理，在工作时笑脸相迎，好言善语，不讲粗话脏话，让学生感觉如沐春风。这就要求相关领导与教师既要学习党和国家的教育方针，又要学习教育学、管理学、心理学、礼仪学以及演讲与口才等来提高语言艺术，在和谐的气氛中取得最佳培育效果。

其次，要注重对大学生的心理疏导，开展心理咨询和心理健康教育。心理疏导是使人获得身心健康的一种方法。这种方法能够缓解人的心理压力，平衡人的心态，提升人的心理适应能力，以润物无声、潜移默化的方式促进大学生人格的健康发展。心理疏导的个别实施方式是心理咨询，常规实施方式是心理健康教育。目前，心理咨询与心理健康教育已普遍为我国高校所重视，心理健康课也在高校普遍开展。开展心理咨询与心理健康教育，目标应着眼于引导大学生用和谐的方法、和谐的思维方式认识事物、处理问题；养成乐观、豁达、宽容的精神和自尊自信、理性平和、健康向上的社会心态，以开阔的心胸和积极的心境看待一切。在人与人的关系上，应引导大学生树立合理竞争、共同发展的理念，提倡包容合作精神，形成男女平等、尊老爱幼、互爱互助、见义勇为的风尚。在开展心理咨询与心理健康教育的同时，要利用好各种有效载体，着力丰富校园文化生活，满足大学生的精神文化需求。要充分发挥文学艺术陶冶情操、愉悦身心的独特作用，有效地调节大学生的情感和心理，消除他们的忧郁感、孤独感、失落感等不良情绪，让他们感到身心愉快。现在，我国正处于改革的攻坚阶段和发展的关键时期，要引导大学生将满腔的爱国热情化为刻苦学习的实际行动，冷静理性、合法有序地表达诉求，不做任何损害社会稳定、损害同学团结的事。

最后，完善机制，加大投入，使人文关怀和心理疏导成为当代大学生社会主义核心价值观培育的常规方法。新形势下，要注重完善大学生心态疏导、调适与平衡的工作体系，保证大学生情绪交流渠道畅通，避免不良心态积累恶变，引导大学生心态良性变化，帮助他们在潜移默化中达到心理和谐。要把重点放在培养大学生积极健康的情绪上，通过对认知、情感、动机和态度诸环节的心理调节，真正提高大学生的心理承受能力，激发他们内在的心理潜力，形成一种积极向上、团结友爱的心理定式。同时，要注意给大学生的心灵充电，关注他们的心理健康。要以情感人、以理服人、以教诲人、以诚动人，对存在心理障碍的大学生积极进行治疗，帮助他们解决思想困惑和烦恼，缓解情绪，使他们从心理"亚健康"中解脱出来，从而达到疏通心绪、实现心理关怀的效果。要加大心理卫生硬件的投入，健全心理咨询网络，把人文关怀和心理疏导贯穿、渗透、体现于社会教育、家庭教育、学校教育各个环节和舆论引导、文化消费、志愿服务、专业咨询、心理医疗等各个方面。要在各种组织内部建立健全人文关怀机制，加强老师与学生、学生与学生之间的交流沟通，及时帮助人们解决思想情绪和心理健康方面的问题。要加强对大学生的心理监测、评估和预警，像开设专业课一样设立心理健康教育课，设立专门的心理咨询室，并确定具体的考核目标。要明确要求教师在课堂上，尤其在思想政治理论课堂上重视人文关怀和心理疏导，要求辅导员与各级学生管理部门工作人员充分运用人文关怀和心理疏导的方法开展学生工作，把人文关怀与心理疏导贯穿、渗透于当代大学生社会主义核心价值观培育的全过程。

第二章 多元参与的大学生立体化价值观培育

第一节 新时代大学生践行德智体美劳全面发展的育人目标培育

努力构建德智体美劳全面培养的教育体系，形成更高水平的人才培养体系，这一育人目标的提出是长期探索的结果。德育指向的是求善；智育指向的是求真；体育指向的是强体；美育指向的是臻美；劳动教育指向的是在劳动实践中经历教育和成长。

而在"德智体美劳"五育之间，德育是最根本的。正如习近平总书记所说，我国高校的根本使命在于立德树人。在教育的过程中，我们要坚持德才兼备、以德为先。培育新时代大学生践行德智体美劳全面发展的育人目标，首先要明晰新时代大学生德智体美劳全面发展的育人目标的内涵；其次还要明确培育新时代大学生践行德智体美劳全面发展的育人目标的意义；最后还需要探索新时代大学生德智体美劳全面发展的培育路径。

一、新时代大学生德智体美劳全面发展的育人目标的内涵

第一，德智体美劳全面发展的具体指标分析。

①德育。德育有广义和狭义之分。广义的德育指的是，凡是有目的、有计划地对社会个体在道德、文化、思想、观念、意识形态等方面施加影响的活动。沿着广义的德育的理解思路，德育就不仅包括学校的德育和思想政治教育，还包括在社会、单位、家庭、乡村、社区等进行的德育。而狭义的德育专指包括学校思想政治教育在内的学校德育。学校德育是教育者按照一定的原则和要求，有目的、有计划地对受教育者在道德、文化、思想、观念、

意识形态等方面施加影响的活动；同时，这一活动是有着明确目的的，是为了把受教育者培养成为具备社会要求的道德的人。对于我国高等教育而言，德育主要是为了培养一代又一代社会主义事业的合格建设者和可靠接班人。

②智育。从字面意思上理解，"智"即"智慧"，智育，即增长智慧的教育。一般来说，智育是教育者按照特定目的，遵循特定计划向受教育者传授科学文化知识、专业技术才能等的活动，其目的往往是为了增长学生的智慧、发展学生的智力。智育的内容既包括自然科学知识，也包括社会科学知识，还包括思维知识以及操作技能和技巧，等等。智育是大学生成长成才的重要推动力，只有不断加强智育，才能不断推动科学技术的发展，不断繁荣社会科学，从而推动生产力的发展。

③体育。体育是教育者通过传授身体发育和身体素质等方面的知识，推动受教育者不断增强体质，并最终养成自觉锻炼的良好习惯的教育。一般而言，体育是以知识传播和身体锻炼为基本手段，充分运用人体发育和健身的基本规律，最终以全面提高身体素质、全面提高生活质量为目的的活动。

④美育。"美"即"审美"。美育是按照特定的目的，遵循特定的计划培养受教育者认识美、爱好美以至创造美的能力的教育，其落脚点是一种认识美、创造美的能力。因此，美育往往也可以称为审美教育。一般而言，审美教育包含三个层次：一是认识、感知美的能力，这种美既包括现实美，也包括艺术美；二是这种认识、感知美的能力转化为对于艺术和美的喜爱；三是运用美学规律和美学知识，创造艺术美和现实美的能力。

⑤劳动教育。习近平总书记在全国教育大会上的讲话中提出，"培养德智体美劳全面发展的社会主义建设者和接班人"，从而正式将"劳"纳入全面发展的育人目标。和新中国成立之初时相比，新时代的劳动教育不仅仅是在劳动过程中经受教育，而且强调要发挥人在劳动过程中的主观能动性，强调要在劳动过程中勇于发现问题、解决问题，勇于承担社会责任，勇于承担历史使命，从而使社会成员实现更全面的发展。

第二，德智体美劳全面发展的育人目标是一个有机统一的整体。从整体而言，德智体美劳全面发展的育人目标是一个相辅相成、辩证统一的有机整体。

首先，德育居于统领地位，发挥核心作用。在我们国家，大学生的德育除了对于人性中永恒道德的追求之外，还包括思想教育、政治教育、伦理道德教育、法治素养教育等。其中，最根本的是意识形态教育，也就是要通过德育，让马克思主义的指导思想、中国特色社会主义共同理想、以爱国主义为核心的民族精神和以改革创新为核心的时代精神、社会主义荣辱观深入人心，大力培育和践行社会主义核心价值观，培养一代又一代坚决拥护中国共产党的领导、坚决维护社会主义制度、坚定不移走中国特色社会主义道路的中国特色社会主义事业的合格建设者和可靠接班人。

其次，智育在德智体美劳全面发展的育人目标中发挥着关键性作用。我们都知道，才者，德之资也；德者，才之帅也。"才"是"德"的重要支撑条件。事实上，只有不断培养大学生的科学文化知识和专业技术才能，不断启迪大学生的智慧，才能使新时代大学生掌握更多的建设中国特色社会主义事业的本领和才能，才能致力于中国特色社会主义建设事业。

再次，体育是德育、智育的重要身体素质支撑。只有不断加强体育，提高大学生的身体素质，增强大学生的体魄，才能为大学生的德育、智育提供良好的身体素质支撑。中国特色社会主义事业需要一代代大学生接力奋斗，这必然要求大学生具有良好的身体素质。

然后，美育也是全面发展教育不可或缺的组成部分。加强美育，提高大学生的审美意识和审美能力，能够促进大学生德、智、体、劳的发展。例如，美育可以提高大学生的思想，陶冶大学生的审美情操和道德情操；美育可以拓展大学生知识面的深度和广度，启发大学生的智力；美育还可以促进大学生的身心健康，提高健身、运动和锻炼的质量和效果；美育还能够鼓舞大学生参加劳动、热爱劳动，从劳动中发现美，从劳动中创造美。

最后，劳动教育也能促进德育、智育、体育、美育的发展。参加劳动的过程是对德智体美育人成效的集中检验。同时，在劳动过程中，也能促进德智体美各育的发展。劳动教育所强调的劳动观念和劳动品质本身就是德育的重要内容。我们的中国梦是干出来的，劳动坚定了实现中华民族伟大复兴中国梦的信心。在劳动过程中，会不会劳动，能不能提高劳动生产率，实际上是一个智育方面的问题。通过劳动，将感性经验上升为理性智慧，从而促进智育的发展。劳动过程实际上离不开体力或脑力的消耗，劳动教育有助于社会个体身心素质的提高，进而促进体育的发展。劳动的过程也是发现美的过程。劳动创造了幸福的生活和美好的世界。通过劳动教育，促进大学生树立"劳动最光荣、劳动最美丽"的劳动审美观，促进美育的发展，从而推动全社会形成崇尚劳动的良好氛围。

二、培育新时代大学生践行德智体美劳全面发展的育人目标的意义

培育和践行社会主义核心价值观与大学生践行德智体美劳全面发展的育人目标是内在一致的。事实上，社会主义核心价值观渗透在德智体美劳全面育人的各个环节。培育新时代大学生践行德智体美劳全面发展的育人目标，首先，有利于落实立德树人根本任务。其次，有利于促进人的全面发展。最后，有利于中华民族伟大复兴中国梦的实现。

第一，有利于落实立德树人根本任务。我们的教育要"培养什么人""怎样培养人"以及"为谁培养人"，这是教育应该回答的首要的基本的问题。那么，我们的教育到底要"培养什么人"呢？我们要培养一代又一代拥护中国共产党领导和我国社会主义制度、立志为中国特色社会主义奋斗终身的有用人才。这就决定了我们的高校必然以立德树人为根本任务。培育新时代大学生践行德智体美劳全面发展的育人目标，要求坚持以德为先、以德为本，首先强调的是德育，与立德树人的根本要求是内在一致的。在德育中，重视指导思想的教育、理想信念的教育、民族精神的教育、时代精神的教育、道德法治的教育，突出"德"在人才成长中的重要作用，从而推动立德树人根本任务的落实。总的来说，德育是关系大学生真正成长成才，成长为对社会有用人才的大事，要通过德育培育和践行社会主义核心价值观。同时，立德树人也是高校的根本任务，是我们国家教育工作者的神圣使命。通过德育，树一代又一代"以德为本"的新时代大学生，树一代又一代具有崇高理想信念和高尚道德情操的新时代大学生，从而完成高校立德树人的根本任务。

第二，有利于促进人的全面发展。习近平总书记提出了以人民为中心的发展理念。事实上，《共产党宣言》就提出了"人的全面发展"的思想。而"人的全面发展"的思想为"以人民为中心"的理念提供了理论支撑，亦为"以人民为中心"的理念提供了实现途径。共产主义社会要实现人的自由而全面的发展，实现人类社会由必然王国向自由王国的飞跃。同时，实现人的全面发展也是中国特色社会主义建设的一个重要目标。人的全面发展就必然内在地包含德智体美劳的全面发展。因为人的全面发展就意味着人与自

然、人与社会、人的身心、人的自身素质等都实现全面的发展。例如，既实现人的真善美的统一，也推进人的知情意的发展。培育出德育、智育、体育、美育、劳动教育全面发展的有用人才。同样地，培育新时代大学生践行德智体美劳全面发展的育人目标，也内在地包含着促进大学生的思想道德素质、科学文化素养、身体素质、审美能力、劳动素质等的全面发展，也即促进人的全面发展。

第三，有利于中华民族的伟大复兴。习近平总书记指出，实现中华民族伟大复兴是近代以来中华民族最伟大的梦想。而中华民族伟大复兴绝不是轻轻松松、敲锣打鼓就能实现的。作为担当民族复兴大任的时代新人，我们需要准备付出更为艰巨、更为艰苦的努力。以社会主义核心价值观为引领，培育新时代大学生践行德智体美劳全面发展的育人目标，有利于培养出一代又一代能够经得起考验，自觉为中华民族伟大复兴的中国梦而不懈奋斗的新时代大学生。同时，培育新时代大学生践行德智体美劳全面发展的育人目标，有利于中华民族的伟大复兴。

一是德育会激励新时代大学生勇于把民族复兴的历史大任担在肩上，勇于为中华民族的伟大复兴不懈奋斗。二是智育为新时代大学生在致力于实现中华民族伟大复兴的历史征程中提供智慧源泉。三是体育能够强身健体，提高大学生的身体素质，从而为新时代大学生在致力于实现中华民族伟大复兴的历史征程中提供身体素质支撑。四是美育能够提高大学生的审美意识和审美能力，陶冶情操，为新时代大学生在致力于实现中华民族伟大复兴的历史征程中提供美学支持。五是劳动教育能够推动大学生形成"热爱劳动、劳动光荣"的理念，形成新时代中国梦劳动美的良好风尚，在劳动中实现自身的发展和成长，在劳动中推进社会的发展，在新时代的劳动中致力于实现中华民族伟大复兴的中国梦。

三、新时代大学生德智体美劳全面发展的培育路径

要培育新时代大学生践行德智体美劳全面发展的育人目标，还要明确新时代大学生德智体美劳全面发展的培育路径。主要包括：构建德智体美劳全面培养的教育体系、加强高校教师队伍建设、努力完善综合素质评价体系。

第一，构建德智体美劳全面培养的教育体系。

一是要将德智体美劳全面融入高校的教育教学体系。首先是要一如既

往地重视德育，坚持"以德为本""以德为先"的方针，始终把立德树人作为根本使命，建立以德育为统领、以德育为根本的高校教育教学体系。其次要重视智育，不断提高新时代大学生的科学文化知识和科学技术素养，建立以智育为重要支撑的高校教育教学体系。此外，还要重视体育、美育和劳动教育，将体育、美育和劳动教育全面融入高校教育教学体系之中，纳入高校教育教学制度体系，从而实现德智体美劳全面融入高校的教育教学体系。

二是要将德智体美劳全面融入高校的教育教学环节。要把立德树人融入思想政治教育、专业知识教育、校园文化熏陶、社会实践锻炼等各个环节，同时要把德育、智育、体育、美育和劳动教育的理念全面融入高校教育教学的教材编写、教案设计、课堂讲授、学生学习、成绩考核、实践教育等教学的各个环节，让新时代大学生全面感受德育、智育、体育、美育和劳动教育的熏陶。

三是要努力推进全员、全程、全方位育人。习近平总书记强调，要坚持显性教育和隐性教育相统一，挖掘其他课程和教学方式中蕴含的思想政治教育资源，实现全员、全程、全方位育人。全员育人是指家庭、学校、社会和政府都有育人的责任；全程育人指的是从小到大，涵盖不同年龄段的全面育人；全方位育人指的是各门课程、各个环节协同发力的育人模式。要以思想政治教育为引领，把德育、智育、体育、美育和劳动教育贯穿大学生成长成才的各个环节，涵盖育人的方方面面。总之，要构建德智体美劳全面培养的教育体系，形成德育、智育、体育、美育和劳动教育全面育人的制度体系，不断培养德智体美劳全面发展的社会主义建设者和接班人。

第二，加强高校教师队伍建设。

打造一支师德高尚、业务精湛、结构合理、充满活力的高素质专业化教师队伍是新时代大学生德智体美劳全面发展的重要支撑。只有不断加强高校教师队伍建设，不断提升高校教师的思想道德素质、科学文化素质、综合素质等，才能为新时代大学生德智体美劳的全面发展创造条件。加强高校教师队伍建设，首先，要营造全社会尊师重教的良好氛围。让教师成为一份令人羡慕的职业，让教师都能感到非常光荣，都能自觉珍惜这份光荣，自觉爱惜这份职业，从而严格要求自己，始终做到为人师表。其次，要培育高校教师高尚的道德素质。教师的言传身教对于大学生德智体美劳的全面发展而言至关重要。作为大学生的学习标杆，高校教师应该拥有高尚的道德素质，以坚定的理想信念、高尚的道德水平潜移默化地影响学生，以对教书育人的执着与热爱潜移默化地影响学生。从而更好地实现德育的目标。再次，要不断提高高校教师的科学文化素质和专业技术水平。高校教师往往是自己专业领域的佼佼者。但是也应该要不断加强学习，学习掌握本专业的前沿学术成果，不断提高自身的科学文化素质和专业技术水平。只有这样，才能真正讲好科学文化知识，扎扎实实做好智育。最后，在教育评价方面，要坚决克服唯分数、唯升学、唯文凭、唯论文、唯帽子的顽瘴痼疾，树立科学的教育评价导向，引导教师在注重德育与智育的同时，也加强体育、美育和劳动教育，推动新时代大学生德智体美劳的全面发展。

第三，努力完善综合素质评价体系。

综合素质评价体系是对传统评价体系的创新发展。传统评价体系往往以单一的"成绩"作为评价标准，显现出了陈旧的评价观念和片面的评价内容，与现代社会对复合型人才、创新性人才的要求相距甚远。而综合素质评价体系则不同，综合素质评价体系不再以单一的"学习成绩"作为唯一的评价指标，而是从多视角、多层面、全方位反应大学生的综合素质，包括思想政治素质、道德法治素养、科学文化知识、身体素质、美学素质、劳动素质等。努力完善综合素质评价体系的关键就在于，评价设计要从实际出发，要具有现实可行性。例如，要将素质评价的内容转化成具体的指标，并且要细化分解具体的指标模块，在提高评价体系的可操作性的同时还要努力提高评价体系的科学性。同时，具体的评价指标要"可测、可行"，要能够进行量的描述和质的分析。需要说明的是，除了综合测评这样的量化指标之外，综合素质评价体系还应该包含一些主客观的评价，如，同学评价等。

总之，通过不断完善综合素质评价体系，将德育、智育、体育、美育和劳动教育都纳入评价体系之中，推动高校教师在德育为本、以德为先的前提下注重大学生德智体美劳整体素质的提高，从而促进新时代大学生德智体美劳的全面发展。

第二节 新时代大学生社会责任的担当意识培育

青年兴则国家兴，青年强则国家强。青年一代有理想、有本领、有担当，国家就有前途，民族就有希望。大学生是青年的一个重要部分。大学生的社会责任和社会担当是关乎国家未来发展的大事，也是大学生在培育和践行社会主义核心价值观的过程中应该具备的对自我的要求。培育新时代大学生社会责任的担当意识，一是要明晰新时代大学生社会责任担当意识的内涵；二是要明确培育新时代大学生社会责任担当意识的意义；三是要探索新时代大学生社会责任担当意识的培育路径。

一、新时代大学生社会责任担当意识的内涵

第一，社会责任与大学生社会责任。责任，从字面意思来理解，指向的是社会个体分内应该做的事。这种分内之事既可能来自社会个体对于他人的承诺，也可能来自社会个体所从事职业的职业要求，还可能来自社会的道德规范和法律法规，等等。而社会责任则是相对于个人责任而言的。一般来说，社会责任指的是一定的个人或团体对他人、其他团体、单位乃至整个社会所应承担的责任和应履行的使命，体现了整个社会对社会成员的需要。事实上，人都是一定社会关系中的人。马克思在阐述人的本质时说，从其现实性来讲，人的本质是一切社会关系的总和。因此，人都是处于一定社会关系、社会环境中的个人，社会性是人的本质属性，也就必然要承担相应的社会责任。一般而言，社会责任包括两个层次，第一个层次的社会责任是社会对个体具有强制性的要求，即要求个体必须服从社会的要求，此时的社会责任更多体现为社会义务；第二个层次的社会责任中，社会对个体不具有强制性的要求。个体能够依据自身的意愿和判断来进行行为选择。此时的社会责任需要以社会个体的高度自觉来作为支撑。本书所阐述的社会责任主要也是指的第二个层次的社会责任，而大学生社会责任则突出了社会责任中的大学生这一主体。在中国特色社会主义新时代，大学生社会责任集中体现为大学生自觉将个人理想与社会理想融合起来，自觉为实现中华民族伟大复兴而不懈奋斗的崇高使命感。

第二，大学生社会责任担当意识。社会责任担当指向的是一种主动承担社会责任的意识和品质，这是一种社会向前不断发展必然要求每一个公民所具备的意识和品质。因此，社会责任担当和意识往往联系在一起，成为社会责任担当意识。社会责任担当意识有利于社会个体实现社会理想，同时也不断促进社会个体自身的发展，如，思想政治素质的提升、知识领域的拓展、个人能力的发展，等等。一般而言，社会责任担当意识指向的是心理因素。例如，对社会责任担当的认知，对于社会责任担当所拥有的情感，关于社会责任担当的意志以及在社会责任担当意识的指引下的社会责任担当行为等。而大学生社会责任担当意识则是立足大学生这一特殊群体，指向的是大学生对他所担负的社会责任的情感倾向。其往往表现为大学生对实现中华民族伟大复兴的中国梦的自觉意识，对建设中国特色社会主义事业的自觉意识，对国家和社会的发展贡献一份力量的自觉意识。在这种自觉意识的约束下，个人的社会行为会更加合乎社会规范。同时，在合乎社会规范的过程中也充分发挥个人的主观能动性，最终实现自我价值和社会价值的融合。

第三，社会主义核心价值观与大学生社会责任担当意识。社会主义核心价值观与大学生社会责任担当意识是辩证统一的。

一方面，二者相互区别，各有侧重。社会主义核心价值观包括国家、社会和公民个人三个层面。其中，"富强、民主、文明、和谐"是我国社会主义现代化国家的建设目标，也是从价值目标层面对社会主义核心价值观基本理念的凝练。"自由、平等、公正、法治"是对美好社会的生动表述，也是从社会层面对社会主义核心价值观基本理念的凝练。"爱国、敬业、诚信、友善"是公民基本道德规范，是从个人行为层面对社会主义核心价值观基本理念的凝练。而大学生社会责任担当意识则侧重于大学生个人价值和社会价值的统一，强调大学生对于社会责任的担当精神。就内容而言，大学生社会责任担当意识包括政治责任担当意识（如；热爱祖国、热爱社会主义）、生命责任担当意识（如；珍惜生命、助人为乐）、学习责任担当意识（如；勤奋学习、不断进步）、环境责任担当意识（如爱护家庭、爱护学校、爱护环境）以及网络责任担当意识（如；文明上网、培育和践行网络社会主义核心价值观），等等。

另一方面，二者又相互促进，辩证统一。社会主义核心价值观指引着大学生社会责任担当意识的发展方向，大学生社会责任担当意识必须要以社会主义核心价值观为根本指引和根本遵循。社会主义核心价值观是对社会主义核心价值体系的高度凝练和集中表达，有利于社会主义现代化建设事业凝心聚力，同时也为中国特色社会主义事业提供不竭的动力源泉和精神滋养。同时，大学生社会责任担当意识又是社会主义核心价值观在很多领域的具体体现。如，以热爱祖国为代表的大学生政治责任担当意识是社会主义核心价值观在国家富强、个人爱国等领域的具体体现。又如，以勤奋学习为代表的大学生学习责任担当意识是社会主义核心价值观在个人敬业等领域的具体体现。

二、培育新时代大学生社会责任担当意识的意义

第一，有利于增强思想政治教育的实效性。当前，各个国家之间的思想和文化交流交融交锋，意识形态工作极端重要。个别大学生出现了思想认识多元化、价值判断差异化以及诉求多样化等倾向，尤其一些错误思潮、一些错误观点可能对大学生的认识、思想和行为产生消极影响，因此我们必须要不断加强和改进大学生思想政治教育工作，不断增强大学生思想政治教育的实效性。而培育新时代大学生的社会责任担当意识，有利于把社会主义核心价值观教育落脚到大学生的社会责任和社会担当上，落脚到致力于实现中华民族伟大复兴的中国梦的行动上。

具体体现在两个方面：其一，不断培育新时代大学生社会责任担当意识，有利于加强理想信念教育，让大学生真正认识到理想信念是最根本的责任，民族复兴是最重要的担当，从而从根本上增强新时代大学生思想政治教育的实效性。因为总的来说，大学生思想政治教育的实效性，就是要让大学生真学、真懂、真信、真用马克思主义，真学、真懂、真信、真用毛泽东思想，真学、真懂、真信、真用包括习近平新时代中国特色社会主义思想在内的中国特色社会主义理论体系。其二，不断培育新时代大学生社会责任担当意识，着眼于大学生的成长和发展，有利于全面增强新时代大学生的社会责任感和社会担当意识，从而增强大学生思想政治教育的实效性。不断培育新时代大学生社会责任担当意识，引导新时代大学生在以崇高理想信念铸魂的基础上，以优秀公民素养立身，使大学生在坚定理想信念的基础上全面提升思想道德素质和勇于担当、敢于担当的精神，以增强大学生思想政治教育的实效性。

第二，有利于促进大学生的健康成长。马克思曾说过，人的本质是一切社会关系的总和。人是社会的人，总是处于一定社会关系中的人。个人与社会是辩证统一的有机整体。一方面，二者相辅相成、相互促进。个人总是一定社会中的个人，离开了一定社会，人也就根本无法生活。而社会则是由无数个个人所组成的，如果离开了无数个个人，社会也就不再是人的社会。另一方面，二者又相互区别。个人与社会是相比较而存在的。同时，个人与社会又是不同的。个人一般指的是微观的社会个体，而社会则是由许多个微观个体组合而成的宏观的社会。人的社会性是根本属性，因为人只有在持续推进社会向前发展的过程中，只有在持续创造物质财富和精神财富的过程中，才能推动自身的不断发展。

因此，培育新时代大学生社会责任担当意识，从根本上就是要正确处理好个人与社会的关系，要真正认识到只有自觉承担社会责任，勇于担当社会责任，才能在推动社会向前发展的同时促进大学生自身的健康成长。培育新时代大学生社会责任担当意识，培育新时代大学生的政治责任担当意识、学习责任担当意识、环境责任担当意识、网络责任担当意识，使得新时代大学生真正达到"思想端正、专业过硬"的境界和水平，使大学生成长为具有坚定理想信念、强烈社会责任感、高水平文化素质的有用人才，真正促进大学生的健康成长。事实上，培育新时代大学生社会责任担当意识能够促进大学生自身的健康成长，再一次告诉我们，我们应该把小我与大我更好地统一起来，在推动社会向前发展的进程中实现自身的人生追求，在为中华民族伟大复兴中国梦的实现贡献力量的进程中使自身得到持续的成长进步，在实现社会价值的进程中实现自我价值。

第三，有利于适应国家建设和社会发展的需要。国家和社会是由每一个社会个体所组成的，国家建设和社会发展需要每一位大学生培育社会责任担当意识。主要包括三个层次：

其一，新时代不断培育大学生社会责任担当意识，形成对中国特色社会主义建设事业和中华民族伟大复兴事业的认知。要适应国家建设和社会发展的需要，首先得对国家建设和社会发展有一个基本的认知。在中国特色社会主义新时代，我们的国家建设和社会发展主要体现为持续推进中国特色社会主义伟大事业，为实现中华民族伟大复兴的中国梦而不懈奋斗。只有对这一国家建设和社会发展有了较为深刻的认知，才能为适应国家建设和社会发展的需要迈好第一步。

其二，新时代不断培育大学生社会责任担当意识，增进对中国特色社会主义建设事业和中华民族伟大复兴事业的认同。认知是认同的前提和条件，认同是认知发展到一定程度的必然结果。如果把对中国特色社会主义建设事业和中华民族伟大复兴事业的认知比喻为感性认知的话，那么对中国特色社会主义建设事业和中华民族伟大复兴事业的认同就是理性认同。只有形成了对中国特色社会主义建设事业和中华民族伟大复兴事业的理性认同，才可能有为中国特色社会主义建设事业和中华民族伟大复兴事业而奋斗的自觉行动。

其三，新时代不断培育大学生的社会责任担当意识，推动大学生自觉履行社会责任。认识终归要落脚到实践，认同终归要落脚到实际行动中。大学生对中国特色社会主义建设事业和中华民族伟大复兴事业的认知和认同，终归要落脚到大学生为中国特色社会主义建设事业和中华民族伟大复兴事业而奋斗的自觉行动中。大学生要将心中的担当意识、肩上的社会责任转化为为国家富强、民族振兴、人民幸福的伟大事业贡献力量的持续奋斗中，在自觉履行社会责任的过程中不断推进国家的建设和社会的发展。

三、新时代大学生社会责任担当意识的培育路径

培育新时代大学生社会责任的担当意识不仅仅是一个理论问题，而且是一个实践问题。大学生社会责任担当意识的落脚点在于探寻社会责任的实践路径。因此，在明晰新时代大学生社会责任担当意识的内涵、明确培育新时代大学生社会责任担当意识的意义的基础上，还要探讨新时代大学生社会责任担当意识的培育路径。

第一，把握课堂教学，统筹推进"思政课程"与"课程思政"。"思政课程"主要指的是思想政治理论课。高校面向本科生开设的思想政治理论课主要有思想道德修养与法律基础、马克思主义基本原理概论、毛泽东思想和中国特色社会主义理论体系概论、中国近现代史纲要以及形势与政策等五门主干思政课程。而"课程思政"则是为构建全员、全程、全方位的育人格局而推动各类课程与思想政治理论课同向同行，产生协同效应，形成以"课程承载思政"、将"思政寓于课程"的良好效应。寻求新时代大学生社会责任担当意

识的培育路径，就要把握课堂教学，统筹推进"思政课程"与"课程思政"。

一方面，加强和改进高校思想政治理论课建设。思想政治理论课是落实立德树人根本任务的关键课程。在思想政治理论课教学过程中加强社会主义核心价值体系和社会主义核心价值观的教育，加强社会责任感、使命担当精神的教育，并将其深度融入思想政治理论课之中，在坚定理想信念的过程中筑牢社会责任感、夯实使命担当精神。另一方面，深入推进"课程思政"建设。在加强和改进高校思想政治理论课建设的同时持续推进"课程思政"建设，就是坚持了显性教育和隐性教育相统一。深入推进"课程思政"建设，就是要深入挖掘其他课程中所蕴含的包括社会责任感、使命担当精神在内的思想政治教育资源。如，深入挖掘专业课程中的社会责任感、使命担当精神的相关素材，并将这些相关素材深度融入专业课程的讲授过程中，使大学生在学习专业课程的同时，也能培养社会责任感和使命担当精神。

第二，注重实践教学，在实践中锤炼大学生社会责任担当意识。对于认识和实践的关系，马克思有过精辟的论述。实践是认识的来源，实践是认识发展的动力，实践是认识活动的目的，同时，实践还是检验认识真理性的唯一标准。因此，要培育新时代大学生社会责任担当意识，在把握课堂教学的基础上，还要注重实践教学。作为巩固课堂教学成果、深化对于课堂知识的理解和把握的一个重要途径，实践教学集中体现着理论联系实际，集中体现着知行合一。只有在实践中深化对理论的认识，才能形成对理论的真正把握，理论也才有可能转化为物质的力量。要注重实践教学，在实践中锤炼大学生社会责任担当意识。只有这样，才能真正培育新时代大学生的社会责任担当意识。

而在实践中锤炼大学生社会责任担当意识，其一，将社会责任感和使命担当精神深度嵌入基础性实践教学环节，通过理论联系实际，加深大学生对于课堂教学环节中所阐释的社会责任感、使命担当精神的理解。其二，将社会责任感和使命担当精神深度嵌入课外实践教学环节。例如，开展以大学生社会责任感、使命担当精神等为主题的暑期社会实践活动，或者组织包含大学生社会责任感、使命担当精神等元素的微电影拍摄、实践调研活动等，努力让新时代大学生在实践中感知感悟社会责任感和使命担当精神。其三，将社会责任感和使命担当精神深度嵌入道德教育实践教学环节。在道德教育实践教学环节中，要把社会责任感和使命担当精神纳入教学的范畴，同时采取举例分析法、历史分析法、观察法和体验法等，使大学生深刻认识到社会责任感、使命担当精神于国家富强、于民族振兴、于人民幸福的重要意义。

第三，做好教学服务，全面做好"管理育人"与"校园文化育人"工作。管理工作是高校工作的一个重要部分，高校的管理工作始终坚持马克思主义的指导地位，始终坚持社会主义的办学方向。"管理育人"是大学生思想政治教育工作的一个重要组成部分。"管理育人"将社会责任感的培育、使命担当精神的树立渗透于对大学生的日常管理和日常心理健康教育之中，是一种隐性育人的方式或手段。而"校园文化育人"也是高校育人的一种重要形式，"校园文化育人"往往是通过所营造的独特校园文化来实现以文育人、以文化人。

同时，在以文育人、以文化人的过程中，积极融入社会责任感和使命担当精神等文化元素，使大学生在校园文化的熏陶中感知社会责任感，感知使命担当精神。例如，河北农业大学深入推进校园文化育人。河北农业大学积极建设"太行山道路"暨校史展览馆、碑廊、文化园等，同时加强对"太行山道路"实践和"太行山精神"内涵的研究，整理出版《农大史话》《农大印记》，开通微信公众号"农大老故事"，充分发挥校史文化育人的功能。事实上，"太行山精神"作为河北农业大学校园文化的集中代表，其本身也包含了师生对于建设祖国、报效祖国的强烈社会责任感，也包含了师生对于国家富强、民族振兴、人民幸福的崇高使命担当精神。河北农业大学依托新生入学教育、毕业生离校教育和主题党日团日等，让"太行山精神"融入全校大学生的血脉和灵魂。这就是通过"校园文化育人"培育大学生强烈的社会责任感和崇高的使命担当精神的典型代表。

第三节 新时代大学生在网络空间弘扬主流核心价值观的使命精神培育

伴随着互联网的飞速发展，网络空间逐渐成为一个越来越重要的场域。我们党始终高度重视在网络空间弘扬社会主义核心价值观，强调要牢牢掌握网络空间意识形态话语权。总的来说，培育新时代大学生在网络空间弘扬主流核心价值观的使命精神，首先是要明晰新时代大学生在网络空间弘扬主流核心价值观的内涵；其次要明确新时代大学生在网络空间自觉弘扬主流核心价值观的意义；最后还要探索新时代大学生在网络空间弘扬主流核心价值观的使命精神的培育路径。

一、新时代大学生在网络空间弘扬主流核心价值观的内涵

第一，网络空间主流核心价值观。价值观是人们对价值的根本看法和根本观点，是人认定事物、辩定是非的一种思维或取向。在阶级社会中，不同阶级之间的价值观念是各不相同的。核心价值观，简单来说，就是某一社会群体判断社会事物时依据的是非标准，遵循的行为准则。主流核心价值观指的是一个社会中居于统领地位的核心价值观。我国是社会主义国家，我国的主流核心价值观就是社会主义核心价值观。社会主义核心价值观包括国家层面的富强、民主、文明、和谐，社会层面的自由、平等、公正、法治，公民个人层面的爱国、敬业、诚信、友善。网络空间主流核心价值观主要就是指网络空间的社会主义核心价值观，其和现实空间的社会主义核心价值观是根本一致的。

一般而言，网络空间主流核心价值观的形成需要两个条件作为支撑：第一个条件是互联网的发展，这是网络空间主流核心价值观得以形成的前提；第二个条件是网民的积极参与，这是网络空间主流核心价值观得以形成的重要支撑。同时，网络空间主流核心价值观还需要应对一些新挑战，把握一些新机遇。一是由于网络平台中身份参与往往是虚拟的，网络信息也往往是虚拟的，这就导致了网民身份信息和一些网络信息的虚拟化，因此网络空间主流核心价值观需要积极应对互联网的虚拟隐匿性。二是由于互联网是一个开放性的空间，它能够在互联网的边界内把各种信息汇聚起来，往往能够打破国家和地域的限制，进行各种信息传递，因此网络空间主流核心价值观需要积极应对互联网中信息和文化多元复杂的特征。三是由于互联网是一个复杂的信息空间，每一个网民个体在互联网中的思想和观点都具有一定的倾向性或影响力，都能够影响到他人的思想和观点，因此网络空间主流核心价值观需要积极应对这一舆论引导性。四是由于互联网的快捷信息传播，人们可以在很短的时间内获取大量信息，因此，网络空间主流核心价值观需要积极应对与运用这一信息传播的快捷性。

第二，网络空间的发展为弘扬主流核心价值观提供了契机。在我们国家，主流核心价值观指的就是社会主义核心价值观。网络空间的发展为弘扬社会主义核心价值观提供了契机。这一契机集中表现为网络空间传播的特点和优势。如，信息传播方便快捷、信息量丰富、易于发挥舆论引导性。其一，网络空间的发展加快了网络空间社会主义核心价值观的传播力度、速度和广度，极大地提升了社会主义核心价值观的影响力，有利于网民培育和践行社会主义核心价值观。其二，网络空间的发展使社会主义核心价值观以互联网的表现形式和话语形式表达主流核心价值观的内容，使得网民更易于接受社会主义核心价值观，实现社会主义核心价值观在互联网传播的全天候、广覆盖，使得网民能够随时随地接受社会主义核心价值观的熏陶。其三，随着网络空间的快速发展，网络舆论话语权愈加重要。应该要积极掌握网络舆论话语权，以社会主义核心价值观引领网络舆论，在网络空间中推动社会主义核心价值观入耳、入脑、入心。

二、新时代大学生在网络空间自觉弘扬主流核心价值观的意义

在网络空间自觉弘扬主流核心价值观，事关网络治理体系和网络治理能力现代化，事关社会主义核心价值观在网民群体中入耳、入脑、入心，事关清朗的网络空间的营造，具有极端重要的意义。具体而言，一是有利于维护主流意识形态的权威性；二是有助于提升网络参与主体的思想政治素质；三是有助于提升国家文化软实力；四是有利于维护网络空间安全。

第一，有利于维护主流意识形态的权威性。意识形态工作始终是我们党的一项极端重要的工作。我们是社会主义国家，我们的意识形态必须坚持马克思主义的指导地位。在网络空间中自觉弘扬社会主义核心价值观，对社会主义核心价值观做好理论诠释，有利于发挥社会主义核心价值观的引领作用，有利于营造清朗的网络空间，有利于维护主流意识形态的权威性。当前，在网络空间中，纷繁复杂的信息源和信息传播途径使得网络空间中的观念和思想出现了多元化的特征，网民往往能够依据自己的观点和兴趣爱好进行网络评论，这些评论中往往会掺杂个人的独特见解和言论，其中，可能有个别的见解和言论受到了西方错误思潮的影响，从而影响了社会意识形态安全。新时代大学生在网络空间自觉弘扬社会主义核心价值观，有利于为网络空间中的网络安全治理提供根本的价值指引和价值遵循，在网络空间碎片化和多

元化的信息中发挥社会主义核心价值观的引领力和影响力,为网民提供正确的价值观发展方向,从而维护网络安全,维护主流意识形态的权威性。

第二,有助于提升网络参与主体的思想政治素质。就整个网络环境而言,网民的素质是各不相同的。总体上,网络环境是积极向上的。但同时也有个别网民的观点和言论不符合社会主义核心价值观,甚至还有个别网民的观点和言论受到西方错误思潮的影响,有着别有用心的企图和目的。新时代大学生在网络空间自觉弘扬社会主义核心价值观,有助于提升网络参与主体的思想政治素质。

一方面新时代大学生在网络空间自觉弘扬社会主义核心价值观,有助于发挥社会主义核心价值观的引领力,推动社会主义核心价值观入耳、人脑、入心,从而坚定马克思主义的理想信念,坚定共产主义的远大理想和中国特色社会主义的共同理想,不断提升自身的理论水平和理论素养,增强对社会主义核心价值观的理解力、感悟力,推动思想政治水平和思想理论水平的提升。另一方面在网络空间自觉弘扬社会主义核心价值观,自觉将富强、民主、文明、和谐、自由、平等、公正、法治、爱国、敬业、诚信、友善的核心价值观作为大学生自身的行为准则,也有助于大学生严格依照社会主义核心价值观的要求来辨别互联网的各种信息,推动大学生从互联网纷繁复杂的信息中寻找社会主义核心价值观,进而以社会主义核心价值观作为大学生自身网络空间言行活动的准则,从而提升大学生自身的网络素养。

第三,有助于提升国家文化软实力。软实力是和硬实力相对应的。一般而言,硬实力指向的是一种支配性的实力,往往包括一个国家或地区的经济、科技、军事实力等。或者说,能够看得见、摸得着的物质力量往往就是硬实力的象征。因此,硬实力往往是一种有形的,有着物质载体的实力。而软实力往往是看不见、摸不着的实力,是一种无形的延伸,表现为文化、意识形态等力量。如果单从表面上看,文化实力好像比较"软",但是却有着磅礴伟力。提升国家文化软实力是建设社会主义文化强国的重要组成部分,也是实现中华民族伟大复兴中国梦的一个重要前提。

新时代大学生在网络空间自觉弘扬社会主义核心价值观,有助于提升社会主义核心价值观在网络空间中的凝聚力和感召力,使社会主义核心价值观成为凝聚大学生、凝聚亿万网民精神的价值观,成为凝心聚力的核心所在,进而丰富和发展民族精神和时代精神，提升国家的文化软实力。同时，社会主义核心价值观凝聚了中华优秀传统文化、革命文化、社会主义先进文化的文化资源和价值元素，彰显了中华优秀传统文化、革命文化和社会主义先进文化的生命力和竞争力，也有利于推动网民在网络空间中以社会主义核心价值观为准则规范自身的言行，营造健康有序的网络文化环境，从而进一步增强民族和文化的凝聚力、向心力，推动建设社会主义文化强国。

三、新时代大学生在网络空间弘扬主流核心价值观的使命精神的培育路径

培育新时代大学生在网络空间弘扬主流核心价值观的使命精神，最终还是要落脚到培育的路径。一般而言，包括四个方面：一是以社会主义核心价值观为引领治理网络空间；二是以社会主义法治为依据加强网络空间的治理；三是以大学生作为受教育对象开展网络素养教育；四是以校园网络平台为依托弘扬主流核心价值观。

第一，以社会主义核心价值观为引领治理网络空间。如前所述，网络空间中不同的思想文化和价值观在交流交融交锋，其中，可能存在一些西方错误思潮。如果任由其发展，可能会给一些大学生带来思想上的危害，甚至威胁我们国家的意识形态安全。因此，必须以社会主义核心价值观为引领治理网络空间。在网络空间中大力宣传和弘扬社会主义核心价值观，增强社会主义核心价值观的感召力、影响力，以社会主义核心价值观为引领治理网络空间。

一是加强国家层面富强、民主、文明、和谐的价值观的宣传，引导网络空间中的大学生增强国家荣誉感和自豪感，进而增强文化自信和价值观自信，自觉抵制西方错误思潮的侵蚀，构建良好的网络空间。二是加强社会层面自由、平等、公正、法治的价值观的宣传，引导网络空间中的大学生认识到只有社会主义民主才是真正意义上的民主，只有社会主义民主才真正实现了人民当家作主，从而增强制度自信和价值观自信，自觉抵制西方错误思潮的侵蚀，构建良好的网络空间。三是加强个人层面爱国、敬业、诚信、友善的价值观的宣传，引导网络空间中的大学生增强爱国情怀，正确认识我国社会的主要矛盾，正确认识我们所取得的历史性成就和历史性变革，从而增强道路自信和价值观自信，自觉抵制西方错误思潮的侵蚀。

第二，以社会主义法治为依据加强网络空间的治理。网络空间和现实

社会一样，既要提倡自由，也要遵守秩序。互联网不是"法外之地"，网民要坚守法律底线，不造谣、不信谣、不传谣。网络空间中的一些错误思潮、低俗文化的滋生和传播，反映出我们要不断完善网络监管立法，明确网络空间中的法律底线，从源头上加强网络空间的治理。

一方面，要加强互联网空间的立法、执法和司法，推进网络空间科学立法、严格执法、公正司法。首先是立法机关要科学立法，在网络空间安全、网络文化等方面健全相关法律法规，让网民能够有法可依、有法必依。其次是要严格执法。加强立法，让网络文化的生产者和传播者有了必须遵守的法律之后，还要严格执法，让网民的活动受到法律法规的规制。最后还要公正司法。司法是维护社会公平正义的最后一道防线，要让网络违法人员受到相应的法律制裁。

另一方面，要加强互联网空间的法治宣传，在大学生中树立网络空间法律意识，推动大学生自觉抵制西方错误思潮的侵蚀，使大学生在网络空间人人懂法、知法、守法、用法。总之，只有不断加强互联网空间的立法、执法、司法和守法，明确网络空间中的法律底线，从源头上加强网络空间的治理，才能为培育新时代大学生在网络空间弘扬社会主义核心价值观的使命精神创造条件、提供支撑。

第三，以大学生作为受教育对象开展网络素养教育。网络素养教育指的是网络使用者应具备的网络素质及道德规范。其包括网络信息的辨别能力、对网络规范的理解和认同以及网络道德修养等，是网民在面对纷繁复杂的网络信息时，主动进行信息的辨别、避选、判定的能力。高校应该要以大学生作为受教育对象开展网络素养教育，将网络素养教育纳入高校通识课程，将网络素养教育融入大学生思想政治教育过程中，面向大学生宣传网络空间的伦理道德，推动大学生在网络空间中正确地认识和分辨善恶美丑。同时，增强对网络纷繁复杂信息的识别力和遴选力，提高对西方错误思潮和低俗文化的抵制力，让大学生在网络空间中不造谣、不信谣、不传谣，推动大学生成为具备高度网络素养的网民。而通过以大学生作为受教育对象开展网络素养教育，为培育新时代大学生在网络空间弘扬社会主义核心价值观的使命精神提供良好的网络素质，创造良好的网络环境，营造良好的网络空间。

第四，以校园网络媒体平台为依托弘扬主流核心价值观。互联网的飞速发展推动了学校传统媒体的创新发展，也推动了新兴媒介和媒体的产生。校园网络媒体平台是一个统称，通常是对各种校园网络媒体的组合。例如，学校官方网站、学校专题网站、校园网、学校官方微博、学校官方微信、校报电子版等。近年来，高校弘扬正能量的网站和学校官方微博、微信等已经成为在网络空间培育和弘扬社会主义核心价值观、进行网络思想政治教育的新载体。事实上，和传统媒体相比，新兴的校园网络媒体平台有诸多优势，其能够最大程度地发挥社会主义核心价值观的校园舆论引领力，能够立足大学生的日常学习生活，找寻最适合大学生接受的宣传方式，实现思想政治教育与互联网技术的有机融合。例如，一些新兴的校园网络媒体平台结合社会主义核心价值观深刻剖析时政热点，同时以大学生更加喜闻乐见的方式，如，图文并茂、穿插微视频等方式及时推送给全校大学生进行传阅，从而生动形象地宣传社会主义核心价值观，让大学生潜移默化地培育社会主义核心价值观。通过成立新媒体联盟，一是进一步加强政治理论学习。认真学习习近平新时代中国特色社会主义思想，特别是习近平总书记关于新闻舆论工作的重要论述，把正确政治方向摆在第一位，坚持正确的舆论导向。二是营造校园新媒体宣传氛围。主动学习研究新媒体特点及传播规律，准确定位，科学谋划，合理利用新媒体平台开展宣传工作，营造良好的校园新媒体宣传氛围。三是联动做好信息共享及发布。积极参与、转发和评论学校官方新媒体推出的重要宣传活动。四是协同做好舆情应对及引导。充分运用新媒体平台进行授权信息发布和舆情引导。五是积极参与学校官方新媒体建设。广泛参与推送和配合学校新媒体联盟统一组织策划的专题报道、主题互动和各类校园活动，使社会主义核心价值观的宣传能够广覆盖，持续在网络空间培育和弘扬社会主义核心价值观。

第四节 新时代大学生为人民美好生活不断奋斗的价值追求培育

追求共享是中国特色社会主义最本质的特征。形成家庭、学校、社会、网络空间、大学生自身五位一体的立体化协同培育合力，最终落脚到要培育新时代大学生为人民美好生活不断奋斗的价值追求；最终落脚到不断满足人民群众日益增长的美好生活需要。而培育新时代大学生为人民美好生活不断奋斗的价值追求，首先要明晰新时代大学生为人民美好生活不断奋斗的价值追求的内涵；其次要明确培育新时代大学生为人民美好生活不断奋斗的价值追求的意义；最后还要探寻新时代大学生为人民美好生活不断奋斗的价值追求的培育路径。

一、新时代大学生为人民美好生活不断奋斗的价值追求的内涵

新时代大学生为人民美好生活不断奋斗的价值追求有着丰富的内涵，总的来说，"满足人民日益增长的美好生活需要"是以人民为中心发展思想的本质规定。具体而言，要理解新时代大学生为人民美好生活不断奋斗的价值追求的内涵，首先就要把握以人民为中心的发展思想的内涵；其次是要理解"人民美好生活观"的内涵；最后是要阐释大学生为人民美好生活不断奋斗的价值追求的内涵。

第一，以人民为中心的发展思想的内涵。"满足人民日益增长的美好生活需要"是以人民为中心发展思想的落脚点和归宿。因此，要更好地理解新时代大学生为人民美好生活不断奋斗的价值追求的内涵，必须把握以人民为中心的发展思想的内涵。唯物史观是马克思主义哲学区别于以往一切旧唯物主义哲学的重要标志。

马克思主义认为，人民群众是实践的主体，是历史的创造者，我们要始终坚持以人民为中心的发展思想。坚持以人民为中心的发展思想，就必须坚持人民主体地位，坚持立党为公、执政为民，践行全心全意为人民服务的根本宗旨，把党的群众路线贯彻到治国理政全部活动之中，把人民对美好生活的向往作为奋斗目标，依靠人民创造历史伟业。总的来说，以人民为中心的发展思想包括丰富的内容，如，全心全意为人民服务的目标宗旨观、人民群众是社会历史发展的真正推动者的历史动力观、始终把人民利益摆在至高无上的地位的人民利益至上观、把增进民生福祉作为发展的根本目的的民生观以及人民当家作主的思想、群众观点和群众路线，等等。

第二，"人民美好生活观"的内涵。习近平总书记强调，"人民对美好生活的向往，就是我们的奋斗目标"。那么"人民对美好生活的向往"到底有什么样的内容呢？习近平总书记有过精辟的阐述，"我们的人民热爱生活，期盼有更好的教育、更稳定的工作、更满意的收入、更可靠的社会保障、更高水平的医疗卫生服务、更舒适的居住条件、更优美的环境，期盼孩子们能成长得更好、工作得更好、生活得更好"。

习近平总书记围绕"人民对美好生活的向往"这一主题提出了一系列重要的新理念新思想新论断，构成了主题鲜明、逻辑严密、内涵丰富、体系完备的"人民美好生活观"。"人民美好生活观"勾勒了什么是"人民美好生活"，其内容主要包括：生产力的不断发展和人民收入水平的不断提升、社会主义民主政治的不断发展和人民当家作主制度体系的不断健全、精神文明不断发展和人民的精神生活不断丰富、社会的安全稳定以及更美好的生态环境、更宜居的生活环境，等等。

第三，大学生为人民美好生活不断奋斗的价值追求的内涵。总的来说，大学生为人民美好生活不断奋斗的价值追求是一种价值目标和价值动力，是大学生为人民美好生活而不断奋斗的一种使命担当。培育新时代大学生社会主义核心价值观，能够激励大学生自觉承担这一使命担当。具体而言，大学生为人民美好生活不断奋斗的价值追求，其一，为生产力的不断发展、物质财富的不断丰富、人民收入水平不断提高，而奋斗的一种使命担当；其二，为社会主义民主政治的不断发展、人民当家作主制度体系的不断健全而奋斗的一种使命担当；其三，为中国特色社会主义文化的不断发展、社会主义文化产品的不断丰富而奋斗的一种使命担当；其四，为社会主义和谐社会的不断发展、保障和改善民生水平的不断提高而奋斗的一种使命担当；其五，为建设美丽中国、生态环境和生活环境的不断改善而奋斗的一种使命担当。

二、培育新时代大学生为人民美好生活不断奋斗的价值追求的意义

我们要在 2050 年把我国建设成为富强、民主、文明、和谐、美丽的社会主义现代化强国，具体包括建设高度的物质文明、建设高度的政治文明、建设高度的精神文明、建设高度的社会文明、建设高度的生态文明。而这一伟大目标的实现离不开一代代大学生为人民美好生活而不懈奋斗。培育新时代大学生为人民美好生活不断奋斗的价值追求，一是能激励大学生建设物质文明，不断满足人民日益增长的经济生活需要；二是能激励大学生建设政治文明，不断满足人民日益增长的政治生活需要；三是能激励大学生建设精神文明，不断满足人民日益增长的精神文化生活需要；四是能激励大学生建设社会文明，不断满足人民日益增长的社会生活需要；五是能激励大学生建设生态文明，不断满足人民日益增长的优美生态环境需要。

第一，激励大学生建设物质文明，不断满足人民日益增长的经济生活需要。物质文明是指人类物质生活的进步状况，主要表现为物质生产方式的发展和经济生活水平的提升。物质生产方式是生产力和生产关系的有机统一，物质生产方式的发展是人类社会不断向前发展的最根本动力和最深厚的基础。新时代人民对美好生活的向往和追求，最基础的是对物质生活水平不断提升的追求。培育新时代大学生为人民美好生活不断奋斗的价值追求，能够激励大学生建设物质文明，不断满足人民日益增长的经济生活的需要。改革开放40多年来，我国的物质文明建设取得了举世瞩目的成就，中国的经济发展成为世界经济发展史上的一个奇迹，这离不开一代代包括大学生在内的中国人民的艰苦奋斗。而中华民族的伟大复兴不是敲锣打鼓、轻轻松松就能实现的。在致力于实现中华民族伟大复兴的新时代，更需要一代代包括大学生在内的中国人民接力奋斗，不断推进生产力的发展，不断推进科学技术的进步，不断满足人民日益增长的经济生活的需要。培育新时代大学生为人民美好生活不断奋斗的价值追求，就能够为大学生的接力奋斗提供价值指引和精神动力，激励大学生投身于伟大祖国的经济建设之中，为我国经济的持续健康发展，为人民群众生活水平的不断提升提供支撑。

第二，激励大学生建设政治文明，不断满足人民日益增长的政治生活需要。政治文明指人类社会政治生活的进步状态和政治发展取得的成果，主要包括政治制度和政治观念两个层面的内容。只有社会主义民主才是真正意义上的民主。新中国的成立标志着中国人民和中华民族从此站起来了。社会主义改造的基本完成，标志着我们进入了社会主义社会，这是当代中国一切发展进步的根本政治前提和制度基础。

改革开放40多年来，我国的社会主义民主政治建设取得了巨大的成就，人民当家作主的制度体系不断健全。随着中国特色社会主义进入新时代，人民对美好生活的向往更加强烈，不仅对物质文化生活提出了更高要求，而且在民主、法治、公平、正义、安全、环境等方面的要求也日益增长。因此，依然需要一代代包括大学生在内的中国人民致力于建设社会主义政治文明，不断满足人民日益增长的政治生活的需要。而培育新时代大学生为人民美好生活不断奋斗的价值追求，能够为大学生建设社会主义政治文明的接力奋斗提供价值指引和精神动力，激励着大学生投身于发展社会主义民主政治的事业之中，为我国社会主义民主政治的不断发展，为人民当家作主的制度体系的不断健全提供支撑。

第三，激励大学生建设社会文明，不断满足人民日益增长的社会生活需要。社会文明有广义和狭义之分。广义的社会文明是指人类社会的文明状态和进步程度，是人类改造客观世界和主观世界所取得的包括物质文明、政治文明、精神文明、生态文明等在内的积极文明成果的总和。而狭义的社会文明是与物质文明、政治文明、精神文明和生态文明并列的，指的是社会领域的进步程度和社会建设的积极成果。一般讲的社会文明指的是狭义上的社会文明。新中国成立以来尤其改革开放以来，我国的社会文明建设取得了举世瞩目的成就：人民的收入水平普遍得到了极大提高，全面解决了人民的温饱问题；我国决胜脱贫攻坚，推动广大人民群众脱贫致富，成为人类减贫史上的一个奇迹，为全球减贫事业做出了巨大贡献；我国的基本公共服务设施不断健全，人民生活的幸福指数不断提升；等等。随着中国特色社会主义进入新时代，人民对美好生活的向往更加强烈，对社会建设的成果也提出了更高的要求。因此，依然需要一代代包括大学生在内的中国人民致力于建设社会文明，推进社会主义和谐社会的建设，不断满足人民日益增长的社会生活的需要。而培育新时代大学生为人民美好生活不断奋斗的价值追求，能够为大学生建设社会文明的接力奋斗提供价值指引和精神动力，激励着大学生投身于建设社会主义和谐社会的伟大事业之中，为我国社会文明的不断发展，为不断满足人民日益增长的社会生活的需要提供支撑。

第四，激励大学生建设生态文明，不断满足人民日益增长的优美生态环境需要。生态文明是人类为保护和建设美好生态环境而取得的物质成果、精神成果和制度成果的总和，是贯穿于经济建设、政治建设、文化建设、社会建设全过程和各方面的系统工程，反映了一个社会的文明进步状态。

新中国成立以来尤其改革开放以来，我们国家始终高度重视生态文明建设，生态文明建设取得了显著成就。随着中国特色社会主义进入新时代，人民对美好生活的向往更加强烈，对生态文明建设的成果也提出了更高的要求。例如，和社会主义改造刚刚完成时、和改革开放之初相比，现在人们更加关注更干净的水、更清新的空气、更优美的环境，对良好生态和美好环境的需要成为人民日益增长的美好生活需要的重要组成部分。因此，依然需要一代代包括大学生在内的中国人民致力于建设社会主义生态文明，推进美丽中国的建设，不断满足人民日益增长的美好环境的需要。而培育新时代大学生为人民美好生活不断奋斗的价值追求，能够为大学生建设社会主义生态文明的接力奋斗提供价值指引和精神动力，激励着大学生投身于建设美丽中国的伟大事业之中，为我国社会主义生态文明的不断发展，为不断满足人民日益增长的美好环境的需要提供支撑。

三、新时代大学生为人民美好生活不断奋斗的价值追求的培育路径

新时代大学生要牢固树立人民立场，以人民对美好生活的向往为奋斗目标，不断培育为人民美好生活不断奋斗的价值追求，将真挚的人民情怀转化为推动自己成长成才、担责克难的不竭动力。培育新时代大学生为人民美好生活不断奋斗的价值追求，归根到底还要落脚到探寻新时代大学生为人民美好生活不断奋斗的价值追求的培育路径上。一般而言，这一培育路径主要包括三个方面：一是坚持和加强党的全面领导，为培育新时代大学生为人民美好生活不断奋斗的价值追求提供根本保证；二是以社会主义核心价值观为引领，激励大学生为人民美好生活不断奋斗；三是立足新时代培养担当民族复兴大任的时代新人，培育一代代致力于创造人民美好生活的主体。

第一，坚持和加强党的全面领导，为培育新时代大学生为人民美好生活不断奋斗的价值追求提供根本保证。党政军民学，东西南北中，党是领导一切的。党的领导是中国特色社会主义最本质的特征，党的领导是中国特色社会主义制度的最大优势。培育新时代大学生为人民美好生活不断奋斗的价值追求，必须坚持和加强党的全面领导。党的全面领导是新时代大学生为人民美好生活不断奋斗的根本保证。在培育新时代大学生为人民美好生活不断奋斗的价值追求的过程中坚持党的全面领导主要体现在以下两个方面。

一是加强党对新时代大学生为人民美好生活不断奋斗的精神动力的领导。中国共产党是中国工人阶级的先锋队，同时是中国人民和中华民族的先锋队，是中国特色社会主义事业的领导核心。我们的意识形态工作必须始终坚持中国共产党的领导，始终牢牢掌握意识形态工作话语权。也只有坚持党的全面领导，坚持马克思主义的指导思想，坚定共产主义的远大理想和中国特色社会主义的共同理想，培育和践行社会主义核心价值观，才能不断为人

们干事创业提供不竭的精神动力，进而才能为新时代大学生为人民美好生活而不断奋斗提供精神动力。二是加强党对新时代大学生为人民美好生活不断奋斗的实际行动的领导。培育新时代大学生为人民美好生活不断奋斗的价值追求，不仅是一个认识和精神层面的问题，更是一个实践和行动层面的问题，这一价值追求离不开一代代大学生为人民美好生活不断奋斗的实际行动。改革开放40多年来，我们国家的经济建设取得了举世瞩目的成就，经济总量跃居世界第二位，综合国力和国际影响力显著提升。取得这些成绩的根本原因就在于我们始终坚持党的领导。同样地，党的全面领导也是新时代大学生为人民美好生活不断奋斗能取得显著成绩的根本保证。

第二，以社会主义核心价值观为引领，激励大学生为人民美好生活不断奋斗。社会主义核心价值观包括国家、社会、公民个人三个层次，其为全民族、全社会在实现中华民族伟大复兴中国梦的征程上提供了清晰的价值追求，赢得了全社会的广泛共鸣。要培育新时代大学生为人民美好生活不断奋斗的价值追求，就要以社会主义核心价值观为引领，激励大学生为人民美好生活不断奋斗。

其一，以社会主义核心价值观国家层面的价值要求为引领，激励大学生为国家富强、民主、文明、和谐而不懈奋斗。国家富强和人民的美好生活是根本一致的，国家富强为人民不断满足美好生活的需求提供了根本的前提。其二，以社会主义核心价值观社会层面的价值要求为引领，激励大学生自觉维护自由、平等、公正、法治的社会环境。人民的美好生活总是处于一定社会之中的美好生活，离不开良好的社会环境。同时，人民的美好生活的需要内在地包含着对于自由、平等、公正、法治的社会环境的要求。因此，要以社会主义核心价值观为引领，激励大学生自觉维护自由、平等、公正、法治的社会环境，激励大学生为人民美好生活而不断奋斗。其三，以社会主义核心价值观公民个人层面的价值要求为引领，激励大学生自觉做到爱国、敬业、诚信、友善，爱国、敬业、诚信、友善的价值要求树立了大学生向上向善的良好精神风貌，推动大学生正确处理好个人与社会的关系，深刻认识到集体主义是社会主义道德的基本原则，从而深刻认识到为人民美好生活而奋斗是自己肩上的责任，也是自己心中应有的担当。

第三，立足新时代培养担当民族复兴大任的时代新人，培育一代代致力于创造人民美好生活的社会主义事业的建设者和接班人。实现人的自由而全面的发展是共产主义社会的一大特征，实现人的全面发展也是社会主义的本质要求。在致力于实现中华民族伟大复兴中国梦的新时代，实现人的全面发展就集中体现为培育一代代拥有为人民美好生活不断奋斗的价值追求的新时代大学生。从培育和践行社会主义核心价值观的角度来看，培养担当民族复兴大任的时代新人，核心要素就是要立足新时代不断培养大学生的健全人格。马克思在布鲁塞尔写成的《关于费尔巴哈的提纲》一文中指出，人的本质是一切社会关系的总和。而社会关系是指个人在社会交往中所形成的各种关系。个人在社会交往中所表现的行为方式，所遵守的一定规则，逐渐发展为大学生的"人格"。

在中国特色社会主义新时代，我们通过培育和践行社会主义核心价值观以形塑时代新人，就是要促进大学生实践人格、政治人格和道德人格的全面发展，使大学生认识到社会性是人的本质属性，进而健全大学生的人格。一是要培养大学生健全的实践人格。培养实践人格的关键在于树立实事求是的思想路线。民族复兴历史使命的实现归根结底要靠一代代包括大学生在内的人民群众的实践奋斗。要推动大学生自觉将理想信念与实践结合起来，做到知行合一，做到在实干中梦想成真。二是要培养大学生健全的政治人格。要提高大学生参与政治生活的能力，提升大学生对政治理念的认识，坚定大学生的理想信念，坚定大学生对于中国特色社会主义的道路自信、理论自信、制度自信、文化自信，自觉为实现中华民族伟大复兴的中国梦而不懈奋斗。三是要培养大学生健全的道德人格。要推动大学生深刻认识道德的意义和价值，推动大学生树立向上向善的观念，鼓励大学生积极向中国特色社会主义建设事业的道德楷模学习，从而为大学生自身致力于民族复兴的奋斗提供道德观念的支撑和动力。

第四，倡导人类命运共同体意识，培育新时代大学生为世界人民美好生活不懈努力的价值追求。人类命运共同体理念日益成为世界人民追求美好生活的人类共同理想，不断成为指引世界各国之间国际关系的重要准则。中华民族伟大复兴的中国梦是与世界人民的梦想紧密相连的，人民对美好生活的向往是一致的，是举世人民共同的心愿。因为随着不同国家之间的联系不断加强，彼此依赖程度日益加深，形成了你中有我、我中有你的现实局面，世界各国人民休戚相关、命运与共。因此，要培养新时代大学生人类命运共同体意识，牢记马克思的伟大理想，为人类幸福不断奋斗。

一是培养新时代大学生志存高远的人生格局。青年时代是人生之中最为宝贵的美好时光，要引导大学生树立实现共产主义的远大理想。正如习近平总书记指出的，理想信念是精神之钙，古往今来的历史和现实也清楚地印证着一个道理，即那些在人生道路上取得伟大成就，并对人类发展做出贡献的仁人志士都是在青少年时代就立下鸿鹄之志，并不懈努力、克服艰难险阻去实现自己的人生追求。如，敬爱的周恩来总理在中学时就立下了"为中华崛起而读书"的远大志向，大学生要学习革命先辈报效祖国的奉献精神，树下雄心壮志，把自己的前途命运与祖国的未来联系在一起，为中国特色社会主义现代化强国的实现贡献自己的青春热血。

二是培养新时代大学生胸怀天下的人类情感。当今世界，随着世界各个国家之间经济、文化等领域交流互动的日益加强，网络技术的迅猛发展，跨境旅游人数的不断增多，不同国家之间的联系越来越紧密，世界人民共同处于一个休戚相关的命运共同体之内。马克思把他的一生都奉献给了全人类的解放与幸福事业，希望建立起一个"自由人联合体"的共产主义社会。孙中山先生"天下为公"的理想也激励着有识之士树立胸怀天下的梦想。习近平总书记指出中国共产党人为中国人民谋幸福，为中华民族谋复兴，为天下谋大同。成长在中国特色社会主义新时代的大学生应该接过属于自身使命的接力棒，培养胸怀天下的高尚情感，为世界和平与发展做出自己的贡献。

三是培养新时代大学生为世界人民美好生活不断奋斗的本领。我国古代思想家老子指出千里之行，始于足下。习近平总书记多次强调空谈误国、实干兴邦，要撸起袖子加油干。志向再高远、理想再远大，没有脚踏实地地真才实干，也只能是空想或幻想。因此，新时代大学生在立下鸿鹄之志、以天下为己任的同时，要扎扎实实地学好科学文化知识，以马克思主义理论为指导，不断提高自身奉献社会的能力和本领。在当前科学技术飞速发展的现代社会，要勇于挑战人类发展面临的各种科技难题，敢于迎难而上、攻坚克难，用自己的智慧、学识和才干为全人类的幸福、为世界人民过上美好生活贡献自身的青春和热血，为人类共同美好的未来不懈奋斗。

第三章 新时代价值观引领大学生思想政治教育

第一节 价值观界定与社会主义价值观引领

一、价值与价值观

明确价值与价值观的概念是研究新时代大学生价值观问题的切入点和出发点，只有解决价值与价值观"是什么"的问题，才能为本研究奠定牢固的基础。

何谓价值？价值的概念最初与经济学紧密联系在一起，其被解释为凝结在商品中的无差别的人类劳动。随着学科的发展，经济学概念逐渐运用到其他学科之中，价值的含义慢慢地延伸到经济领域之外的其他领域。哲学层面上，价值"是主体和客体之间的一种基本关系"，"可理解为客体对于人的作用和效用"。因此，价值可以被理解为主体按照自己的需要对客体属性进行抉择的关系。从价值的特征来看，价值关系的各个环节都是客观的，价值大小取决于客观事物满足主体需要的程度、对主体意义的大小，而随着社会实践的不断快速发展，主体的需要也相应地发生着改变，那么价值大小的实现也会时刻发生着变化。由此可见，价值是客观性、主体性、社会历史性的内在统一。

何谓价值观？马克思曾指出，"观念的东西，不外是移入人的头脑并在人的头脑中改造过的物质的东西而已"。从这个意义上讲，价值观的产生以价值为基础，是人们对价值关系问题的立场、看法和观点。通俗地说，价值观是具有某种判断标准的心理倾向系统，是人们基于生存和发展的需要对客观事物价值的根本看法，"是人区分好坏、美丑、益损、对错及符合或者违背自己意愿等的观念系统"。价值观包含着价值目标、价值取向、价值选择及价值评价多方面的内容。其一，价值目标，是主体对自身未来发展进行的符合价值关系实际的想象，是主体未来发展的精神支柱，具有明确方向、激励自身发展的功能。其二，价值取向，是指主体对客体属性、价值进行选择、评价的一种倾向性态度。坚持正确的价值取向，是主体实现人生价值的关键之一。其三，价值选择，是价值主体按照价值取向的导向、立场和事实等，对一定的价值事实、观念和行为的自觉选择。它既是意识活动的基本内容，也是实践不断展开的基础和前提。其四，价值评价，是指主体根据一定标准、按照自身需要，对自身行为和客观事物有无价值以及价值大小作出的评价。从四者的关系来看，价值评价是价值目标、价值取向及价值选择的一个反映，价值评价本身受价值目标、价值取向及价值选择的影响，同时价值评价又反作用于价值目标的决定、价值取向的判断及价值选择的实践，对主体认识世界和改造世界的行为起着推动或是阻碍的作用。不同的价值主体有着各自独立的价值目标、价值取向、价值选择和价值评价。换句话说，不同的价值主体具有不同的价值观，其对人们的行为具有重要的驱动、激励、引导和制约作用。

二、习近平总书记关于新时代大学生价值观教育的理论

准确把握习近平总书记关于大学生价值观教育的理论依据，深刻理解其科学思维和基本观点，对其内容进行深度的剖析，对于我们在新的历史条件下引导大学生形成科学的价值观体系，培养符合时代要求的时代新人具有重要意义。

习近平总书记强调，"要树立正确的世界观、人生观、价值观，掌握了这把总钥匙，再来看看社会万象、人生历程，一切是非、正误、主次，一切真假、善恶、美丑，自然就洞若观火、清澈明了，自然就能做出正确判断、做出正确选择"。习近平总书记这一重要论述充分明确了世界观、人生观、价值观对青年成长的重大意义。其一，正确"三观"指引青年走好人生之路。青年的人生之路很长，树立正确的"三观"来走好这条路是关键。正如习近平总书记指出，"青年面临的选择很多、关键是要以正确的世界观、人生观、价值观来指导自己的选择"。在时代不断进步的进程中，物质生活的不断丰裕让青年的选择更加丰富，精神生活的多元化更是让青年成为时代的弄潮儿。但是这也是多元矛盾并存的时代，青年如果没有正确"三观"的指引，

就会混淆正确与错误、先进与腐朽、精华与糟粕等矛盾观念的界限，偏离正确的人生道路。正因为如此，在人生不断发展的历程里，新时代青年一定要有正确的"三观"指引自己，拥有明确且正确的评判标准，从而进行正确的价值选择。其二，正确"三观"的形成要求青年明辨是非，善于决断选择。"学而不思则罔，思而不学则殆"。正如习近平总书记要求广大青年"在面对世界的深刻复杂变化，面对信息时代各种思潮的相互激荡，面对纷繁多变、鱼龙混杂、泥沙俱下的社会现象，面对学业、情感、职业选择等多方面的情况时，关键是要学会思考、善于分析、正确抉择，做到稳重自持、从容自信、坚定自励"。是非明，方向清，路子正。这就要求广大青年面对日常学习和生活中的种种现象以及处理问题时要善于思考，辨别是非对错、真伪善恶，从而在大是大非面前能作出正确判断与价值选择。

价值观是"三观"中的不可缺少的关键一环，是掌握人生"总钥匙"的重要内容和必要前提。部分新时代大学生存在的理想信念不坚定、集体主义观念缺失、道德观念有所淡化、无私奉献精神弱化等问题，不仅受外部复杂环境的影响，更重要的还是与大学生自身主观原因密切相关。从根本上说，还是在"总钥匙"上出了问题。新时代大学生价值观教育要坚持以问题为导向，引导大学生正确认识价值观对人生发展的重要性，并培养其树立科学、正确的价值观，从而把握好人生道路的风向标，走好人生之路。

三、大学生价值观的特征

价值观属于意识形态的领域，是人们关于价值本质的认识以及对人和事物的评价标准、评价原则和评价方法总的观点体系。大学生的价值观是大学生在实践中形成的对万事万物的价值综合的、稳定的、持续的看法和态度，并以这种看法和态度为依据，作为判断是非、对错、美丑的原则和标准，这种原则和标准对个人的行为取向具有统摄、导向、驱动的重要作用。在社会迅速变迁的时代背景下，当代大学生的价值观展现出多重矛盾性、多维波动性和可塑造性的特征。

（一）多重矛盾性

矛盾是普遍的，万事万物都存在着矛盾，矛盾的正确化解推动着事物的前进。来自于四面八方的个人构成大学生群体，大学生成长环境、生活阅历、性格特征的不同，使得大学生既有群体的共性，又有各自的个性。不同环境下生长的个人，其对事物价值的看法必然有着自己的独特性，大学生群体作为一个具有独特性个体的聚合，价值观存在着多重矛盾性。

首先从个人层面来看，大学生的价值观存在着价值认知和价值选择的矛盾。价值认知是个体在实践活动的基础上形成的关于是非对错的总体性看法，大学生在形成价值认知的基础上做出价值选择，并在进一步的实践活动中通过践行逐渐内化为自己的价值观。总体看来，价值认知是"知"，价值选择是"行"。大学生存在价值认知和价值选择之间的矛盾其实便是大学生"知行"矛盾的一种表现形式。一方面，大学生是接受过长期教育的群体，在接受教育的过程中，通过课堂，大学生对正确的价值观有一定的了解；另一方面，大学生在以往的生活中，大部分时间在学校，缺乏一定的实践活动，难以将自己的认知及时通过行动固化下来。游离于表面的价值认知在面对大学生主体性意识不断提升以及新媒体各种思潮的冲击时，便会出现动摇。大学生出现理想化价值追求与世俗化价值选择并存的矛盾现象。这表现在大学生认同集体主义原则与更加注重自我利益的实现并存；感叹无私奉献的崇高与做选择时的"功利性"倾向并存；能够接受现实生活中道德规范对自我的约束作用与网络拟态环境中肆意宣泄、恶意攻击并存等矛盾现象。价值认知和价值选择的矛盾阻碍了大学生正确价值观的树立，使得大学生在精神层面处于矛盾纠结的复杂状态。

其次，从群体层面来看，不同群体价值取向存在着矛盾。各种移动终端的出现使得人们在网络世界可以时时都处于"在场"的状态。大学生作为网络场域的主力军，每天都花费大量的时间在网络空间中获取信息、分享信息。一方面网络世界扩展了大学生的价值视域，信息技术的发展使世界变成了"地球村"，大学生可以在网络场域结识四面八方甚至各国各地的朋友；另一方面大学生在分享信息的过程中，通过信息分享和观察，不断结识相同志向的朋友，实现自己的群体归属。在群体归属的过程中，将自己的价值取向不断简单化以获得更多的"队友"，并通过特立独行的观点与交流符号与其他的圈层相隔离。不同的圈层有着自己独特的交流方式，依靠圈层认同带来的自信和安全感。这种心理上的认同与时空距离上的区隔并存的社交方式会导致社交圈子的固定化，长此以往，大学生社交的单一化和获得信息的同质化会导致大学生的价值取向固定化和极端化。不同圈层之间的相互排斥，不仅导致了不同圈层之间价值取向的冲突难以调和，而且导致了大学生群体之间的分化，难以达成统一的共识，阻碍了主流价值观在大学生群体中的确立。

最后，从社会层面来看，存在着多元现状和一元要求的矛盾。如今的世界是一个开放的世界，网络作为各个国家与地区的联结，多种多样的文化在网络场域传播、碰撞、交流。文化作为意识形态的重要载体，多样的文化中蕴含着不同的意识形态、政治立场、价值取向。因此，这种碰撞和交流一方面让大学生群体接受到多样的信息，见识到文化的多元性；另一方面西方国家的意识渗透往往带有隐秘性、煽动性，凭借其文化霸权带来的优势，利用数字技术构建"价值茧房"，通过影视剧等多种形式构建普世价值、自由主义、消费主义的"过滤气泡"，让大学生群体在愉快的感受之余，忽视其背后的意识形态渗透，在娱乐中消解自身价值观认同。如何在多元思潮的冲击中凝聚大学生的价值共识，引导大学生树立正确的价值观，坚守社会主义核心价值观是当前的一个重要议题。

（二）多维波动性

价值观作为各种因素综合作用的结果，其本身就具有历史性会随着时代的变化而变化。而对于大学生群体来说，价值观的多维波动性，除了价值观本身内容的变化，更多的体现在大学生价值判断标准的复杂多变与价值取向的多变上。

首先，从价值观本身来说，价值观作为意识形态的重要组成部分，本身便属于上层建筑的内容。上层建筑是由经济基础决定的，随着经济基础的变化，上层建筑就必然会内在的发生变化。它随着社会历史的变迁和发展有着其内在的发展逻辑。当前，我们进入了社会主义的新阶段，社会结构、物质生活、科学技术、思想观念都随着社会的发展发生着变化。我们所倡导的价值观也在不断的丰富和发展。

其次，大学生价值判断的标准呈现出多维度、易更迭的特征。一方面是由于价值判断标准本身便随着时代的变迁不断变化，例如，原先判断婚姻是否正当的标准是"父母之命"，而如今则是"自由恋爱"；另一方面是因为大学生的价值观本身尚未确立，极易受到周围人群、网络环境等多方面思想的影响，具有很大的波动性。大学生虽然已经是青年人，但是其单薄的人生经历导致其较为"天真"，充满好奇但又没有足够的辨别能力，渴望独立自主但又被渴望认同所裹挟，所以面对问题极易被周围人的思想所左右，变成没有独立意识的"乌合之众"的一员。大学生价值判断标准的复杂多变，极易被他人所利用，被网络的错误思潮所左右。有的学生受犬儒主义、怀疑主义的影响，面对敏感事件先入为主的认为存在"黑暗"现象，对官方发言持怀疑态度，忽视所信言论的可疑之处，将一些"公知"的发言奉为圭臬，导致价值判断的出发点便存在偏颇。

大学的课堂教育较为分散，无法贯穿大学生的日常生活，大学生价值判断标准和价值取向的复杂多变为大学生正确价值观的树立提出了更大的挑战，课堂教育的成果很有可能因为大学生课下浏览的一条信息，关注的一位博主的意见便发生翻天覆地的变化。

（三）可塑性

大学生正处于价值观培育的"拔节育穗期，但是由于多种因素的影响，大学生群体中部分学生出现了价值观偏离主流价值观要求的现象。主要体现在三个方面，其一，部分学生价值取向功利化，这主要是因为市场经济下，资本逻辑大行其道以及不良思潮的影响，导致部分学生产生"一切朝钱看"，崇尚金钱、向往权力的功利性思想，在这种思想的影响下，部分学生陷入"校园贷"的陷阱，最后甚至失去生命。其二，部分学生理想信念模糊，在各种思潮的影响下，部分学生对马克思主义信仰动摇，对社会主义的发展趋势呈消极态度；其三，道德信念丧失，部分学生沉迷于网路，网络匿名性的特征为学生释放"本我"提供了安全性，部分学生在网络中以通过戏谑的评论表达自己的不满，在网络上恶意攻击和评价别人，在现实生活中"唯唯诺诺"在网络上"重拳出击"成为"键盘侠"的一员。部分大学生价值取向出现偏离，有自身成长经历的影响，也有自身理性不足的原因，大学生价值观的可塑性为改变部分学生价值取向偏离的现状提供了可能。

四、社会主义核心价值观引领大学生价值取向的时代意义

大学生正处于价值观树立的关键阶段，社会主义核心价值观教育有助于提升大学生思想政治素养。

（一）满足对大学生进行价值观教育的需求

德为才之基，大学生在不断提升自身文化素养的同时，更应注重正确价值观的树立，高校也应该注重对大学生的价值观教育，将其作为思想政治教育的重要内容和目标。作为新时代大学生，在价值观方面，大学生应制定正确的人生目标，敢于通过自己的行动实现理想，树立正确价值观，立志为社会主义国家繁荣富强作出自己的贡献，勇于扛起肩上的重担。大学生属于知识分子群体，文化程度高、思维活跃、思想进步、对成功的渴望强烈，在价值取向上更倾向于主流价值观。社会主义核心价值观正是从国家、社会和个人方面切合大学生思想实际，满足了高校对大学生进行价值观教育的需求，有助于为社会主义建设培养合格的人才。

（二）为大学生价值观教育指明道路

现代社会经济飞速发展，伴随着经济交往的不断加强，人们在与其他国家交流与交往过程中相互影响相互学习，在接受其他国家优秀价值观念与民族精神的同时，也会出现很多与我国主流价值观念不吻合甚至相悖的理念，西方一些腐朽文化不断传入，其目的是通过这种方式影响我国当代大学生的思想与精神。在这种形势下，我国大学生必须努力学习社会主义核心价值观，将自己的命运与祖国的命运紧紧联系在一起，树立远大的理想，时刻心系民族、国家的未来，保持头脑清醒，坚定理想信念。社会主义核心价值观不仅影响学生的个人成长，而且涉及国家和社会层面的主流价值观，对于大学生未来步入社会，培养合格公民具有重要价值。

（三）为大学生价值观教育丰富内涵

社会主义核心价值观的提出深深根植于中华民族优秀传统文化，立足于社会主义建设的伟大实践和时代精神的精华。社会主义核心价值观从国家、社会和个人三个层面科学系统提出了价值引领。大学生作为青年主力军，作为社会主义事业的建设者和接班人，加强思想政治建设至关重要。在传统的思想政治教育课程背景下，部分思想价值观念相对滞后，造成对于大学生的思想政治教育效果较低，不能有效发挥思想政治教育的效果。社会主义核心价值观内涵具有时代性，贴近大学生的生活学习实际和思想政治状况，引领大学生树立正确的价值观。而且在社会主义事业的建设实践中，涌现出一大批鲜活的人物和事件，诠释着新时代的价值观，正是这些集聚感染力和号召力的人物和事件，使大学生价值观教育更加深刻，更加实际，更为学生所认同，有利于树立社会主义核心价值观。

第二节 价值观引领大学生思想政治教育的理论基础

立足社会主义经济基础，涉及经济、政治、文化、思想等各个方面，建立社会主义核心价值体系，培育和践行社会主义核心价值观，进而激发全民族奋发向上的精神。因此，高校必须全面准确地理解社会主义核心价值体系的深刻内涵，充分认识社会主义核心价值体系在大学生思想政治教育中的重要作用和地位。

一、马克思主义人学理论

人的自由全面发展是马克思主义的根本价值追求和终极价值理想，随着人类社会的不断向前发展，这一理念越发显示出无比珍贵的生命力和价值。在当代中国，只有坚持以人为本，符合人的发展的本质需求，始终以社会主义生产力的发展、以最广大人民群众的根本利益作为价值评价标准，既着眼于人民群众现实的物质文化生活需求，又着眼于人民综合素质的整体提升，促进人的全面发展，社会主义核心价值体系才能真正得到广大人民群众的支持和拥护。

（一）人的全面发展理论是发展中国特色社会主义的重要理论依据

1. 马克思关于人的全面发展思想的现实性

马克思认为，社会的生产生活方式决定了人们的生存方式和发展状况，所以社会的发展决定了人的全面发展，这是马克思主义生命力的来源，社会生活方式如何，从而影响和改变了人的生存与发展状况，也是马克思主义生命力的源泉。

人的本质需求在于实现自由而全面的发展。关注人的生存条件、促进人的自由而全面的发展是马克思主义关于建设社会主义新社会的本质要求。当前，我国已经进入改革发展的关键时期，与马克思提出人的全面发展思想时的社会情境相比有了很大变化，社会空前的变革、经济的快速发展对人的素质要求更高，人的发展问题更加受到社会的普遍关注。

马克思主义提出关于人的全面发展思想，对于当代语境下中国特色社会主义建设实践具有极为重要的特殊意义。在中国，人的全面发展是加快实现社会主义现代化发展的价值目标，与经济社会发展具有内在的统一性。作为一个经济文化相对比较落后的社会主义大国，在当代条件下建设中国特色社会主义，人的自由而全面发展体现了社会主义社会的价值导向。

中国特色社会主义是社会主义初级阶段中国式现代化发展道路的必然选择，是建设中国特色社会主义的题中应有之义和现实目标诉求。在社会主义初级阶段，由于社会生产力还没有高度发达，人民群众的物质条件还没有达到极大丰富，人通向自由而全面发展的制约因素依然存在。所以在大力发展社会生产力、发展先进文化、增强人与自然和谐发展方面采取新的措施，进而满足人们不断增长的文化需求，巩固在发展过程中所需的物质基础、文化基础、社会基础以及环境基础，为实现人的全面发展创造条件。

2. 人的全面发展是社会发展的目标趋向与现实发展过程的辩证统一

人的全面发展不是一蹴而就的，而是需要一个长期发展的实践过程。在当代中国人的全面发展与经济社会发展是相统一的，并且是相互促进的。人的全面发展是社会发展的目标趋向与现实发展导向的辩证统一，不仅仅是未来共产主义社会的理想目标，而且是中国特色社会主义建设的价值目标导向和理论依据，从根本上指导着中国特色社会主义的创新实践，促进中国特色社会主义的健康发展。

通过不断的实践证明得出，在当前社会发展的语境下，人的全面发展既是未来的最高目标，也是最切实可行的发展理念，体现发展目标与实现的辩证统一。

人是社会的核心，所以人的发展也是社会发展的核心，人作为社会有机体的唯一能动要素，通过体力劳动和脑力劳动推动着社会不断向前，一旦缺少人的推动性，社会的发展就失去了意义，社会也不会持久。

因此，在当前社会主义初级阶段、在社会主义市场经济条件下，作为现实社会主义的价值目标取向，人的全面发展还是一个不断推进的、现实的、动态的发展过程，贯穿于中国特色社会主义现代化建设的全过程，它不是一蹴而就的，而是一项艰巨而伟大的工程。

（二）以人为本：历史唯物主义的必然要求

在历史唯物主义的视域范围内，从事物质资料生产的现实的人，理论归宿和最高升华就是实现人类的发展与解放。以人为本就是推动社会进步的主体，一切社会实践活动的出发点和归宿都是以人为本，充分做到关心人、理解人、尊重人，不断推进人的自由全面发展。

具体来说，其包含以下三个层面的内容。

第一，要把人作为主体来理解，突出人在社会活动中的主体地位，强调人的主体性的发挥。

第二，要把人作为目的，而非工具来看待，关注人自身的生活世界，重视人的自由而全面发展。

第三，要把人作为一切事物和活动的最终根据与本质来认识，强化人的意识，树立人是全部历史的首要前提的观念。

这既是时代进步的客观需要，更是历史唯物主义的必然要求。

1. 历史唯物主义为人的发展提供了科学的理论支撑

马克思在早期和恩格斯在《神圣家族》一文中提出过，"群众是历史活动的事业，是随着历史的活动不断地深入人心，进而壮大人民的队伍"。历史唯物主义者认为，人是一切事物的主体，人类自己创造出自己的全部生活以及整个历史。历史并不是将人作为一种工具，而是同步进行发展的，历史就是人们不断追求自己活动的一种目的的存在。

因此，认清楚人在社会中所占据的主要地位以及发挥的主要作用，通过人们来改变和认识世界，唤醒人们的主观能动意识，将人作为真正的人来看待，就构成了现实生活中真正以人为本的基本要求。

2. 人的有由全面发展为历史唯物主义贡献了科学论证

马克思与恩格斯一生都在追求人的全面发展，为实现人的全面发展而不断地努力，在《共产党宣言》中提出过，人是一种自由的个体，无论是在哪一个阶层中，每个人的自由发展是一切人的自由发展的条件。

无论是从静态的发展还是从动态的角度着手，人的自由全面发展都体现出人类未来的生存状况以及发展目标，是一个循序渐进的历史发展过程。人只有具备了一定的能力、个性、潜能以及具有社会关系等方面的发展才为人的全面发展。

尤其当今的社会中，人们的物质和精神层面都呈现出比较丰富的状态，人的自由个性已经不再受到各种禁锢时，人们便对自己的全面发展产生了极为迫切的需求，希望能够更加广泛地发挥出自己的主体个性，在这个层面上，要坚持以人为本的原则，以人为本原则是实现人的自由全面发展的根本，也是历史唯物主义在社会主义发展下的需求。

3.历史唯物主义促进了人与社会的发展和统一

历史唯物主义者认为，人与社会之间的关系具有一定的融合性，人生存在社会中，社会的发展又离不开人的进步。社会与人是辩证统一的存在。社会在发展的过程中借助人的发展才能实现自身的发展，推动历史的进步，社会进步了，人们也就相应地得到了发展。

二、相关学科理论成果的吸收

随着改革开放的不断深入，思想政治教育的诸多要素也发生了巨大的变化，教育者与教育对象无论是年龄还是知识结构、能力结构、性格结构都发生了很大的变化，相关学科的理论成果、学术成就和研究方法的成熟为思想政治教育学科的不断完善提供了重要资源。因此，思想政治教育环境的变化使学科研究成为一种必然趋势。

（一）政治制度制约大学生思想政治教育的发展

1.思想政治教育对政治制度的依赖性

（1）思想政治教育从属于政治制度的阶级属性

政治制度具有一定的阶级性。从马克思主义的观点来看，在一些存在政治性斗争的国家中，这种政治性制度的存在会成为统治者实施阶级统治的必要工具。

对于阶级统治来说，最开始是要考虑如何维护本阶级的执政统治和实现本阶级的经济利益。要选择一定的形式去配置国家的权力，组织政权机构建立组织运行的实体和程序规范。思想政治教育也是统治阶级实施的实践活动，目标也是维护统治阶级的利益。

（2）思想政治教育从属于政治制度的性质

政治制度的横向权力关系是政权组织形式。政权组织形式是在国家机构体系中横向配置国家权力并规范其运行的制度模式。从纵向的角度看，又形成了作为整体的国家与国家的各个组成部分之间的相互关系的国家结构形式。

通常来讲，一个国家所实施的最基本的政治制度都是通过宪法的途径来实现的。我国国家的基本政治制度包括人民代表大会制度以及政治协商制度、基层民主自治制度等，都是围绕这一宗旨来设定的。所以，政治的主体就是人民，人民就是国家的主人。思想政治教育的属性和性质决定了其从属于国家制度的性质，是为国家意识形态进行合法性论证的教育实践活动，是为了服务人民的根本利益。

（3）思想政治教育的内容对政治制度的依赖性

思想政治教育包括世界观、人生观及价值观的教育，这些教育的内容随着政治制度和制度环境的变化而不断发生变化。以个人主义和集体主义教育为例，在计划经济时代，主流意识形态倡导的是集体主义价值观，在思想政治理论课的教科书中，把集体主义奉为最高的教育目标，培养学生树立"大公无私""公而忘私"的人生目标。

随着社会主义市场经济体制的确立，以及对个体价值的尊重，虽对极端个人主义采取的是批判的态度，但是承认了个体对自身价值的追求，以及社会价值和个体价值、社会利益与个人利益的统一。

从总体角度来说，思想政治教育对于政治制度本身具有极强的依赖性和从属性。也可以认为思想政治教育本事就是政治意识形态的实践活动，是一种教育体系，为了巩固和维护政治制度所形成和建构的，是维护政治制度的思想活动。

2. 政治发展对思想政治教育的要求

（1）政治发展需要思想的引导与观念的前行

从根本角度来看，政治发展是由于生产力和生产关系、经济基础和上层建筑的矛盾运动所引发的，所以，具有一定的客观运动性。但是人类社会的政治发展与自然界的演变是不同的，只有当社会基础矛盾运用引起利益关系和力量的对比变化时，转变为进步阶级、阶层或者是由集团变革旧秩序的政治实践的时候，政治发展才能得以实现。

一般来说，政治发展以两种形式表现出来，一种是政治革命；另一种是政治变革。前者是政治关系的质变，而后者是政治关系的量变或部分质变的过程，无论是哪种形式的政治发展都需要思想和观念的先行。

从政治革命的角度看，政治革命是以阶级为主体，以夺取政权为首要标志、以政治制度的新旧更替为基本内容的激烈的政治大变革，是政治发展过程中的质的飞跃。

政治变革是解决社会基本矛盾的根本手段。社会生产关系与落后的生产关系之间产生的冲突，进而维护落后的生产关系，为政治变革摧毁上层建筑提供了历史的契机。政治变革的直接目的并不是为了摧毁旧的制度，而是为了建立一个新的世界。在这个过程中，一方面要通过理论武装人民的头脑，通过理论和政治宣言为政治变革提供理论武器；另一方面是对人民的教育与思想的改造。

中华人民共和国的成立就是推翻旧制度建设新制度的过程，这一过程伴随着的是马克思主义理论的发展和对革命事业的指导思想的确立，形成了毛泽东思想这一伟大理论成果。

从政治改革的角度来看，政治改革的主要目标是为了调整政治的结构，进而可以有效地改善和管理。成熟的政治变革需要成熟的理论体系作为支撑，同时也需要思想和理论为未来的发展提供一种动力和力量。

中国政治改革的探索始于 20 世纪 80 年代后期，对内改革和对外开放推动了中国的进步和发展，带来了中国社会的巨大变迁。在改革开放初期，中国采取的是"摸着石头过河"的方式，逐步形成了中国特色社会主义理论体系，成为中国进一步改革开放的理论指导。

中国特色社会主义理论体系对社会主义的本质、社会主义的根本任务、社会主义的发展战略，以及建设社会主义的总体布局都形成了系统完善的理论和指导思想，这些成为社会变革的思想支撑。

社会的变革必然是利益关系再调整的过程，也是利益重新再分配的过程。这一过程伴随着人们地位的变化，一些人会产生心理不适或巨大心理落差，因此，思想政治教育也具有心理疏导和心理抚慰的功能。思想政治教育通过对健康社会心态的建构和耐心细致的思想政治工作，为不同社会群体提供心理安慰和心理疏导。

（2）政治发展需要思想政治教育提供合法性和政治认同

当人民群众认为政府所实施的统治是正当的，民众就会认可政府的统治，就会自觉地服从，也不会出现抵触统治的行为出现。统治者将如何获取政治的合法性呢？

马克斯·韦伯（max weber）提出了传统型、个人魅力型和法理型三种获取政治合法性的方法。思想政治教育为政治合法性提供支撑。思想政治教育提供了政党支撑、制度认同支撑和国家认同支撑。

在全球化背景下，经济的跨国界活动和人员的跨国流动使得一个国家内部的凝聚力下降，认同感淡薄；与此同时，在互联网和数字化时代，多样文化的冲击和碰撞也导致了国家认同的弱化。思想政治教育就要通过爱国主义教育、通过优秀中华传统文化的传承等来构建历史记忆，增强民众的国家认同和爱国情感。

政治认同应当是从大学生思想政治教育的落脚点、立足点和出发点进行，也是社会价值的核心。大学生思想政治教育的目的是为国家意识形态的稳定性、执政党执政的合法性，以及为大学生政治生活的参与性服务。要求大学生对我国政治统治在政治情感、政治态度和政治行为上予以认可和支持。

政治认同是政治稳定的前提，是思想政治教育得以贯彻实施的心理基础。现实生活中，大学生只有形成了政治认同，才能真正地树立起理论自信、制度自信和道路自信，才会自觉接受与融入"中国特色社会主义"及其相应的意识形态，信服和信仰马克思列宁主义、毛泽东思想、邓小平理论、"三个代表"重要思想、科学发展观和习近平新时代中国特色社会主义思想。在自信与认可的情感推动下，大学生才能自觉依照国家、社会和党的要求来塑造自我。

（二）伦理学方法在思想政治教育中的运用

思想政治教育活动具有的基本矛盾就是在社会的发展下，由于社会的需求引起的思想政治素质和道德品质与受教育者现有的水平之间引起的矛盾。思想政治教育的过程就是逐步解决矛盾的过程，不断提高受教育者的思想政治素质和道德品质，进而达到社会发展所期望的水平。

这项活动包括两个方面，一方面是教育者的教育过程；另一方面是受教育者自我提高的过程。教育过程是外因或他律，受教育者自我提高的过程则是内因或自律，外因或他律只有通过内因或自律才能起作用，所以，决定性环节还在受教育者自身的提高。

这其中涉及两方面的工作，一方面是要做好教育者的工作；另一方面是提高受教育者的自我修养。伦理学能够为我们提高这两方面的问题做出很多的理论借鉴。在伦理学的长久发展中形成的行之有效的道德教育和道德修养方法，对于提供思想政治教育的时效性具有十分重要的参考价值。

1. 道德教育方法在思想政治教育中的运用

道德教育方法包括知识教育法、环境熏陶法、奖惩教育法、榜样教育法等。这些方法可以为思想政治教育所直接运用。

（1）知识教育法

知识教育法指的是教育者通常以多种形式、多样化的渠道，例如，一些课堂教学、书籍阅读、知识竞赛、文艺节目、影视广播、微博微信等，向教育者传播一些利于社会和个人发展的知识。

通过这一方法使受教育者了解一个特定社会所需要的伦理道德标准是什么，相关的伦理道德规范和规则是什么，如，公民道德规范、职业道德、家庭美德、学生守则等。要让受教育者深刻地意识到什么样的行为才是道德行为，什么样的行为是不道德的行为，如何成为一个品德高尚的道德人。知识教育法的主要目的是解决受教育者的道德认知问题，至于认识之后能否转化为现实的行动则为另一种方式。

在现实生活中常常出现的知行不一的现象，如，有的人行而不知，就像没有学过交通规则的人，买个驾驶证就敢在马路上驾驶车辆，其结果可想而知；有的人知而不行，在道德问题上多属于后者。许多人知道路遇摔倒老人应该扶一把，也知道公共场所不应该大声喧哗，更知道父母老了应该常回家看看，但是为什么不能自觉去践行呢？这恐怕还是一个情和意的问题。

解决道德情感和道德意志的问题所需的方法更为复杂。因为情感和意志属于心理活动的重要组成部分，是一种复杂的心理现象，属于非理性因素。因此，道德教育的主要方法是环境熏陶法。

（2）环境熏陶法

环境熏陶法就是给教育者创设一定的情景模式，让受教育者能够深入环境中去体验和遵守道德带来的愉悦和快感，不遵守道德遭受的痛苦和良心的谴责。在环境中，受教育者能够深刻地认识和体验道德，充盈道德情感，坚定道德意识，形成道德习惯和行为，养成良好的品德行为。

环境熏陶法是常见的一种道德教育方法，比如，中央电视台首倡的关于家风问题的讨论，首先让老百姓晒自己的家风，然后引导大家树立正确的家风，良好的家风是孕育和陶冶一个人道德品质的最好环境。

（3）奖惩教育法

为了巩固环境熏陶法的结果，必要时还需采取奖惩教育法。所以人们在具体的实践活动中，而不是总沉浸在良好的道德氛围中去，道德总是与利益结合在一起，一旦二者出现了矛盾，很多人在思想上都容易动荡，这就需要运用奖惩法来激励，帮助受教育者坚定正确的道德行为，打消败德的念头。

适度的奖惩有利于坚定道德意志。奖惩分为物质奖惩、精神奖惩等。其中，物质奖励包括发放奖金、津贴、物品以及提升晋级等；精神奖励包括授予荣誉称号、道德模范等，惩罚则相反。

由此，给受教育者一定的压力，使他们觉得按照道德要求行事，就会产生快乐之感；反之，违背道德行为就会遭到舆论谴责或者受到物质处罚，使之产生不快之感。

在这种奖惩的激励或限制下，人们就会约束自己的行为，按照道德规范行事。当道德行为渐成习惯，就意味着拥有坚定的道德意志和高尚的道德品质。

（4）榜样教育法

道德教育的另一种重要的方法是榜样教育法。无论是中方还是西方，所遵循的伦理思想都强调要树立榜样教育的行为。孔子所说的"见贤思齐""三人行，必有我师焉"就是榜样教育法。

美国著名伦理学家诺丁斯在其关怀德育模式中强调榜样的作用。苏联著名教育家苏霍姆林斯基有句名言，"人只能用人来建树"，说的就是以人教人的方法即榜样教育法。

同样，道德教育也需要树立榜样来进行。道德榜样就是在思想和行为上符合特定社会所倡导的道德标准和规范，进而对人们有一定的激励作用，个人与集体也会模仿。关键问题是如何选择树立道德榜样，树立道德榜样肯定具有一些先进性、高尚性以及超越性等特点的个人与集体。

但是，仅仅如此，只能令人产生敬而远之、无法模仿之感。所以，道德榜样除了具备上述特点外，还必须具有感染力、多样性等特点，才能令受教育者情不自禁地去效仿，以达到提高受教育者道德品质的目的。中央电视台举办的感动中国人物评选、道德模范评选、时代先锋、最美乡村医生、最美乡村教师等活动，就是在利用榜样教育法去教育人们。

2. 道德修养方法在思想政治教育中的运用

伦理学所特有的方法是道德修养方法，是为受思想政治教育的教育者进行自我教育提供的参考。其中，包括了学思结合法、慎独自律法，以及道德践履法。

（1）学思结合法

学思结合法是指受教育者将"学"和"思"结合起来，先通过"学"了解道德规范和要求，然后通过"思"即"内省""内自省"以达到对道德标准的确认，以此来提高自身道德的修养方法。孔子就非常重视"学"和"思"相结合的道德修养方法，在《论语》开篇就说："学而时习之，不亦说乎？"并强调道德知识来源于学习，"我非生而知之者。好古敏以求之者也"。

孔子认为人在本性上本没有多大的差别，人与人之间具有的差异性来源于后天学习上的不同，"性相近，习相远"。借用其学生子夏的话说，就是"博学而笃志，切问而近思，仁在其中矣"。只有多学习，不耻下问，并且善于思考，才能坚定对"仁"即道德的志向。

不仅如此，孔子还论述了"学"与"思"的关系，认为"学而不思则罔，思而不学则殆"。"罔"是迷茫而无所获得；"殆"是指陷于危险和困境。

因此，要将"学"与"思"有效结合起来，对于"学"来说就是一个感性的认识过程，对于"思"则是认识过程中的理性认识，理性认识是在思维中进行的，是对感性认识的一种加工和整理，目的在于有效地把握事物全面发展的规律。

也就是说，"思"才是道德修养的重要阶段，只有"思"或"反省"，即对所学到的道德知识或者自己在道德实践中的行为进行自我检查，自己和自己打官司，原告是自己所理解的道德标准，被告是自己的道德行为。

人们只有通过不断反复地认识自我，才能使道德认识更加清晰，道德情感和意志更加坚定，道德品行更加合理。曾子曾说："吾日三省吾身：为人谋而不忠乎？与朋友交而不信乎？传不习乎？"只有善于反省自己的言行，才能使自己在道德上不断进步。足见，思考、省察、自我检视的重要意义。

（2）道德践履法

道德践履法指的是通过实践道德、履行道德，按照道德的要求去行事，从而符合道德规范和道德原则的一种活动。"纸上得来终觉浅，绝知此事要躬行"。即使掌握了一定的道德理论知识，并不意味着也具备了高尚的道德品质，道德品质是通过道德行为所表现出来的。

荀子讲，"行之，明也，明之为圣人。圣人也者，本仁义，当是非，齐言行，不失毫厘，无它道焉，已乎行之矣。故闻之而不见，虽博必谬；见之而不知，虽识必妄；知之而不行，虽敦必困"。

理想道德人格的塑造仅仅具备道德认知是不够的，重要的是要进行道德实践。只有在道德践履中才能成为理想我。

道德品质的养成是一个人经过了长期不断的道德实践形成自我心理特征的过程，所以高尚的道德品质的形成需要在长期的道德践履中不断地形成，如，学习开车、学习滑雪、游泳等都是需要进行反复地练习，进而达到"上手的状态"。

用亚里士多德的说法，道德的德行则是习惯的结果；以我们希腊的语言来说，道德的德行这个名字是由习惯这个名字稍加变化而成的。道德品质就是一个人习惯的经常的行为表现。道德践履法是道德修养的最好方法。

（三）心理学研究方法在思想政治教育研究中的运用

心理学方法是实现人思想转化的关键，同时也是解决人思想和心理问题的有效途径，要将思想政治教育运用到心理学的研究方法中去，能为思想政治教育研究提供分析人的心理特征的钥匙，一方面可以帮助解决意识形态问题；另一方面可以探寻具有心理依据和心理引导作用的有效教育方式方法，增强思想政治教育的实效性和科学性。

1. 思想政治教育的心理学原则

原则是人们经过实践经验总结出来的说话、行事所依据的准则。把心理学方法运用在思想政治教育中，重要的前提是把握好思想政治教育的心理学原则。

（1）心理认同原则

认同是指在思想、情感、态度和行为上能够主动地接受他人的影响，使自己的态度和行为能够接近他人。心理认同一方面包括了理性方面的认识求同；另一方面包括了感性的情感移入，还包括了个人对社会规范和主流价值观的认同。

心理认同作为一种心理状态可产生肯定性的情感，成为客观目标的驱动力，也制约着人们对特定实践活动的态度和行为，思想政治教育要在思想上或行为上影响某个人或某个群体，首先要尽量取得他们心理上的认同。

（2）心理相容原则

心理相容原则指的是群体成员在心理和行为上彼此间相互协调一致，是组成群体人际关系的重要部分，也是成员彼此间共同活动的动机和价值观，是群体共同活动得以顺利进行的重要条件。

思想政治教育中的心理相容是指教育者与受教育者之间情感相容、相互尊重、和谐融洽的心理和情感关系，心理相容的原则能够构建一种积极的情感关系，唤起受教育者对教育的回应，引起教育主体思想上的共鸣，从而达到教育效果。心理相容是思想政治教育的心理基础。

（3）心理动机原则

心理动机原则指的是通过满足受教育者的物质和精神层面的需求激发人的潜能，调动起人的积极性、主动性和创造性，从而产生行为的内动力。

人是为了满足需要才进行积极行动的，动机是指由特定需要引起的，欲满足各种需要的特殊心理状态和意愿，动机原则实际上也是满足原则，思想政治教育应该认真分析受教育者的心理需要，通过满足需要把受教育者的思想活动引向既定的目标，增强思想政治教育的针对性和实效性。

2. 思想政治教育中具体心理学方法的应用

心理学方法是思想政治教育的基本方法之一，心理学的方法指的是从心理学的角度出发，依据人的心理特点及其发展变化规律来探讨思想政治教育的方法，也是实现思想政治教育学科化、科学化的重要途径，应当在把握思想政治教育心理学的前提下，根据不同的问题、目的和任务选择合适的方法，能够增强思想政治教育的效果，进而适应新的形势下思想政治教育工作的需求。

（1）谈话法是思想政治教育最基本的沟通方式和教育方法

谈话法是通过面对面的交谈，获得谈话对象个人的意愿、感受、思想及心理活动的信息，并分析其心理特点的教育方法，谈话法主要是指教育中的个别谈心谈话。思想政治教育中运用谈话法的基本原则是用"心"交谈。

第一，爱心、热心、耐心、细心，倾心相谈。思想政治教育中的谈话作为一种教育方法不是简单地交谈和沟通，而是按照既定的目的，在把握谈话对象心态的前提下有计划进行的，不仅谈，还要分析并获取教育信息和资料，还要灵活处理谈话中的意外情况。

第二，掌握好谈话的技巧和艺术。谈话的技巧和艺术就是其科学性的体现，谈话的技巧在于：善于把握谈心的良好时机，做好充分的谈话准备，营造良好的交谈氛围，找准谈话的切入点，控制好谈话的场面和交谈情绪，充分利用网络媒体进行交流。谈话的艺术在于：情理交融，语言生动、实事求是，并注重以教育者自身的人格、学识魅力获得教育对象的认同，从而增强谈话的吸引力和感染力。

（2）心理测量法在思想政治教育中发挥着"量""度"作用

心理测量法也被称为是测验法，是一个既适用于个体，也适用于团体的心理学研究的主要方法之一。心理测量法是按照规定的程序，通过专门的测量工具对被试者的某种心理品质、行为特征都进行测量，收集相关的数据资料，从而做出被试者某方面心理的发展水平，以及对某些特点进行评定和诊断的方法，是用一种客观标准的评鉴工具来分析个体心理差异的方法。

心理测量法具有间接性、相对性和客观性的特点，操作性强，适用范围广泛，在思想政治教育中发挥着"量"和"度"的重要作用。

①以"量"的评价方式为因材施教提供依据

心理测量是用标准化的测量工具对人的行为加以数量化的描述，这种量化可以基于思想政治教育需要出发制订量化目标，获得对人的性格特点、兴趣爱好、能力水平、需要动机、心理品质等诸多方面评价信息，不论是智力测验、人格测验、职业测验还是心理健康测验，都用量表来实施。量表通过信度和效度两个标准维持量化结果的稳定性和准确性，对个体进行相对准确的评价。心理测量的结果为思想政治教育开展个性化教育和针对性教育提供重要的依据。

②心理测量有利于把握教育与治疗的"度"

因为人的心理总是与思想问题相互交融、相互结合在一起，所以思想政治教育可以对人们的心理问题进行调节，但是不能实现治疗心理疾病。心理测量可以是了解个体的人格倾向以特质的判断，判断环境与人格特质的相适应关系，把握心理健康教育的主动性。

更重要的是，心理测量能够提供心理疾病的诊断信息，以量化的形式对心理障碍进行准确地诊断，对疾病的治疗有很重要的作用。思想政治教育要把握好教育与治疗的"度"，对心理问题进行及时引导，对心理障碍的疾病状态要诉求于专业的临床治疗。

（3）体验教育法彰显出思想政治教育的生机和活力

体验教育法指的是在实践的过程中，教育对象能够认知、明理和发展的一种方法。体验教育强调的是教育者综合运用各种教育要素或者教育资源，通过理论和实践的相互结合，有效地引导和激发受教育者对客观世界的认识，改变自身的知识、技能以及价值观，促使自身素质的内在发展与完善。近年来的发展使体验教育越来越多地应用到了思想政治教育中去。

体验教育要充分地注意学生在思想上所发生的改变，结合学生的实际思想和个体的差异性，让学生在体验的过程中改正自己的错误，形成健康正确的人生观和价值观。

第三节　价值观引领大学生思想政治教育的理念、原则和方法

对社会主义核心价值观进行明确的界定在一定程度上而言，具有理论的科学性和先进性，就其自身来说，也带有很强的现实主义，能够实现一元和多元的有机统一。

大学生思想政治教育一直以来都是非常复杂的一项工作，在进行思想政治教育工作的过程中，必须做到始终坚持社会主义核心价值观的正确积极引导，学会巧妙运用新的方法进一步强化创新工作机制，不断地培育人文主义精神，从而更有力地增强社会主义核心价值观对当代大学生的渗透能力和影响性。

一、社会主义核心价值观引领大学生思想政治教育的理念

（一）优秀传统文化与社会主义核心价值观教育理念的关系

对于我国的优秀传统文化而言，在漫长的历史长河中时时刻刻都在对历朝历代的社会发展起着一定的影响作用，而立足于中华优秀传统文化进一步推进社会主义核心价值观教育理念，是对培育和践行社会主义核心价值观思路的一个整体性总结，对其内容所做的丰富和路径的相关拓展，立足中华优秀传统文化更是迎合历史潮流和社会发展趋势的一个应然之举，影响十分

深远。

1. 社会主义核心价值观教育理念的困境与优秀传统文化的继承

从文化传承的具体角度而言，在很大程度上说，教育的现代化是与一个民族传统文化的复兴和强化同时进行的，它们之间有着非常密切的联系，中华优秀传统文化作为中华传统文化体系的重要主体和精髓，是中华民族传统文化理念与形态所形成的一个结合体，它深刻地见证了关于中华民族的跌宕起伏和荣辱兴衰；经过几千年的传承和洗礼，它至今仍深刻地影响着我们民族。

优秀传统文化主要倡导的是"修身、齐家、治国、平天下"，提倡秉性与人性合一，这些与社会主义核心价值观二十四个字内容相互一致，并不冲突。然而，在我国经济和社会方面都得到了高速发展的具体情况下，传统思想和文化形态对于今天的社会情形却难以适应，而且纵观大学生社会主义核心价值观教育及道德素养教育，也在很大程度上明显地滞后于现代经济和社会发展。

在这种形势较为紧迫的情况下，为了能够更好地对我国的优秀传统文化进行传承，我们应该始终做到坚持理性思维，对于以优秀传统文化为主要代表的民族文化遗产进行批判性的继承。尤其在社会主义核心价值观教育体制现代化方面，唯有坚持将中华优秀传统文化合理地吸收到社会主义核心价值观的教育理念中，才能有效地化理念为现实行为，进一步拓展社会主义核心价值观教育的现代化路径，使我国的文化教育能吸收无穷的优秀文化因素，进而展现出中华文化的魅力和生命力，使我国的文化软实力得到进一步的提升。

2. 优秀传统文化与社会主义核心价值观教育理念的契合

优秀传统文化育人思想主要以"礼乐文化"为主，这一点正好与社会主义核心价值观教育富民强国理念相一致。"礼"在本质上而言是为封建等级制度服务的，但是这一思想和行为规范中的道德规范内涵对现代社会的育人思想仍具有启迪意义，这就需要当今德育在理论和实践过程中学会取其精华，去其糟粕。

除此以外，对于中华民族的文化而言，本身就是一种人本文化，无论是修身还是治国，一直都以人为基本的出发点。先哲们倾其毕生的精力所探讨的也就是人之如何为人，如何立世的问题，道家"自然"说"道生之，德育之，物行之，势成之"（《老子》第十五章），又说"生而弗有，为而弗将，民而弗"（《老子》第十章），天地万物皆是由道而生，因势而成，皆有属于自身的发展规律和明确的特点。

对于社会主义核心价值观教育理念来说也是如此，以大学生为主体，在进行教育的过程中一定要按照符合大学生的特点来成长发展，对当代大学生的时代特点和群体性特征进行深入的研究，以此可以进一步地提升社会主义核心价值观的教育理念，并且还要适当地结合个体的性格特点，尽可能地为他们提供一个适合其发展的环境条件。当然这也是当前社会主义核心价值观教育理念现代化的目标和要求。

自社会主义核心价值观提出以来，全国高校都在极力倡导、培育和践行社会主义核心价值观，优秀传统文化"仁、义、礼、智、信"等的育人理念也在很大程度上为大学生注入了一股积极向善的正能量。它正确地引导受教育者能够积极地将人格的完善与国家、民族和社会的整体、长远利益密切结合起来，追求个人价值和社会价值的和谐统一，坚持社会共同体。优秀传统文化哲学理性、务实，其追求实质的理性，在很大程度上促进了我国古代思想教育的进步，为社会和经济的发展做出了重要贡献。

由此，优秀传统文化育人思想彰显出其时代性和科学性，社会主义核心价值观教育将其融合贯彻到整个教育理念中，不但会使中华文化软实力有所提高，还会使思想意识形态有所进步。

3. 优秀传统文化的局限性与社会主义核心价值观教育理念的冲突

从辩证唯物主义的角度进行深入分析，任何思想和理念都有一定的客观局限性。如果从历史渊源和时代性而言，传统文化思想作为维护封建统治的正统思想也具有不可回避的历史局限性。

第一，由于传统文化思想的主体儒家思想着重强调恪守人伦道德规范，于是就在一定程度上对公民的个性和创造性发展造成了一定的压制，这一点与当代民主的理念是相互冲突的，特别是到了封建社会晚期，彻底为统治阶层所利用。

第二，传统文化在育人思想方面只强调学习死记硬背，只追求所谓的功名利禄。然而这些思想恰恰都与现代化的教育理念不一致，相互违背。

由此，我国在进行社会主义核心价值观教育现代化改革的相关进程中，应该树立一个正确的教育理念，更好地促进教学方式方法的多样化。

（二）优秀传统文化教育理念解析

1. 优秀传统文化教育理念十分重视教育的实践价值

在当今世界，社会主义核心价值观教育严重面临着思想文化交流交融交锋形势下的思想观念和意识形态冲击和挑战，而优秀传统文化育人思想对处于正在转型期的社会主义核心价值观教育仍具有不可或缺的借鉴意义和实践价值。

在儒家看来，所谓的教育就是为了培育人才、摆正道德、摆正人心、美化风俗的一种重要手段，同时还是治国安邦的一个根本措施之一。对受教育者进行强化思想政治和爱国主义的意识是优秀传统文化的育人价值的一个主要体现，这样能使其树立积极向上的人生观、世界观和价值观，树立安邦定国的宏伟志向；积极正确地引导受教育者树立集体意识和团队观念，形成团结协作的群体意识；同时，也要适当地加强受教育者心理素质的锻炼。

对大学生进行社会主义核心价值观教育旨在培养大学生的思想意识与道德素养，使之得到一定程度的提高，这与我国传统文化教育理念是一致的，通过适当的教育，培育大学生树立天下为公，服务社会的态度，进而达到"建国君民与化民成俗"的目标。在此过程中，优秀传统文化育人理念特别注重强调受教育者内在品格的提升和重叠。

2. 优秀传统文化教育理念注重人文主义内涵

优秀传统文化教育理念要求主要以伦理道德为重，进一步强调"礼"对受教育者的启发和敦促。优秀传统文化关于"礼"的论述和实践，既是我国传统道德教育所进行的主要内容，也是当前社会主义核心价值观教育理念的一个重要来源。

由此，知礼、习礼和行礼的过程即可以看作进行教育的一个过程。教化育人的功能既是优秀传统文化的首推要义，也是社会主义核心价值观教育题中的应有之义。

因此，对于优秀传统文化而言，在育人过程中始终能够坚持一种科学理念和精神，这无疑是优秀传统文化持续影响当代教育理念的生命力源泉。

3.优秀传统教育理念具有较强的实践性和普适性

中华民族数千年精深文化思想的结晶和主要形态就是优秀传统文化，优秀传统文化政治化的过程，实际上就是优秀传统文化实践的具体过程，同时还是一种优秀传统文化思想政治教育的过程。

随着我国贯彻落实教育体制的现代化改革和社会主义核心价值观，这一经典文化思想逐渐明确地体现在社会主义核心价值观教育的过程中，并成为其新的一种理念核心和价值追求。

关于优秀传统文化中所含的教育方法，都可以进一步运用到现代社会主义核心价值观教育中去。同时，也对我国优秀传统文化的传承教育提出了新的要求。在一定意义上赋予优秀传统文化育人思想新的时代特色，使我国优秀传统文化普及教育的实效性得到更大限度地提高，从而进一步增强我国转型时期社会主义现代化建设的文化软实力。

二、社会主义核心价值观引领大学生思想政治教育的原则

为了能够更好地促进大学生培育和践行社会主义核心价值观，必须有针对性地从认识、方法、实践上对以下五个方面的原则予以一定的遵循。

（一）坚持马克思主义指导

马克思的历史唯物主义是科学思想中的最大成果。过去在历史观和政治观方面占据支配地位的那种混乱和随意性被一种极其完整严密的科学理论所代替。始终做到坚持马克思主义指导思想是我党经过长期历史比较和深刻国际观察最终得出的关系到党和国家前途命运的重要历史结论。

在社会主义核心价值观的主要内容中，其中就有关于坚持马克思主义指导思想的明确要求。

第一，社会主义国家和中国共产党的性质在很大程度上决定了马克思主义是我国社会主义的立党立国之本，马克思主义指导思想作为基础思想为我国发展建设具有指向标的作用。

第二，马克思主义指导思想可以说是社会主义先进文化的主要旗帜和灵魂，它对文化的性质和方向有着决定性的作用。在我国社会主义核心价值体系建设过程中，马克思主义为我们提供了正确的世界观和方法论，提供了正确认识世界和改造世界的有力思想武器。

中国改革开放 40 多年来的伟大成就也进一步证明，马克思主义有着非常强大的生命力，马克思主义不仅能够救中国，而且能够使中国得到进一步的发展。当代国际共产主义运动遭受挫折的教训，特别是历史的教训告诉我们，如果马克思主义这一精神支柱得到了动摇，就会导致思想混乱、社会动乱，甚至会给党、国家和民族带来巨大的灾难。

社会主义核心价值观是在马克思主义科学世界观指导下，经过不断总结、凝练，得到的全国各族人民价值判断的基本准则。马克思主义以其强大的科学性、革命性和实践性和它与时俱进的理论品质，决定了它必然是新的历史条件下正确观察、分析和解决问题的科学世界观和方法论，是在全社会培育和践行社会主义核心价值观的一种指导思想。

所以，如今在大学生中培育和践行社会主义核心价值观，我们必须做到牢牢把握坚持马克思主义的基本原则，使马克思主义的强大生命力和指导力得到一定的发挥，坚定不移地巩固好马克思主义所具有的指导地位。

当代大学生主要肩负着建设富强、民主、文明、和谐的社会主义现代化国家，实现中华民族伟大复兴的历史重任。当然，想要完成这样的历史重托，也不是一件容易的事情，需要他们学会主动积极地践行社会主义核心价值观。

但是，通过对大学生社会主义核心价值观所进行的认同调查可以看出，部分大学生并没有扎实掌握关于马克思主义的理论知识。这就要求我们把坚持和发展马克思主义，把马克思主义统一到社会主义核心价值观的培育和实践中，融入进一步塑造大学生灵魂、培育大学生道德的育人教育过程中。

积极正确地引导他们在这个纷繁复杂的社会思潮环境下，学会正确、合理地运用马克思主义的具体立场、观点和方法去对问题进行深入性的分析，坚定正确的政治方向和政治立场，时刻能够做到保持一个清醒的政治头脑，保持正确的发展方向。

（二）立足中国特色社会主义实践

实践能够决定意识，意识主要来源于实践。马克思曾说，"全部社会生活在本质上是实践的。凡是把理论引向神秘主义的神秘东西，都能在人的实践中以及对这个实践的理解中得到合理的解决"。实践在很大程度上能够决定价值观的具体生成、发展与实现，同时也决定着价值观的基本具体指向。特定的价值观能够反映出特定的社会性质和社会关系，而社会中占主导地位的价值观就是核心价值观，核心价值观是一种具有特色鲜明的意识形态导向性。

回顾历史，在中华民族伟大复兴进程中始终能够做到坚持中国共产党的领导，最根本的一点就是坚持了党指引的具体前进方向，坚持走中国特色社会主义道路。展望未来，中国特色社会主义道路和具体的实践必将是中华民族伟大复兴的一条必由之路。

社会主义核心价值观是在中国特色社会主义实践过程中逐渐形成和发展起来的核心价值目标和价值理念，它与当代中国的社会主义基本制度和根本性质紧密联系在一起，对中国特色社会主义政治、经济、文化和社会发展的内在规定、要求以及目标取向予以了集中体现。中国特色社会主义实践告诉我们，社会主义核心价值观是动员中国人民走中国特色社会主义道路、建设中国特色社会主义的力量源泉。随着中国特色社会主义实践得到不断深化，社会主义核心价值观必将焕发出强大的生命力、创造力和感召力。

社会主义核心价值观是对具体实践经验进行的一个总结，并以指导实践为具体的根本目的。无论价值观是否具有指导意义，都离不开相应的实践和生活。之所以积极倡导社会主义核心价值观，就是为了能使社会主义核心价值观成为整个社会的一种共同价值追求，成为人民群众在生活中的具体行为指导，成为汇聚社会正能量、引导和推动社会发展的精神动力。

理论既源于实践过程又在一定程度上高于实践；实践永无止境，创新永无止境。随着经济全球化进程得到不断加快、科学技术日新月异、综合国力竞争日趋激烈，以及各种思想文化相互激荡的新形势下，立足于中国特色社会主义实践，在大学生中培育和践行社会主义核心价值观就显得越发重要。

在中国特色社会主义实践中进一步倡导社会主义核心价值观，能够对大学生的思想认识与行为方式形成更为深刻的影响，对于大学生价值取向与价值思潮的相关整合也会更加有效，使他们能够及时排除干扰、驱除没用的杂念，做到坚定马克思主义指导地位，巩固中国特色社会主义道路，形成中华民族凝聚力，实现中华民族伟大复兴。

（三）汲取中华优秀传统文化精华

人类文明进步的历史充分表明，如果没有先进文化做积极的引领，人民精神世界得不到极大丰富，全民族创造精神得不到充分发挥，那么对于一个国家、一个民族而言，就不可能屹立于世界先进民族之林。"凝神聚气、强基固本"是习近平总书记对社会主义核心价值观的地位作用所做的一个高度概括，所谓的强基固本，就是要加强中华民族绵延不断的文化之基。

在中华民族五千多年文明发展的历程中，逐渐地形成了源远流长、博大精深的中华传统文化，儒家五常"仁义礼智信"，一直贯穿于中华伦理的发展过程之中，并最终在一定程度上成为中华价值观中的最核心因素。"天行健，君子以自强不息。地势坤，君子以厚德载物"。"唯天下至诚，为能尽其性"。"先天下之忧而忧，后天下之乐而乐"中华传统节日也相应地蕴含了团圆、忠孝、和谐、仁爱、诚信、爱国等精神内涵和民族情感。

中华优秀传统文化一直深深地影响着历代华夏儿女，承载着中华民族的文化血脉和思想精华。中华传统文化经过中华民族五千年文化在历史发展中逐渐积淀，在很大程度上为社会主义核心价值观建设提供了坚实的文化基础和思想传统，可以说是文化的一个"活灵魂"。在一定意义上说，中华传统文化与社会主义核心价值观是内在统一的。在中华传统文化中，既有对理想社会和文化的积极追求，又有经世致用、积极有为的现实精神，经过漫长的历史演进逐步形成了一种"大同"理想以及爱国主义、诚实守信、和谐友善的价值导向和道德准则。

在当今这个飞速发展的时代，传统文化的复归是中华文明自身发展的内在要求，是实现中华民族伟大复兴的客观需要，更是中国在世界树立大国姿态、实施软实力战略的迫切要求。传统中华文化与当代中国精神内核两者是一脉相承的。中华文明有着刚柔相济、自强不息的意志品质，和谐与中道的核心价值，持续不断的生成、创新与转化精神，在中国现、当代史上的许多建设精神上皆得到了完美的诠释和升华。中国所具有的国家及国民精神状态以及整合与凝聚精神，对于综合国力及文化软实力的进一步提升都发挥出了至关重要的作用，并相应地留下了宝贵的国家精神建设经验。只有我们努力传播中国的核心价值观，着眼于社会主义核心价值观的本土特质，才会提高国家文化软实力。

社会主义核心价值观一直以来都是围绕中华优秀传统文化为基本根基，中华优秀传统文化是中国特色社会主义核心价值观建构的思想源泉。社会主义核心价值观植根于中华优秀传统文化的沃土中，不但对其精髓进行了一定程度的吸收，还有针对性地对中华优秀传统文化进行了相应的升华和创新。

文化承接着过去又在一定程度上昭示着未来，既是民族的又是时代的。在大学生中进一步培育社会主义核心价值观，一定要注意扎根于中华优秀传统文化之中，做到坚持继承和发扬中华民族的优秀传统文化，进一步吸取中华文化的博大精深和传统价值观的历史积淀作为大学生价值观教育的思想资源，适当地与实践相结合并加以合理地利用，推陈出新，使其能够在最大程度地焕发出一种新的活力和时代生机，最终成为新时代鼓舞大学生前进的重要精神力量。

三、大学生社会主义核心价值观培育的具体方法及其运用

当代大学生社会主义核心价值观培育的具体方法形式多种多样，共同的特点就是这些方法是在长期的教育实践过程中逐步形成和发展起来的，具有一定的普遍性和代表性。

（一）显性培育法及其运用

1.显性培育法及其特点

关于显性培育法也是相对于隐性培育法而言的。这两种培育法在当代大学生社会主义核心价值观培育方法当中有着比较突出的特点，对比也比较鲜明。所谓对显性教育法进行的界定就是基于显性教育法的一种公开性、组织性等特点之上的。于是，就可以将当代大学生社会主义核心价值观的显性培育法定义为：在当代大学生社会主义核心价值观培育的过程中，在一定的社会环境中，培育主体为了能够完成培育目标和任务，对培育对象所采取的一切公开的、有组织有计划的、目的明确的方式、办法和手段的总和。

这里需要强调的一点是，显性培育法并非一种方法，而是这一类型方法的总称，具体包括理论培育法、自我提升法、榜样激励法、实践锻炼法等具体的实施方法，它们都具有以下相似的特点。

（1）明确公开性

显性培育法的若干具体实施方法都采用的是明确而公开的形式、手段，在此基础上有针对性地向大学生开诚布公地传递具体的培育要求、内容和措施。把主张和观点都明确地公开，对大学生进行直接地教育引导。这些具体实施方法在实际运用过程中都体现出了明确、公开性的特点。

（2）组织系统性

由于显性培育法都是有组织、有系统、有具体规划的大规模开展。所以大多都是通过国家或者各级组织、社会团体用相对固定的形式进一步予以规范，经过专门的机构设置和制度规范来保障实施。例如，国家和某些社会组织层面通过定期的优秀模范人物评选来进行典型榜样的塑造，从而进一步激励教育当代大学生树立社会主义核心价值观。通过对各种规格的社会实践活动进行系统地组织，让当代大学生能够在具体的实践活动中对社会主义核心价值观更加坚定，等等。这些培育方法都是有组织、有计划、有规范地系统展开的。

（3）鲜明导向性

由于显性培育法都是在一定程度上通过明确公开的方式有组织、有系统地展开的，所以也就决定了它有着非常明确的导向性，目的就是传递社会主义核心价值观。让人们能够在第一时间内直观感受到的一种大张旗鼓的方式，从而发出强有力的声音，对其他错误思想观念进行一定的压制从而彰显其所具有的主导地位。这种主导性还主要体现在能够通过国家和社会组织的组织保障系统性地来对其主流意识地位从而占领思想高地、夺取主流话语权进行一定的保证。

（4）直接影响性

通过上述对显性培育法的具体实施，能够在很大程度上把培育内容直接地传递到大学生面前，久而久之，足以刺激大学生自觉不自觉地去进行认识和了解。这也就在有意识和无意识的双重状态下进一步引起了大学生对这些信息刺激的反应，作为走向认知的第一步。这种直接的信息所进行的传达和影响范围，无论能够带来什么样的效果，都能引起大学生的关注，通过对多种培育方法进行综合利用逐步引导其走向认识和行为的具体转化。

（5）作用强制性

正因为显性培育法通常是对稳定牢固的国家或者社会组织机构进行一定程度的借助，从而有系统、有规划地来组织开展，所以相对于隐性培育法而言，它更具有一定的强制性。无论培育对象是接受还是抵触，它依然会传递相应的培育信息，并不断地对这些信息进行强化，同时配合多种培育方法以期达到预期的培育效果。

2. 显性培育法的主要具体实施方法

（1）理论培育法

所谓的理论培育法具体是指培育主体在对当代大学生社会主义核心价值观培育过程中，通过有组织、有计划、有目的地向培育客体适当地传递当代大学生社会主义核心价值观培育信息，进而帮助其确立一个正确的价值观的方法。在显性培育法中，理论培育法是最重要、最典型的一种培育法。

关于理论培育法的具体运用，主要有以下几个方面。

第一，理论讲授。理论讲授主要是指培育者通过语言讲解的形式进一步把相关理论知识传授给大学生的一种方式。这个方式主要包括课堂教学组织形式、专题讲座形式等，尽管在一定程度上讲，具有一定的理论灌输性质，但是同时也要求培育工作者对大学生的实际情况必须予以重视，在此基础上进行有针对性的理论灌输，杜绝"填鸭式"注入。

第二，理论学习。理论学习就是指将大学生有序地组织起来有计划地进行集中或者分散性的学习，进而使其牢牢掌握社会主义核心价值观培育相关信息的方法。比如，可以适当地通过课堂学习、课后兴趣小组、有奖竞答比赛等方式来了解培育内容，弄懂相关的知识。

第三，宣传教育。宣传教育就是适当地对大众传播媒介的力量进行借助，进而向大学生灌输培育内容的相关方法。由于大众传媒影响力的广泛性，可以将我们所倡导的价值观不断地传播到大学生生活的诸多方面，让他们在打开电视、电脑、手机、报刊等传媒手段的同时，能够接收到主流意识形态传递出的培育信息。

当然，对于隐性培育法而言，也能对这些手段进行一定的利用，关键就在于，显性培育法中的理论宣传教育在利用这一系列手段的时候是直接明确地进行宣传和教育。这种宣传教育具有很强的系统性、较广的覆盖面，方式可以说是多种多样。

总之，无论关于现代教育的具体方法如何进行发展，在大学生社会主义核心价值观培育当中的理论培育法这一传统的方法依然不可被替代。

（2）实践锻炼法

所谓的实践锻炼法主要是指培育工作者在当代大学生社会主义核心价值观培育过程中，能够有明确目的、有具体计划、有系统组织地引导培育对象积极参加到各种形式的社会实践活动之中，在各种社会实践活动中提高自身的思想认识，帮助其确立正确的价值观的方法。

有针对性地进行实践活动能够在很大程度上为大学生提供一种真实的活动情景，在行动中进一步加深对理论的认识和理解，促使其能够将所学到的理论合理地运用于实际之中，在实践中进一步进行验证，通过实践活动反复强化，不断从内化到外化再循环，从而促进知行合一，最终形成个体稳定的品质。

实践锻炼法在当代大学生社会主义核心价值观培育具体的实施过程中主要有以下几种方式。

第一，参观访问。在大学生社会主义核心价值观培育实践活动过程中经常采用的形式之一就是参观访问，这也是大学生在培育者制订的带有特定的目的计划基础之上对特定的对象实施的一种具体的实地考察方式。参观访问往往能够通过实地直接观察走访获得最为直观的资料和感性知识，通过理论与实践相结合，清楚地认识和研究社会现象、具体分析社会问题，把感性认识进一步上升为理性认识，从而在最大程度上提高大学生思想水平和解决社会问题能力的一种重要实践活动方式。

参观访问有着很广的范围，而且参观访问并不是自由散漫、漫无目的的，而是在培育者的系统组织下有序进行的。

首先，对于参观访问目的和内容进行设计，确定参观访问对象、时间、地点、形式和方法。

其次，实地实施计划，收集活动第一手素材。

最后，整理收集的资料，整理、分析、加工，由表及里、由此及彼、去粗取精、去伪存真，分析研究，得出正确结论，写出分析报告。每一个环节都是培育者和大学生一起精心设计、认真实施的。通过这种直观感受的方式让大学生直接而深刻地体会并领悟培育者所倡导的思想观念的正确性，并进一步通过从感性认识向理性认识的转化来巩固思想指导行为。

第二，实践劳动。通过让大学生走到劳动的第一线，从事具体的劳动，从劳动中体验生活，树立正确的价值观。这里的劳动包括具体的工作岗位劳动，在劳动中树立正确的劳动观念和职业精神，在实践劳动中懂得"以辛勤劳动为荣、以好逸恶劳为耻""以艰苦奋斗为荣、以骄奢淫逸为耻"，做到敬业勤业，树立正确的价值观。这里的劳动除了具体的工作岗位劳动，也包括一些义务劳动、公益劳动。比如，参加家务劳动，为父母分担家务，培养家庭责任感；参加社会公益劳动，培养社会责任感等。

当然，要想进一步达到预期的效果，必须充分调动大学生的积极性和主动性，在劳动的过程中不断鼓励和帮助大学生，创造为大学生服务的条件，积极引导他们在劳动中创造价值，同时在培育者有目的、有组织、有计划地引导下积极体验劳动创造的价值，不断总结、提高认识。

第三，志愿者服务。实施这种实践锻炼方式主要是在改革开放后逐渐发展起来的，尤其最近几年组织发展越来越成熟完善。关于志愿者服务的内容和形式也是多种多样的：根据内容划分，可以分为生活服务、生产服务、科技服务等专项服务形式。根据范围规模划分，主要有国家级大型服务，如，大学生扶贫接力计划、大学生志愿服务西部计划；有小规模服务，如，社区服务等。根据服务状态划分，可以分为常态服务，如，"三下乡"活动，有临时活动服务，如，一些展会、文体活动的志愿者服务；等等。

志愿者服务是服务者志愿参加的有目的、有组织、有计划的实践锻炼活动，是当代大学生社会主义核心价值观培育活动中的一种重要培育形式。通过各种社会服务，让大学生学会合理自觉运用自身所学专长和知识帮助他人，为群众服好务，在活动过程中培养良好的社会公共服务意识和奉献精神，既能丰富自身的精神世界，陶冶自身的道德情操，强化主人翁意识和社会责任感，又能推动社会公共事业发展，促进人际和谐。

总之，在对当代大学生社会主义核心价值观培育过程中，应学会正确运用显性培育法。

（二）隐性培育格及其运用

1.隐性培育法及其特点

隐性培育法主要是相对于显性培育法而存在的一种具体培育方法。它是通过对一些隐性教育资源进行合理的利用，在此基础上再采用比较含蓄、隐蔽、间接的方式，利用大学生的各种具体实践活动，潜移默化地对其进行一定的影响，使大学生能够在不知不觉中主动接受和牢固树立社会主义核心价值观的各种方法的总和。

因此，对于显性培育法存在的一些不足之处，隐性培育法能够在一定程度上进行很好的弥补。例如，在一些微观层面、细节层面和心理层面，隐性培育法可以适当地通过一些悄无声息的方式方法手段，把大学生的逆反心理和自动防御心理予以适当地消除，做到润物细无声，从而达到显性培育法所不能达到的某些有效效果。当然，对于隐性培育法所具备的这些渗透性、潜隐性功能，主要是由它的若干特点决定的。

（1）隐蔽性

隐蔽性是隐形培育法中最大的一个特点，当人在面对外界信息的刺激的时候，同时会萌生好奇心和防备心，也容易对一些反复的信息刺激产生一定的逆反心理。因此，适当地通过一些隐蔽的方式对信息进行传递就显得尤为重要，而隐性培育法也正是恰到好处地利用其隐蔽性达到了其具有的培育效果。

这种培育方法的隐蔽性主要体现在承载的培育内容的隐蔽性、利用的培育载体的隐蔽性、运用的培育方式的间接性等几个主要方面。与显性培育法的运用明显不同，在对隐性培育法具体运用的过程中，培育者十分重视将培育内容隐藏在一定的活动和环境中，让大学生间接地去感受到这方面的内容，但是通过一定的活动和环境对这些信息进行相关的传递，通过一定的迂回侧击，巧妙地引导大学生树立我们倡导的思想观念或者把其具有的一些错误观念予以适当的纠正。

（2）渗透性

由于隐性培育法具有的一定隐蔽性，能够使培育工作在不知不觉中合理地展开。从具体操作的层面上讲，这也就进一步决定了培育内容需要融入大学生生活和学习的各个领域，在大学生的各个方面得到渗透，让培育工作者以一种隐蔽的形式潜移默化地影响和渗透大学生的思想、行为方式。只要是大学生能够接触到的人、事、物，都可以成为渗透的介质，进而影响大学生正确价值观的确立。

总之，隐性培育法具有的渗透性特点就是能够合理借助大学生周边的人、事、物等一切资源，通过社会实践、管理活动、生活交往等全方位的日常活动、点滴细节来潜移默化地影响大学生树立正确的价值观。

（3）非强制性

显性培育法在培育过程中起到绝对主导的作用，以其地位上的强势决定了培育过程具有一定的强制性；而隐性培育法则与之不同，它能够将培育内容、方式等隐藏在大学生的日常生活、学习过程中，使培育工作者处于一种服务地位，这就很大程度地显示出了培育活动具有的非强制性，从而将大学生的主动性和积极性提高到一个新高度。

在整个过程中，大学生具有选择权和主动权，这极大地使他们自主、自立和自尊的需要得到了满足。因此，就会使他们的逆反心理降低，在这种非强制性的氛围中，更能理性平和地接受关于培育的信息，使隐性培育法"和风细雨"似的发挥其主要作用。

2.隐性培育法的主要具体实施方法

在对当代大学生进行社会主义核心价值观培育的过程中，隐性培育法主要通过以下三种形式进一步实施培育影响，从而达到明显的培育效果。

（1）渗透式培育方法

所谓的渗透式培育方法，主要是让培育者进一步将与培育相关的内容和理念合理地渗透到大学生有可能接触到的一切周围环境和活动当中，潜移默化地对大学生产生教育影响的方法。

这种方法在某种意义上而言，是有区别于显性培育法中的若干方法，它主要是以大学生周边环境资源和活动作为主要的载体，通过间接的方式浸润这些载体使之成为当代大学生社会主义核心价值观培育的沃土。具体而言，可以通过以下方式得以实现。

第一，通过相应的活动载体来实现。通过举行多种活动进一步渗透培育内容和理念，进而对参与者的思想言行形成一定的影响。这里提到的活动与显性培育法的实践活动也是有明显的区别的。隐性培育法中的活动只是作为一个载体而存在，但是对于这个载体本身而言是有教育功能的，让大学生通过参与活动自觉主动去体会活动带来的意义并从中得到启发。例如，有组织地进行辩论赛、知识竞赛等活动，从形式上看，或许只是一次专门主题的活动，似乎跟大学生的价值观培育无关，但是通过活动，成员能够懂得敬业进取、精诚合作、如何处理好个人与集体的关系等，从而也促进其树立正确的价值观。

第二，通过环境载体来得以实现。这里所提到的环境载体主要包括社会环境、学校环境和家庭环境，包括宏观大环境、微观小环境、现实环境和虚拟环境等。这些环境自身进行的优化将会潜移默化地影响到大学生。

因此，为了能够在很大程度上促进这一隐性培育的方式，使其充分发挥出应有的功能和作用，我们应该充分重视环境的优化，通过环境渗透出培育理念，为大学生成长成才创造条件。例如，净化大众传播环境，借助网络传递正能量，让大学生在正确的思想观念影响下健康成长。

（2）行为体验式培育方法

对于行为体验式培育方法而言，主要就是通过让大学生参与各种活动进行具体的行为体验来获取经验和知识，从而培养其社会主义核心价值观的方法。这种方式的实现就需要渗透式培育方法当中提到的活动载体。两种方法有很多相似之处，但也有不同的地方。

有细微区别的地方在于渗透式培育方法当中的活动载体强调载体的功能，而这里的活动强调大学生的自动参与性，并在具体行为当中明辨是非，体验真善美和假恶丑的区别从而达到自我提升的目的。自觉参与实际体验的各种活动，在很大程度上有助于培养自己的自主、自立、自强、自律的精神，能够主动进行了解社会，接地气，在自愿参加的社会活动当中实现自身价值，锻炼自身能力，培养综合素质。

总之，在当代大学生社会主义核心价值观培育过程中，我们应该充分重视显性培育法和隐性培育法的有机结合。

第四节　价值观对大学生思想政治教育的内容引领

一、爱国主义教育

（一）爱国主义教育的重要意义

以爱国主义为核心的民族精神和以改革创新为核心的时代精神是社会主义核心价值体系的精髓，以社会主义核心价值体系引领思想政治教育内容创新，建构适应社会主义核心价值体系要求的思想政治教育内容体系，应以爱国主义教育为重点，加强民族精神和时代精神教育，增强人民群众的国家认同和民族认同。在当今时代，爱国主义教育具有重要的意义和必要性，具体表现在以下两个方面。

1. 经济全球化的发展要求实行爱国主义教育

在经济全球化背景下，科学技术的发展和利用、商品的销售、资本的流动、信息的共享都跨越了国界，在世界范围内流通、共享。各国在经济交往中需要遵循共同规则，跨国公司本土化的程度不断提高，不仅利用当地自然资源，而且还充分利用当地的人力资源。这就使得各国公民在世界范围内流动，一个国家的公民可能生活在自己的国家但是为别国企业工作，受别国的文化影响，甚至完全生活在另一个国家，并对生活的国家产生一定的感情。这种情况在一定程度上冲击着人们对于民族身份的界定，有的人误认为现在已经是"世界大同""世界一家"，民族国家的框架被打破，甚至认为爱国主义在今天已经过时了。西方的一些不怀好意的理论家更是以此为借口对民族利益和国家主权进行否定，反对发展中国家进行爱国主义教育。在此背景下，爱国主义教育成为当前思想政治教育面临的重要课题。

近年来的社会实践表明，在经济全球化条件下，国家仍然是民族存在的最高组织形式，是国际社会活动中的独立主体。国家既保护着祖国的整体利益，也保护着国家每一个公民的利益。如，随着国际贸易活动的普及，许多国内的企业都与国外的企业开展各种合作，由于各种原因，合作过程中总是免不了出现各种争端，当国内企业通过各种途径努力解决这些问题时，国家就是他们的坚强后盾。由此可见，只要国家继续存在，爱国主义就有其坚实的基础和丰富的意义。我们在参与经济全球化的过程中，必须坚定地捍卫自己国家的利益，这就更需要爱国主义的支撑。

2. 实现中华民族的伟大复兴需要爱国主义的坚定支持

实现中华民族的伟大复兴是每一个中国人的梦想，这一梦想的实现不仅需要强大的物质支持，更离不开爱国主义精神力量的指引。爱国主义是中华民族精神的核心，是人们忠诚、热爱、报效祖国、热爱国家和民族、推动历史发展的强大精神力量，也是调节个人与国家民族关系的道德要求、政治原则和法律规范。爱国主义是人们对自己故土家园、民族和文化的归属感、认同感、尊严感与荣誉感的统一，表达了人们对祖国的深厚感情。

中华民族是富有爱国主义传统的伟大民族，这一点在上文中已有详细论述，这里不再赘述。概括而言，在以爱国主义为核心的民族精神鼓舞下，中华民族不仅在社会发展和进步过程中创造了辉煌的中华文明，而且在为维护民族尊严而进行的英勇斗争中铸就了具有强大凝聚力和生命力的民族精神。今天，在建设中国特色社会主义、实现中华民族伟大复兴的征程中，只有在以爱国主义为核心的民族精神和以改革创新为核心的时代精神的指引下，才能形成全民族的强大凝聚力和振兴中华的强大精神动力，团结一切可以团结的力量，调动一切可以调动的积极因素，同心同德为实现中华民族的伟大复兴而共同奋斗。

此外，中国共产党作为中国的执政党，在中国革命、建设和改革开放的历史进程中，都非常重视对民族精神和时代精神的教育，各届领导人同样非常重视爱国主义教育，他们根据当时的情况多次强调爱国主义教育的重要意义，使得以爱国主义为核心的民族精神和以改革创新为核心的时代精神深入人心，对促进中国的发展和进步发挥了巨大的作用。

（二）爱国主义教育的方法

爱国主义教育在中国具有悠久的历史和重要的意义，那么在新的历史条件下，如何以爱国主义为重点，加强民族精神和时代精神教育呢？具体来说，应着力抓好以下几个方面的工作。

1. 将爱国主义、集体主义与社会主义教育相结合

在当前情况下，加强思想政治教育，必须广泛、深入、持久地对全国人民进行爱国主义、集体主义和社会主义教育。在当代中国，只有把爱国主义、集体主义和社会主义教育紧密结合起来，才能在全国各族人民心中铸成凝聚振兴中华民族，实现中华民族伟大复兴的强大精神支柱。今天的中国是社会主义的中国，中国的一切都处在社会主义的大前提下，因此爱国就是爱社会主义的中国，就是爱社会主义，否则爱国就成了一句空话。为此，我们必须把爱国主义教育和社会主义教育有机统一于建设中国特色社会主义的伟大实践之中，教育和引导人民群众热爱我们伟大的社会主义祖国，在党的领导下为祖国的重新崛起和振兴贡献自己的智慧和力量。而无论是爱国主义还是社会主义，都是与集体主义紧密相连、有机统一的，因此进行爱国主义和社会主义教育，必须同集体主义教育紧密结合起来。

随着中国经济的不断发展，中国的国际地位日益提高，这为我们开展爱国主义、集体主义和社会主义教育创造了良好的条件，我们要紧紧抓住这一历史机遇，加强对大学生进行爱国主义、集体主义和社会主义教育，让广

大学生满怀信心地投身于中国特色社会主义伟大事业之中，把爱国主义热忱转化为构建社会主义和谐社会、实现中华民族伟大复兴的强大动力。

2.将民族精神教育和时代精神教育相结合

民族精神和时代精神相辅相成、相融相生。时代精神离不开民族精神，需要从民族精神中汲取养分。民族精神也离不开时代精神，需要用时代精神丰富自身的内涵，二者统一于中华民族的精神品格之中。民族精神和时代精神相结合是中国人民继往开来的强大精神动力，是推动社会前进的强大动力，也是引领社会前进的强大精神力量。

要开展爱国主义教育，就必须将民族精神和时代精神教育有机结合起来，引导人民群众在中国特色社会主义事业的伟大实践中，在时代和社会的发展进步中汲取营养，培养爱国情感、改革精神和创新能力，始终保持艰苦奋斗的作风和昂扬向上的精神状态。

3.深入开展中华民族悠久历史和优秀传统文化教育

中华民族具有五千多年的悠久发展历史，是现存的对古老的华夏文明的创造者。中华民族在几千年的发展过程中创造了光辉灿烂的中华文明，拥有数量众多的优秀传统文化。学习和了解中华民族悠久历史和优秀传统文化，能够激发人们的民族自尊心和自豪感，不断振奋民族精神，使以爱国主义为核心的民族精神在中国特色社会主义建设中得以大力弘扬和培育，获得深厚的社会土壤与高度的民族自觉。因此，高校在开展大学生思想政治教育时，必须深入开展中华民族悠久历史和优秀传统文化的教育，以潜移默化的方式引导大学生树立爱国主义信念。

二、理想信念教育

大学阶段是大学生树立理想、坚定信念的关键时期，引导大学生树立远大理想和高远志向是大学生思想政治教育的核心内容。当代中国大学生思想政治教育的实质就在于使大学生充分认识到中国特色社会主义共同理想的科学性，使他们认同并拥护中国特色社会主义共同理想，进而在全面建设社会主义和谐社会的历史进程中奋发有为、建功立业。所以，要在大学生中坚持马克思主义指导思想，使他们牢固树立中国特色社会主义共同理想，进而建立正确的世界观、人生观、价值观。

（一）对大学生开展理想信念教育的必要性

通过对大学生理想信念的情况介绍可知，一些大学生不同程度地存在政治信仰迷茫、理想信念模糊、价值取向扭曲等问题，在思想政治教育中用中国特色社会主义共同理想教育大学生是解决这些问题的有效途径。大学生肩负着建设国家和民族的重任，要想把他们培养成中国特色社会主义事业的合格建设者和可靠接班人，引导他们确立共同的理想和坚定信念尤为必要和紧迫。

1. 引导大学生树立中国特色社会主义共同理想是时代进步的要求

中国特色社会主义是中国未来发展的前进方向，它决定了在社会主义现代化进程中"举什么旗、走什么路"的大问题。中国特色社会主义的建设要求我们坚定不移地坚持解放思想、改革开放、科学发展和社会和谐的道路不动摇。时代的召唤确定了大学生的使命和责任，需要大学生从现在开始，进一步树立中国特色社会主义的理想和信念。

2. 引导大学生树立中国特色社会主义共同理想是国家发展的需要

改革开放 40 多年来，社会主义市场经济不断深入发展，我国经济发展的各部分都日益多元化，这就不可避免地导致了社会意识多样化。因此，树立一个能够代表广大人民根本利益，为社会各个阶层广泛认可和接受，能有效凝聚各个方面智慧和力量的共同理想就成为当下国家发展的迫切需求。一个人有了崇高的理想信念，就能排除万难、自强不息地执着奋斗；一个民族、一个国家有了共同理想，就能齐心协力、励精图治。因此，要实现国家的发展进步，就必须引导大学生树立中国特色的社会主义共同理想，激励他们为国家发展贡献自己的力量。

未来的几十年正值我国现代化建设承前启后的关键阶段，大学生正是这一阶段的建设者和创造者。因此，未来国家的发展战略能否实现，国家的经济能否持续增长，主要取决于大学生的思想政治素质能否引领他们将自己的聪明才智贡献于中国特色社会主义事业。而科学、崇高的理想正是指引人生前进方向和道路的明灯。青年时期是人生中最有热情追求理想的时期，大学生在这一阶段接受了中国特色社会主义共同理想，一般都可信守终生。这样，在社会主义共同理想的指引下，人生的每一阶段都为这样的理想所激励，在工作的每一岗位都为这样的理想而奋斗，个人理想实现的过程也就是国家富强民主文明和谐程度提升的过程。

3.引导大学生树立中国特色社会主义共同理想是个人发展的需要

人是一种群居的动物，人的一切活动都是在社会的范围内进行的。个人成长的条件、发展的机会、肩负的责任都是同社会的发展紧密联系在一起的。个人的发展只有同国家和社会的整体发展目标相结合，才能获得更大的发展空间。中国特色的社会主义道路是中华民族的历史选择，是国家和民族的未来走向，大学生作为中华民族的一分子，也必然受到这一旗帜的指引。因此，大学生只有把自己的个人理想同全体社会成员的共同理想相契合，才有可能实现自己的个人理想。在我国现阶段，坚持走中国特色社会主义道路，实现中华民族的伟大复兴是广大人民不懈追求的共同理想。大学生只有把个人发展与这一共同理想有机结合起来，才能找准自己的人生定位，实现自己的人生价值。

（二）理想信念教育的方法和途径

合理的教育方法和有效的教育途径对于大学生的共同理想教育具有重要的意义，针对大学生的自身特点，必须坚持以下教育方法和途径。

1.坚持用马克思主义中国化最新成果武装大学生头脑

在价值观念多样化的今天，教会大学生用马克思主义的立场、观点、方法认识国情、认识世界是引导大学生树立中国特色社会主义共同理想的基本前提。实现中华民族的伟大复兴是全国人民共同的伟大事业，要使当代大学生自觉将这一共同理想作为自己的追求目标，就必须用马克思主义中国化的最新成果武装他们的头脑。有了这个科学思想武器，就能使当代大学生正确认识资本主义社会基本矛盾及其发展的历史趋势，认识社会主义事业的长期性、艰巨性、复杂性和社会主义制度的强大生命力。

2.立足现实，开展大学生的理想信念教育

理想信念是人们对未来生活的一种目标定位和展望，是其奋斗的最终方向所在。以中国特色社会主义共同理想来引导大学生人生理想的构建，必须立足当前的时代环境、人们的思想状况以及现实需求等客观因素，通过多种途径的实实在在的行动来促成这一目标的达成。

（1）大学生的理想信念教育要立足于现实的物质基础

在社会主义市场经济体制得以确立并不断深化发展的新时期，在以经济建设为中心的时代，人们追求正当的物质利益和物质享受已经成为众所公认的事实。在这种社会环境下，谈大学生人生理想的构建，就必须做到以下两点。

①国家和高校应通过相应的制度建设，来保障大学生利益实现途径的通畅。大多数学生上大学的直接动力是毕业后可以找到好的工作，获得更好的个人发展，因此，毕业后的顺利就业是大多数学生的理想。但是，在当前就业形势紧张的大环境下，由于教育产业化体制的缺陷所在，许多高校都把学生就业率同学校招生挂钩，这就造成了就业率数据失真，部分学生在毕业以后尚未找到工作的情况下就已经"被就业"，这导致大学生对学校和我国的高等教育制度产生不满。对此，国家和高校应积极出台政策，并严格贯彻落实，以帮助学生解决就业问题。

②帮助学生树立正确的物质利益观。随着市场经济的深入发展，一些不良的价值观在社会上蔓延，"拜金主义""享乐主义"盛行，这种不良风气对许多年轻的大学生而言是一种无法抵御的诱惑。因此，在对大学生进行理想信念教育的时候，应该鼓励学生通过积极努力和正当途径不断去创造社会财富。此外，当前网络技术发达，信息传播迅速，这使得部分学生对自己所坚守的社会主义理想信念产生动摇。因此，我们在要求大学生以中国特色社会主义理想引导自己的人生理想时，必须为他们创造良好的社会环境，让良好的社会风气潜移默化地影响他们。

（2）大学生的理想信念教育要关注当前社会的思想状况

在思想领域，随着中国特色社会主义市场经济体制的确立和完善，"市场""经济人"等概念早已深入人心。在这种时代下，如何协调和处理好国家、集体和个人之间的利益关系就成为一个重要话题。在中国特色社会主义共同理想下，处理国家、集体和个人之间利益关系的做法就是在保证国家和集体利益的前提下，充分保障个人利益的实现，从而做到既有国家统一意志，又有人民心情舒畅的和谐局面。

此外，随着市场经济体制的确立以及中外文化交流的加深，西方社会思潮在中国开始得以传播。受此影响，当前中国人的思想观念更为务实，同时我们的思想领域也呈现出多元思想共同发展的新局面。在这种背景下，开展大学生理想信念教育，一方面应对他们的个性特征、个人思想予以充分尊重，对他们表现出的务实精神应予以鼓励；另一方面要用事实说话，要以理服人。

3. 把共同理想教育融入高校教育的全过程，贯彻到各项工作中

（1）在思想政治教育中开展全方位的理想信念教育

理想信念是在人的社会生活的各项活动中逐渐树立的。因此，要把共同理想教育渗透到大学生思想政治教育的方方面面。思想政治教育者要在学生了解现实的基础上探索历史，更要让学生在了解国内情况的同时放眼世界；要组织大学生积极参与社会实践，让他们在实践中感受中国特色社会主义理论的科学性和先进性，感受中国特色社会主义道路的无比正确性。

（2）将理想信念教育与其他学科教育相结合

①将理想信念教育与科学教育相结合。教育引导人民群众掌握科学方法，崇尚科学精神，厘清唯物论与唯心论、科学与迷信、文明与愚昧的区别，增强他们识别和抵制各种唯心主义、封建迷信及伪科学的能力，使我们的理想信念牢固地树立在科学的基础上。

②将理想信念教育与形势政策教育、国情教育相结合。在大学教育中，要深入开展形势政策教育、国情教育、革命传统教育、改革开放教育、国防教育，组织大学生学习中国近现代史，特别是党领导人民进行革命、建设、改革的历史，在历史教育的熏陶中坚定大学生对中国特色社会主义的信心和信念。

第四章 新时代大学生价值观与思想政治教育方式

第一节 价值观培育与思想政治教育的模式创新

一、不断深化服务育人

（一）服务育人的原则

1.潜移默化的原则

潜移默化是指人的思想或性格不知不觉受到感染、影响而发生了变化。在大学里，学生的主要活动范围是校园，而校园内大部分时间又在宿舍食堂等后勤管理和服务区域，后勤的管理水平和服务质量跟学生息息相关，并持久地产生影响。

（1）环境感染行无言之教

后勤服务硬件环境、服务市场环境和服务文化环境可以行"无言之教"，通过耳濡目染对学生产生强烈的暗示性、渗透性和潜移默化的作用。整洁的校园文明的学习环境，温馨而富于文化气息的住宿和就餐场所，能使广大学生感受到家的温暖，缓解学习生活的压力，同时对其美好灵魂的塑造起着"润物细无声"的作用。

（2）行为引导树模范之身

大学生在校四年的学习和生活中，大部分时间离不开后勤服务工作。从新生报到入学到毕业离开学校，从宿舍到课堂、从餐厅到校园，事事处处接触后勤工作者。长年累月，方方面面，后勤工作者的一言一行，后勤的每件工作都对大学生的情操陶冶和道德修养产生导向作用，直接影响他们的学习情绪和生活。后勤工作是没有讲台的课堂，后勤工作者是不上讲台的老师，是开展"三全"育人工作不可缺少的重要力量，后勤工作者蕴含的无声教育是大学生在课堂上和教科书中无法找到、无法学到的，而这些对大学生的成长，对大学生世界观、人生观和价值观的形成又产生着深远地影响。

（3）大爱升华寓育人之真

后勤工作者以广博的爱心关爱学生，以高度的责任心、崇高的职业道德去感化他们，以默默无闻、任劳任怨的奉献精神去影响他们。后勤工作者始终以爱心、责任、奉献为目标，积极引导和培养学生树立正确的世界观、人生观和价值观，沿着正确的人生方向健康地发展。

潜移默化的教育形式是大学生既不能防御也不能抵制的，大学生的模仿是在无形之中产生的，这种模仿最初是外部行为，直观的、有目的的，而后逐渐由外向内、由表及里地转化和深入，经过较长时间的接触后，后勤工作者的行为规范就成为学生稳定的心理品质。

2.言传身教的原则

（1）以身作则树立典范

坚持以身作则，确立师表形象为言传身教之先导。高校后勤部门的服务对象主要是青年学生。他们正处于心理迅速发展的阶段，渴望关怀和理解，希望听到肺腑之言，也需要后勤工作者与他们进行耐心的交流。这就要求每个后勤工作者在热爱本职工作的同时增强责任感，自觉地营造良好的育人环境，不断规范自己的言行，做到严肃而不拘谨、活泼而不嬉闹、幽默而不庸俗、随和而有原则，只有这样才能在青年学生心目中树立师表形象。

（2）言教身教齐推并举

"其身正，不令则行；其身不正，虽令不从"。孔子向我们昭示了一条为人"师"者的真谛——身教重于言教。所谓"言教"，是指教育者用讲说的方式教育、开导被教育者；"身教"，是教育者以自身的模范行动去影响和教育被教育者。它注重以身作则，身体力行，有意识地发挥自身的示范作用。身教是告诉学生怎么做；言教是告诉学生为什么要这么做。言教的基础是身教，言教事实上是身教的抽象与概括，身教是言教的体现。常说喊破嗓子，不如做出样子，后勤工作者在各自岗位表现出的吃苦耐劳、任劳任怨、不图名利、关心他人的高尚品质和言行，对当代大学生的教育和影响远比通过批评教育和教化式的管理效果明显，这种影响无时、无刻、无处不在。

3. 博爱宽容的原则

（1）将心比心，推己及人

将心比心是指高校后勤工作者在服务工作中要设身处地地为服务对象着想，假设自己站在对方的位置上，如何理解他人，体谅他人；推己及人，是以自己为标尺，衡量自己的言行举止能否为人所接受。其实质是要求后勤工作者学会换位思考，当学生提出问题或遇到困难时，后勤工作者要站在对方的立场，想想如果自己遇到这种问题和困难时会怎么样。

（2）善良之心，关心别人

后勤工作者要充分发挥中华民族的优良美德，善良热情、与人为善、乐于助人，在生活中给予学生雪中送炭的帮助；后勤工作者要永远怀着一颗友善、真诚之心，服务师生，关爱弱势群体，这种行动不在于惊天动地，而在于平时的点点滴滴、日积月累，于细微处见真情；后勤工作者要主动关心人，急学生之所急，想学生之所想，送学生之所需，极尽所能地帮助那些在学习和生活中遇到困难的学生，切实为他们排忧解难，解除后顾之忧，创建良好的育人环境。

（3）有容乃大，兼容并蓄

有容乃大，兼容并蓄，是指后勤工作要遵循宽容的原则，我们讲的宽容不是无原则的退让和妥协，对服务对象的宽容就是后勤工作者要心胸开阔，不斤斤计较、睚眦必报，能容人容物，善于以宽容的心去体谅学生、理解学生。宽容能化解矛盾，宽容能使消极变积极。有了宽容就有了无穷力量，就会谦恭自律。宽容有利于团结，有利于和谐校园、和谐后勤的创建。

高校后勤的服务工作应始终坚持博爱宽容的原则，用博爱、宽容的胸怀去抚慰、温暖师生；用心与心的真诚交流，用心与心的坦荡沟通不断缩短与师生的距离才能真正在管理和服务过程中达到服务育人的目标。

（二）服务育人的基本要素

1. 主体要素

主体要素是一个系统中起主导作用的要素，是首要的条件，它甚至制约着系统的发展。服务育人的主体要素是指进入高校后勤管理服务活动领域，发动、承担并实现管理服务活动的高校后勤工作者，他们是一切后勤管理服务活动的决策者、组织者与执行者，是服务育人系统中的关键性要素。

主体要素是服务育人系统中的主观要素。一是由于高校后勤工作者是具有一定的知识、生产经验和劳动技能的人，而生产经验和劳动技能只有发挥人的主观能动性，积极主动地去学习和掌握才会获得。二是高校后勤工作者具有创造性，在后勤管理服务过程中能把各种资源有机结合起来，创造更大的价值。三是高校后勤工作者具有主观意识，通过其主观能动性使后勤各项管理服务活动的内容变得更丰富，形式变得更多样化，并在这个管理与服务的过程中，创造出了员工与员工、师生与后勤员工等各种人与人之间的关系和反映这些关系的上层建筑。

主体要素是服务育人系统中的实践性要素。从实践是人类的存在方式去理解，高校后勤工作者是一种实践的存在，在后勤管理服务中，他们运用自己所掌握的知识、技能，借助一定的载体如各种管理制度和各种设施工具，对校园环境等进行改造，使他们朝有利于自己的方向发展；同时，在这个管理与服务的实践过程中，高校后勤工作者又在不断地学习和提升自己的各方面素质，使自己更好地进行管理服务实践活动，最终达到管理育人，服务育人的目的。

可见在高校后勤服务育人的整个过程中，所有的活动都是由人去完成的。人是后勤管理中最活跃的部分，只有人才能深刻理解服务育人使命的重要性并自觉践行这一使命，只有人才能利用各项先进的技术和设施来实现服务育人的使命。高校后勤工作场所和服务对象的特殊性，又决定了后勤工作者是"不上讲台的老师"，其一举一动时刻被学生所关注、所参照、所模仿。因此高校后勤工作者不但是服务育人的主体要素，而且更是高校后勤能否"服"好"务"，"育"好"人"的关键所在，他们是使后勤服务育人这种可能成为现实的实现者。

2. 条件要素

条件要素是指影响事物存在并能引发事物发展的必要因素，它揭示事物依靠什么而存在，这些条件是如何发展变化的，又是如何引发事物发展变化的。条件要素最突出的特征是可变性，可变性的表现是可以增加或减少，这种增加或减少推动着事物的变化和发展，但条件增加、减少的幅度，以不引起事物的构成变化为界限。服务育人的条件要素就是指为了实现服务育人而必备的各种财、物、信息、市场，资源的总和，如，学生公寓、餐厅、教学楼等以有形资产体现的设施设备和为确保管理服务活动顺利进行的辅助工具，如，信息技术、网络办公等。

条件要素是服务育人系统中的客观要素。一方面它们都是后勤管理服务领域的客观存在物，都具有客观实在性；另一方面作为设备设施和信息资源，它们没有意识、没有能动性，更没有创造性，只能被动地发挥自身的作用，但却可以被后勤工作者作为管理服务育人的载体能动地、有目的地发挥作用。因为服务育人是很抽象的事情，是意识形态的事物，没有一定的物质形式，就不可能传递服务育人的思想，它必须通过有可感知的物质形态，比如，后勤工作者只有在餐厅按照明确的目的才能提供人性化的餐饮服务，在公寓通过住宿服务有计划地加以运用。

条件要素使服务育人成为一种可能。后勤通过基础设施设备和网络管理工具等条件要素把相对枯燥的后勤工作表现得生动形象又丰富多彩，这对学生的思维心理、行为方式、理想信念都带来很深刻的影响。高校后勤工作者通过这些客观存在物不但保障了学校教学、科研、生产的有序进行，让学生安心学习，专心科研，更重要的是这些载体使管理服务活动成为教育的"第二课堂"，把后勤的服务理念管理思想传递给学生，成为学校思想政治工作的重要补充，使服务育人成为一种可能。因此，条件要素是服务育人不可缺少的要素，它在服务育人中发挥着重要的作用，是做好服务育人的基础工具和有形载体。

3. 文化要素

广义上说，文化是人类社会历史实践过程中所创造的物质财富与精神财富的总和；狭义上说，文化是社会的意识形态以及与之相适应的组织机构与制度。在高校校园中，高校后勤文化是以高校后勤工作者为主体，通过管理服务活动并在这个长期的过程中逐渐形成的具有后勤特色的价值观念、行为规范、道德标准、员工素质，以及与之相适应的制度载体的总和，它是后勤精神形态文化、物质形态文化和制度形态文化的综合体。

文化要素是服务育人系统中的核心要素。高校后勤是特殊的服务行业，又身处弥漫着文化气息和教育氛围的高等学府，其企业文化一方面作为间接性的要素渗透到后勤各项管理服务活动中，提高着后勤的管理与服务水平；另一方面，企业文化的深深融入是后勤发展和富有竞争力的重要资源。21世纪的竞争将不再是经济的竞争、军事的竞争，而是文化的竞争。高校后勤只有在文化的支撑下，才能获得不竭的发展动力和持续强劲的发展优势，只有成熟的企业文化才能衍生出鲜明的管理和服务理念，只有经过文化的浸润才能营造出可以净化学生心灵的人文与生态环境，确保服务育人的使命和谐有序完成。文化要素通过以下方式使高校后勤发挥着服务育人的作用：首先，将各种已经形成的良好的服务理念、管理思想通过管理与服务内化成后勤工作者的素质；其次，后勤工作者在服务过程中遇到问题时不知不觉地用已经内化了的管理理念、思维方式进行观念整合，并按此进行价值判断；最后，后勤工作者采取能够体现价值判断的行为模式解决问题、处理事件。实际上每个高校后勤工作者在管理服务过程所呈现出来的思维和行为模式都是高校后勤内在文化的外在表现，甚至可以说高校后勤所有的管理服务活动都是其企业文化的外在表现。

（三）服务育人的路径

1. 环境育人

环境就是指环绕着人群的空间，及其中可以直接或间接影响人类生活和发展的各种自然因素和社会因素的总称。高校校园环境由物理环境和心理环境构成。前者主要指建筑、设施、校园的花草树木等自然景观；后者指人际环境、校风、学风和教风以及各类文化艺术活动氛围等人文因素。良好的校园环境可以使人的心情舒畅，产生一种奋发向上、昂扬进取的积极精神，潜移默化、润物无声地作用于师生员工，塑造着师生员工的良好心态和美好的心灵，提高着学校的教育效果及师生员工的学习效率和生活质量。心理学研究也证明，人在优美、舒适、卫生的环境下工作和生活，心情会更舒畅，精神会更愉快，人的潜能发挥得更充分，从而提高工作效率。因此，高等学校创造一个优美、整洁、文明、安静的校园环境，方便体现校园风貌，同时也是对学生进行文明道德和热爱祖国、热爱集体的教育的需要。虽然这些作用和效果并非完全是直接的，但无疑都具有十分重要的教育意义。

2. 行为育人

行为一般指人的有意识、有目的的社会活动，是人与环境相互作用的产物和表现。高校后勤的工作过程，就是后勤职工与服务对象的交往过程。后勤工作者的工作态度、工作作风、工作技能、精神风貌等无一不影响、感染着作为服务对象的学生。后勤工作者热爱本职工作，认真钻研业务，掌握过硬技术，干一行、爱一行、专一行，有强烈的事业心和责任感，工作中脚踏实地、任劳任怨、克己奉公，对学生是一种无声的鞭策，能很好地引起他们学习效仿。后勤工作者在服务过程中热情周到，关怀、体贴、爱护服务对象，想他人所想，急他人所急的行为感染激发学生关心他人，从而培养学生乐于奉献、助人为乐、团结友爱、热爱集体、尊师爱校的道德情感。后勤工作者在工作中，举止文明，语言规范，妆容整洁，操作规范准确，能创造良好的工作环境，增进与服务对象的亲近感，可赢得学生的尊重支持与帮助，培养人与人之间的互信，能引导学生养成各种文明习惯，促进大学生健康成长。总体而言，行为育人就是在高校后勤的工作过程中，展示热情、周到、文明、礼貌的服务言行，通过优质服务的行为过程直接或潜移默化地影响、教育学生，使学生从中受到有益的熏陶和教育，从而达到育人的目的。

3. 体验育人

体验是以亲身经历、实践活动为基础，是对经历、实践和感受认知和经验的升华。事实上，体验服务育人的过程就是高校后勤与服务对象不断互动、不断沟通，并对彼此产生正面意义影响的过程。在高校后勤服务过程中，可以采取灵活多样的方式让学生参与管理与服务，产生体验经历，增长其才干和实际工作能力。一是参与劳动育人，组织学生进行劳动体验，参加帮厨、清扫校园，植树等公益劳动，让学生在劳动中体味服务工作的艰辛，体味劳动者的伟大，感悟做人做事的道理。二是参与管理育人，指导学生建立与后勤服务密切相关的学生社团组织，鼓励支持学生参加服务、管理、监督等工作环节。如，学生伙食管理委员会、宿舍管理委员会、文明纠察队，或者聘请一批学生作为后勤服务的督察信息员反馈服务情况，督查服务质量，让学生在自我服务、自我管理、自我教育中增进对后勤工作的了解，培养正确的利益观价值观，增进责任感，思想可以得到升华，综合素质得到提高。三是职业锻炼育人，扩大学生勤工助学岗位，为贫困学生和其他类别学生提供勤工助学岗位，有些岗位含有一定技术含量，这就能让学生在参与服务活动中把理论和实践、感性认识和理性认识、直接经验和间接经验结合起来，丰富了学生的知识，训练了思维，锻炼了实际动手能力。以上这些就是体验育人形式的一些列举及其意义所在。

4.大爱育人

大爱是人对人的自身价值，前途和命运的自觉持久的关爱精神和高度负责行为的统一，是主体对客体在行为上的高度负责。陶行知先生曾说，"爱是一种伟大的力量，没有爱就没有教育"，爱是教育的灵魂和生命，教育的最有效手段就是"爱的教育"。在和谐社会建设中，大爱育人就是要求高校后勤在服务过程中用大爱无边的热情和海纳百川的胸怀编织一个真诚、无私、和谐的文化环境，营造宽容、关心、爱护的文化氛围，并且通过后勤工作者细致入微的细节服务，博爱宽容的关爱品质，以后勤工作者对学生前途、生活无私，深远的关爱为特征，以多样化的手段，用真诚的心去引导、培养，激发学生热爱学习，热爱生活，关爱他人，塑造学生成为一个全心全意为社会服务的人，培养学生成为明辨荣辱、富有爱心与责任感的社会主义事业合格建设者和可靠接班人。

二、积极优化组织育人

党团共建是大学生思想政治教育和社会主义核心价值观培育中的重要一环，也是最大限度地发挥团组织的先锋模范作用和党组织的政治核心作用的重要方式，是提高大学生政治觉悟，坚定当代大学生共产主义信仰的重要手段。党团共建工作的积极开展，对巩固党的执政地位、增强党的执政能力和党的先进性都有积极的促进作用，是促进大学生成才的重要环节，也是建设人文团委、活力团委、人文党组织和活力党组织的重要，是实现伟大中国梦的重要途径。

（一）加强党对高校的领导

1.把握住党管改革发展的目标任务

掌握好党对高校工作的领导权，就要坚持党管高校改革发展，全面贯彻党的精神，把习近平总书记关于高校工作的新理念新思想新论断转化为改革发展的新部署新要求，统筹推进"五位一体"总体布局和协调推进"四个全面"战略布局，牢固树立创新、协调、绿色、开放、共享的发展理念，紧紧围绕学校办学定位，聚焦提高办学质量的战略主题，科学设计学校的发展规划，积极探索构建以党组织为核心的高校治理体系，大力推进综合改革，解放思想，大胆创新，勇于开拓，确保高校各项工作健康发展。

①全面领导学校发展规划的科学论证和制定实施。高校的发展定位决

定着学校的发展方向和最终成败。要围绕着办什么样的大学、怎样办好大学和培养什么样的人、如何培养人以及为谁培养人这个根本问题，坚持立德树人根本任务，根据国家和区域经济和社会发展的需要，自身条件和发展潜力，找准学校在人才培养中的位置，确定学校在一定时间内的总目标，培养人才的层次，类型和人才的主要服务方向，科学制定学校的发展规划。切实避免办学特点不够鲜明、突出，规划制定中定位不够准确，办学目标不够清晰、科学等问题。

②全面领导学校内部治理结构的健全完善。积极探索构建以党组织为核心的高等学校科学化治理体系，把党对高等学校的领导落实到把好办学方向，深化综合改革推进依法治校、促进内涵发展、建设一流大学的全过程。要严格遵守国家相关法律法规，依据学校章程加快完善中国特色现代大学制度，着力完善内部治理结构，切实加强自律机制建设，自觉履行社会责任，维护校园和谐稳定。

③全面领导学校综合改革的统筹推进。全面贯彻党的教育方针，遵循教育规律，以立德树人为根本，以中国特色为统领，以支撑创新驱动发展战略、服务经济社会为导向，强化问题意识，聚焦顶层设计，突破思想束缚，凝聚改革共识，破除体制机制障碍，领导和推动学校综合改革发展。要深化内部管理体制改革，完善内部治理结构，加快推进学校治理体系和治理能力建设。深化人事制度改革，坚持以人为本，建立科学的聘用，考核、评价、激励和分配机制，努力形成广纳群贤、人尽其才、能上能下、充满活力的用人机制，要努力发挥好教师、管理人员，教辅人员和后勤保障人员四支队伍的作用，充分调动他们的积极性，使大家在各自的领域为学校发展积极贡献力量。深化人才培养体制改革，探索教学模式改革，进行创新创业、招生制度和党建思想政治教育改革，通过体制机制改革激发高校内生动力和活力。要切实增强改革定力、保持改革韧劲，加强思想引导，注重研究改革遇到的新情况新问题，锲而不舍、坚韧不拔，提高改革精确发力和精准落地能力，扎扎实实把改革举措落到实处。

2. 把握住党管干部人才的根本原则

牢牢把握党对高校工作的领导权，就要坚持党管干部、党管人才的根本原则。在干部选拔任用、监督管理，在人才培养使用、交流引进等方面把好关口，为高校的改革发展和立德树人提供坚强的组织和人才保障。

选好配强学校领导干部和领导班子，确保高校领导权牢牢掌握在忠于马克思主义、忠于党和人民、忠于党的教育事业的人手中。要按照社会主义政治家、教育家的标准要求，选用那些既有正确的教育思想、深厚的学识学养、强烈的事业心，又有坚定的政治立场，崇高的理想信念、服务国家和人民的价值追求，既掌握教育工作规律，又善于从政治上看问题、把方向的优秀人才担任高校的党委书记和校长。不能仅仅看重高校领导职位的某级级别，把高校的党委书记或校长的岗位作为解决干部级别待遇的中转站，把高校作为解决地方干部积压的消解地。

要注重选拔政治强、业务精的优秀人才担任高校各级党组织负责人，选强配好各级领导班子。严格党的干部工作原则、程序、纪律，坚持德才兼备、以德为先，靠严格的标准选好人，坚持信念坚定、为民服务、勤政务实，敢于担当、清正廉洁的好干部标准，着力打破"四唯"，从严落实"凡提四必"要求，坚决防止干部"带病提拔"，围绕事业需要选拔忠诚干净担当的好干部，配备结构功能强的好班子，进一步增强班子整体功能。

要健全制度机制，从严监督管理，努力营造真管真严氛围和良好政治生态。全面从严治党，贵在久久为功，重在狠抓落实。要全面贯彻落实党的十八届六中全会精神，精准把握《关于新形势下党内政治生活的若干准则》《中国共产党党内监督条例》，加强和规范党内政治生活、加强党内监督。坚持真管真严、敢管敢严、长管长严，教育引导广大干部严规守纪、干净干事。以党章为根本遵循、以党纪为基本准绳，利剑高悬，让铁规发力、让禁令生威。让高校各级领导干部要心有所畏、言有所戒、行有所止，为办好一流大学打造风清气正的管理环境。

着力完善人才工作机制。要落实党管人才原则，发挥党委在人才工作中的领导核心作用，建立健全人才工作领导体制和工作机制，完善教师评聘和考核机制，切实加强人才队伍建设和师德师风建设。高校的人才工作目标为学生，关键是教师，教书育人是教师的第一要务。目前，教师队伍总体是好的，信念坚定、爱生敬业、以德施教、学识扎实的教师成为我国高校教师队伍的主体，培养了一批又一批社会主义合格建设者和可靠接班人。但是有些现象也不容忽视，比如，有的教师只教书不育人，有的教师把科研当主业，把教学当副业，有个别教师学术造假、道德缺失，等等。为此，要下大力气加强师资队伍建设，把政治标准放在首位，严格教师准入资格，探索建立教师淘汰制度，特别是思想政治理论课教师的准入和淘汰制，完善教师职业道德规范，引导广大教师以德立身、以德立学、以德施教，把师德规范要求融入人才引进、课题申报、职称评审、导师遴选等评聘和考核各环节，实施师德"一票否决"。认真做好党外知识分子工作，加强思想引导和团结教育，促进他们对党的理论和路线方针政策的内心认同，要探索完善外籍教师和海外引进人才使用管理办法。

（二）加强大学生社团建设

大学生社团是在学校相关部门引导下由学生自发成立的"民间"组织。社团这一特性决定了它是大学生自我教育、自我管理、自我服务、自我实现的重要阵地，也是加强和改进大学生思想政治教育的有效载体。通过社团思想将思想政治教育融入社团建设、社团活动，能够潜移默化地对其成员开展教育。

有鉴于社团在大学生思想政治教育中的主要功能，可从以下三方面着手，充分发挥其优势，力求达到加强和改进大学生思想政治教育，服务学生全面健康成才的目的。

1. 建立制度完善、管理有效的社团组织

（1）加强社团的制度建设

社团建设应纳入共青团的组织体系和工作体系，努力构建以共青团组织为主体，以学生会和学生社团组织为两翼的"一体两翼"的共青团组织体系；进一步建立健全社团成立，注册审批制度，社团活动审批、考核制度以及相应的激励约束机制等一系列有利社团健康发展的制度。社团主管部门要进一步增进对社团常规运作的监督工作，增进社团与社团之间的合作与支持，进一步规范社团活动的组织流程，使得每项活动都在社团规范范围之内，杜绝因为管理不到位而出现的越轨现象。

（2）加强社团团支部建设

共青团要主动参加社团中的各项活动，增进团组织对社团的领导作用，做到在思想上引领高校社团建设，这一点关系着高校社团的性质和发展方向，是不容忽视与放松的关键问题。与此同时，要充分发挥社团团支部的德育作用，督促其不断开展与团组织相关的主题活动，增进团组织与社团之间的沟通与联系，用团建带动社团不断向着更加健康的方向进步。

（3）加大对社团的支持力度

因为学生社团属于高校的"民间"组织，不具备官方性，因此他们无法像学生会一样较为容易地取得社团活动资金，尤其对于刚刚创立的社团来说，资金问题更是突出。一些积极向上的社团活动因为缺乏资金的支持而最终夭折，是大学社团经常遇到的难题。对此，高校应该予以足够的重视，并给予一定的支持，要加大力度从多渠道筹措资金，给校园社团划拨专项拨款，用于保障其活动场地和设施的正常使用。除此之外，高校应定期举办"校园文化艺术节""校园科技活动月"等大型学生活动，在活动期间给各个社团分派不同的子活动，这样既能够让大学生社团活动内容更加丰富多彩，也能够在一定程度上拓宽社团的经费来源，为其以后的发展奠定一定的基础。

2. 培养能力强、业务精的社团骨干队伍

（1）建立科学合理的社团干部选拔任用制度

高校中各个社团的骨干力量保证了社团的战斗力，同时也为社团注入了鲜活强劲的生命力。社团干部在社团中起着重要作用，他们作为社团的领袖，在社团中拥有较强的号召力，其优秀的道德素质能够对社团成员起到重要的影响作用。团学部门要关注校内社团的发展状况，大力支持与扶持社团建设，吸纳社团骨干进入学生干部队伍，对其进行严格的考核与选拔，保证社团干部队伍的高素质与优秀业务能力。最终通过社团干部潜移默化的影响，对社团成员起到思想政治教育的目的。

（2）深化社团指导教师制度

为了进一步加强高校领导部门对学生社团的建设与管理，可以选派社团指导老师进入社团指导具体工作，让社团指导老师和社团干部一起，带领社团向着更加健康、更加优秀的方向发展。在选择指导教师的时候，要进行严格的选拔，保证社团指导教师整体的政治素质和业务素质过硬，且具备强烈的责任心，这样能够使学生社团的活动层次大大提高，使社团起到更加良好的思想教育作用，引导学生向着更加全面、更加健康的方向成长。如果高校具备相应条件，最好保证在每个学生社团具备一名指导教师。高校可以通过适当的奖励考核制度来肯定指导教师的工作，促使其在将来在社团指导工作中更加积极。

（3）建立以团校为中心的社团干部培训网

各高校应该结合实际，由团委牵头，充分发挥业余党校和团校的作用，针对社团骨干开展教育培训和实践锻炼，使他们坚定理想信念，不断提高综合素质，促进他们全面发展、健康成长。每学年组织举办若干期和学生干部培训班管理一致的社团干部理论学习班，把学习班作为培养社团理论学习骨干的基地和辐射源，努力通过社团干部的表率作用带动更多的同学加入到理论学习的队伍中来。

3.增强社团活动的针对性与实效性

（1）围绕"中国梦"主题举办系列精品活动

中华民族的伟大复兴是自近代以来全体中国人民的夙愿。当前社会与经济形势下，中华民族伟大复兴的一个保证就是建设社会主义现代化，这两个阶段性目标是"中国梦"最重要的内容。马克思主义中国化在当代的重要体现即是"中国梦"系列精神。与此同时，新时代大学生思想政治教育的关键性、重要性的一项内容，也是"中国梦"精神教育。将"中国梦"精神融入学生社团活动内容之中，能够帮助大学生树立远大的理想与坚定的信念，有助于提升大学生的思想道德品质，使大学生的精神面貌更加积极向上、更加健康，同时具备强烈的社会责任感。

学生社团要举办以"中国梦"为主题的社团活动，将"中国梦我的梦"贯穿在系列活动之中，创设适应大学生心理与思想的教育情境，举办形式多样的主题活动，突出活动的精品品质和专业水平，使社团成员从更深层次上理解"中国梦"的内涵与现实意义，通过社会实践活动培育成员的爱国情操，引导大学生通过努力奋斗，将知识与实践结合起来，向着自己的理想不断地前进。

在青年大学生之中发现"中国梦我的梦"相关的优秀学生和励志事件，充分发挥榜样人物与榜样事件对大学生的教育作用，引导大学生在遇到困难时不轻言放弃，为了自己的理想坚持到底。

高校要充分意识到专业指导教师的重要作用。在社团建设过程中，高校既要不断充实与创新学生社团的活动内容与活动形式，同时也要增进社团活动的理论深度，将理论渗透在社团活动的日常运作之中，使学生对理论的理解更加透彻，更加彻底，从根本上提升社团活动的质量。

（2）紧扣全球化发展新问题开展活动

当前全球化趋势不断加深，国家和国家、人和人之间的距离变得越来越小，国家间的问题逐渐上升为全球性问题。要解决全球性问题，各个国家及地区的就人们要团结起来共同面对挑战，共同提出对策，这种情况下需要我们转变传统僵化的思维，从对立转向合作，从殖民转向平等。

全球化浪潮使我们面临着更多的机遇，同时也面临着更多的挑战，新时代大学生面对着全新的国际形势，要时刻关注国际形势的最新动态，关注全球性问题，要在刻苦学习专业知识和积极参加社会实践的过程中不断拓展视野，锻炼才干，培养统观全局的战略思维，用全球性眼光看待时代发展，通过不断努力成长为符合时代发展所需的专门人才。高校要在学生社团活动中融入思想政治教育，并保证其适应当前最新的时代发展形势，使学生掌握扎实的专业知识与技能，最终步入社会之后能够服务于我国的社会主义现代化建设事业。

学生社团要紧跟时代发展步伐，明确时代发展的方向与特征，引导青年大学生关心国内外社会及经济热点，以扎实的理论知识武装自己，用自身的专业素质从更深的层次看待国内外问题，对此做出更加理性的价值判断，指导学生客观看待中国社会改革和社会转型期的思想观念冲突和利益格局调整，不断提升他们对各种社会现象的分析判断能力。

（3）坚持理论与实践相结合树立活动品牌

首先，大学生社团活动重在发挥大学生"三自"教育在理论学习中的促进作用，并结合大学生的思想实际开展理论性与实践性兼具的社团活动，活跃理论学习氛围，增强社团活动的思想政治教育针对性和实效性。其次，学生社团积极开展社会实践活动，走理论联系实践、理论联系群众的道路，推动大学生向实践学习、向广大人民群众学习。鼓励大学生深入基层，开展校外实践活动，一方面促进大学生在服务社会的过程中宣传马克思主义理论和中国特色社会主义理论；另一方面促使大学生接受社会的锻炼，独立思考、承受挫折，加速个体社会化进程。充分发挥实践活动的思想政治教育作用，必须不断提升活动质量，树立有影响力的品牌活动。

（三）加强大学生班级、宿舍建设

大学生班级与宿舍文化作为大学校园文化的重要组成部分，对大学生的学习、生活、思想、心理等很多方面产生深刻影响。班级及宿舍文化的建设有时甚至影响到大学生的世界观、人生观、价值观。随着时代的发展，高校大学生在思想、行为等方面表现出新的特征，大学生班级建设、文明宿舍建设到了新的阶段。高校大学生在班级管理中的自我管理、人际关系处理等方面凸显出一些问题，新时期大学生的班级管理、文明宿舍建设还需要从各个方面不断推进、更新。

1.健全文明宿舍管理制度，增强工作落实力度

①紧跟时代发展，建立健全宿舍管理制度，并根据当前大学生的动态及时更新制度体系。时代在不断地向前发展，各个时期大学生群体的思想及行为也存在相应的不同，宿舍管理制度要紧紧把握当代大学生的动态及时更新。大学生宿舍建设切忌顽固守旧，千篇一律，要根据时代的发展与变化做出改变，以适应和满足当前大学生群体对文明宿舍的需求。正在执行之中的《大学生宿舍管理制度》《宿舍卫生制度宿舍管理员职责》等制度要跟随时代的变化做出改变及更新。在保证宿舍管理制度适应当前大学生群体特征与需求的同时，高校要采取相关措施将宿舍管理制度落到实处，将其中的具体条款落实到具体负责人身上，并定期对负责人进行督促与考核，以此来保障宿舍管理制度的有效实施。

②转变工作思路，以科学的思维开展宿舍管理工作。宿舍是大学生的生活场所与休闲场所，同时也是大学生学习与交谈的场所。宿舍管理工作切忌照搬课堂管理模式，高校要将宿舍建设成为集学习、思想、生活、放松、规范为一体的舒适场所。若宿舍管理制度过于僵硬严苛，容易引起大学生的逆反心理。因此，要想做好大学生宿舍管理工作，高校就要适当转变工作思路，将生活、理想引入到管理工作中来，既给学生设置一定的原则性，又使其在执行过程中有一定的灵活性，逐步将宿舍管理工作的效果提升上来。

2.发挥党团基层组织的带头作用

为了更好地开展高校宿舍文化建设工作，要充分发挥党团基层组织的领导作用。高校在设置宿舍管理制度时，要考虑到大学生的自我管理能力，注重激发大学生自身的主观能动性，特别是学生干部、学生党员等能够对学

生群体产生一定影响力的党团组织人员。

①具体到实际宿舍管理工作，高校要激发学生干部群体的领导作用，将具体效果落实到各个具体人员身上，给学生干部分配具体的宿舍，让其负责这个宿舍的卫生状况，氛围调节、学习情况，当宿舍出现问题时及时进行调节与解决。学生干部、学生党员对学生全体的日常生活与学习情况了解得较为全面与仔细，并且具备广博的知识与旺盛的精力，他们属于学生群体，又能够在群体中产生一定的影响作用，在老师与学生、宿管之间起着沟通与交流作用。高校应充分发挥这部分学生人员的作用，提升学生自我管理、自我成长的能力。这样一来，既可以充分发挥党团组织的榜样作用，刺激班级干部的积极性，增进班集体的情感与沟通，更能增强大学生的自我管理能力。

②建立学生宿舍管理自律委员会，让学生对学生宿舍进行检查与约束。当前，许多高校已成立学生宿舍管理自律委员会。高校通过这个组织对学生宿舍进行检查与管理，督促学生保持宿舍的干净整洁，及时记录宿舍晚归人员姓名，定期排查宿舍内部的安全隐患，对文明宿舍给予奖励与推广，并针对学生在学习、生活、心理上的疑问与困难采取解决措施。自律委员会内部可以以分片包干的形式展开工作，将宿舍管理责任具体到人。自律委员会的人员要谨慎选择，要让一部分党团骨干加入进来起到带头作用，并优先录用有一定管理能力与责任心的学生。

3. 引入新机制，把文明宿舍建设纳入大学生学分考核之中

①高校应制订学生素质养成计划，并将之纳入学生必修学分体系之中，在学生素质养成计划中文明宿舍建设是其中重要的内容。当前，我国高校采用的是学分制，其中具体包括必修、选修等课程。把文明宿舍建设计入必修学分体系之中，能够督促大学生更加注重宿舍内部的文明建设。在对文明宿舍建设进行评价与考核时，可以选拔由辅导员、宿管员、学生干部等组成的考核团队，通过定期对学生宿舍的卫生情况及其他状况进行检查，期末时进行汇总做出最终评价，以此来确定学生的文明宿舍建设得分情况。

②高校可以把文明宿舍建设和学生的奖勤助贷、入党等考核联系在一起；其次是将文明宿舍建设与学生的奖勤助贷、入党等相结合，把文明宿舍的建设作为评优评奖的重要依据，加强学生的文明宿舍建设日常考核，定期考评、定期分析，将文明宿舍的建设成果量化，成果落实到人。

③落实文明宿舍建设责任制，把文明宿舍的创建与宿舍管理员、辅导员、主管领导等的考核相结合，建设一支业务精良、政治素质好的学生宿舍思政教育工作队伍，深入学生宿舍，分楼层分片区包干到人，建立片区文明宿舍建设的责任制度。

第二节 价值观培育与思想政治教育的有效路径

一、校园文化

高校校园文化对于大学生的思想观念、价值取向和行为方式有着潜移默化的影响，具有重要的育人功能。为此，要努力建设体现正确办学方向、具有浓郁学校特色、为广大师生喜闻乐见的校园文化，为大学生的成长成才创造良好的文化环境，实现校园文化的繁荣发展。

（一）以精神文化为依托，将社会主义核心价值观融入校园文化

在中华民族几千年绵延发展的历史长河中，爱国主义始终是激昂的主旋律，始终是激励我国各族人民自强不息的强大力量。习近平总书记多次强调以爱国主义为核心的民族精神在中华民族发展史上和实现中华民族伟大复兴中国梦过程中的重要作用，号召全体中华儿女弘扬伟大的爱国主义精神。中华优秀传统文化、革命文化、社会主义先进文化中传播的核心价值观，这些经过历史和实践总结凝练出的精神文化具有很强的生命力，是开展大学文化育人工作的重要精神源泉。大学文化育人不能脱离大学本身的精神文化要素，例如，长期办学积累下来的精神文化、办学宗旨、学校校风、大学使命等，这些具有大学自身独特性、历史传承性的精神文化是文化育人中的生动素材。要将精神文化与主流价值融合，结合学校自身文化特征，形成大学自有的精神文化表达，从而进一步增强全校师生的责任感和使命感，也进一步成为社会各界认识学校、了解学校的重要途径，强化学校的社会影响力和文化辐射作用。

（二）增强师生和校友的凝聚力

1. 坚持育人为本，德育为先

"师者，人之模范也"。教师的职业特性决定了教师必须是道德高尚的人群。高校应建立体现优秀办学传统、与世界一流大学和中国特色社会主

义大学发展目标相适应的教师文化，增强广大教师的归属感、荣誉感以及自豪感，通过加强教育管理和纪律约束引导教师成为学高为师、身正为范的践行者，推动形成崇尚精品、严谨治学、注重诚信、讲求责任的学术品格和优良学风。要加强师德师风建设，将师德师风列为教师考核的重要内容，在职务晋升、评奖评优、出国进修、录用新教师等工作中实行师德师风"一票否决制"；大力宣传教学名师、师德标兵等先进典型事迹，带动教师队伍职业道德水平不断提高。在教师入职教育、理论学习中加强校史校情教育，传承和弘扬学校的办学传统，发挥文化的熏陶和影响作用。要完善青年教师导师制度，遴选一批作风优良、师德高尚、教书育人的典范作为导师，发挥传、帮、带作用，使青年教师迅速融入学校文化，提高文化归属感。要加强对教师的科学精神和人文精神教育，通过理论学习平台、专题研讨会等形式加强理论学习。加大教师在职培训的力度，丰富和完善学习培训形式，拓宽教师学习途径，不断更新教师的知识体系，提高教师的人文和科学素养。

2.增强校友的"身份认同"

学校文化建设也应延伸到各界校友，通过校友会体系的建设完善，使学校校友文化成为学校文化的重要组成部分，不断提升校友文化对学校文化育人的影响，进一步丰富学校文化的内涵。学校可利用节庆、校庆纪念活动，设立校友返校日和校友接待日，邀请广大校友回校，通过赠送校庆纪念章、纪念品、各类校友互动活动、校友杂志简报等形式，增强校友的身份认同，加强校友与母校之间的情感交流，增强校友的母校情结、感恩情怀，母校归属感和荣誉感，使母校成为广大校友的精神家园。不断加强校友总会和各地分会建设，完善校友联系机制和沟通网络，倡导校友之间的相互支持、相互关爱，增加校友群体的向心力和凝聚力。要建立校友合作体系，建设分行业校友会，搭建平台为校友的事业发展创造有利条件。邀请各个行业、各个领域的杰出校友回校汇报交流，通过校友论坛、校友报告会等形式，大力宣传校友在各自领域的模范事迹，为在校师生提供精神动力。培育捐赠文化，鼓励校友为母校发展建言献策、捐资捐物或是捐课，使校友文化价值不断深化提升。

（三）丰富校园文化育人的载体

1. 注重文化符号的具象表达

学校的文化符号可以凝练出很多具象，如，校徽、校旗、校名（字体、书法），校训、校歌等。这些符号是精神文化的缩影，具有很强的文化传播意义。高校要通过一系列具象化的表达，更好地传播学校的精神文化，形成联结师生和校友的情感纽带，增强学校的社会影响和公众知晓度。为此，应当加强文化符号设计，提炼、编制挖掘、充实和创新，在宣传、征集、争鸣中确立师生广为认同的基本文化符号，使之符合社会时代发展，学校办学定位调整、国际交流发展需求等。

第一，挖掘校徽校旗，校训校歌的文化内涵。要进一步挖掘、宣传校徽校旗、校训校歌的文化故事，规范校徽校旗，校训校歌的使用。可通过宣传品、报道、标识、校训墙、演讲、书法等文化活动传播校训的文化内涵，通过拍摄校歌 MV、举办新生合唱比赛等活动促进师生及校友对校歌的认知和传唱，使师生加强对学校的认同感和归属感。

第二，形成学校专属的视觉识别系统。制作发布系统的、统一的视觉符号系统来打造学校的品牌识别形象，通过对标志、标准色、专用字体等"基础规范"以及办公事务、宣传识别、户外环境系统等"应用规范"的统一，形成学校固有的视觉形象。

第三，打造文化衍生产品，扩大传播载体。加强多方合作，推出有学校专属文化符号的校园纪念品，丰富学校文化的传播载体。进一步建设校园纪念品文化空间，形成校园的文化新地标。

2. 挖掘文化活动的深层次内涵

持续打造学校学术讲座品牌，邀请学术大师、知名学者、杰出校友、社会名流等登上学校讲台，梳理并整合对学术讲座的引导和管理的各类制度，强化讲座品牌的规模效应和集群效应，提高学术讲座的知名度和影响力。与此同时，规范升旗仪式、开学典礼、毕业典礼、颁奖仪式等庆典仪式的程序及基本礼仪，发挥以史育人、仪式育人功能，传播主流价值理念，增强师生对学校文化的认同感和神圣感；精心设计校庆等重大纪念日活动，赋予丰富的文化内涵，使之成为文化建设的有效载体。大力倡导健康工作、健康生活理念，积极开展师生校运会等各类特色鲜明的群众性文体活动。

3.加强校园环境文化建设

随着高校校园整体建设的布局拓展，校园环境受到的重视越来越多，可以说这是一所学校给社会公众的"第一印象"。将学校文化融入环境建设的方方面面，既能更好地传承一所学校的历史建筑风格、校情风貌，更能通过这种"润物无声"的方式传递学校的历史文化积淀和校园文化品位，起到以文化人、以文育人的效果。学校应加强文化场馆建设及内涵挖掘，让校园里的历史建筑、博物馆、展览馆、礼堂、音乐厅、读书空间等成为文化育人的重要阵地。围绕人文历史建筑开展学校故事的演绎和传播，撰写出版人文建筑丛书，拍摄专题宣传片，开发人文建筑周边产品，增强师生对学校历史建筑及历史故事的认知。通过利用博物馆资源传承学校特有文化，创新文博育人理念，将博物馆作为校史校情、爱国主义和传统文化教育的重要基地，不断构建高校文博育人的新格局。同时，充分利用学校现有文化场馆，不断完善文化场馆功能，通过开展高雅艺术进校园、师生文艺演出、学术论坛等进一步丰富校园生活，提升师生文化艺术修养。此外，打造线上线下的校园阅读泛空间，定期推出书展和世界读书日主题阅读月活动，大力扶持图书室、图书角等阅读场所建设，形成独具特色的书香生态系统。

学校可以不同的文化轴线建设好文化特色长廊，营造浓郁的校园文化氛围，提升校区的文化艺术品位。同时，依托校园的自然环境（如水系、湖泊、山体）进行自然文化景观规划建设，通过建设文化景观亭、纪念碑、石刻、文化故事墙、休息椅凳等文化设施，将校园文化融入自然景观之中，于潜移默化之中起到文化育人的效果。

二、实践活动

在国家教育方针的指导下，我国高等院校的大学生社会实践活动快速发展。古语说，不登高山，不知天之高也；不临深溪，不知地之厚也。有效的社会实践有利于广大青年增长才干、丰富阅历、实现人生的价值等。为了进一步推动大学生社会实践的良好发展，我们针对大学生社会实践中出现的活动组织形式单一、流于形式、组织力度小等问题进行分析，探究提升大学生社会实践活动针对性和时效性的途径。

（一）当前大学生社会实践存在的主要问题

当下，许多高校中开展了形式多样的社会实践活动，引起了广泛的影响。

社会实践活动能够在很大程度上加深学生对专业知识的掌握程度，补充课堂教学内容，同时通过实践活动有助于大学生增长才干，认识当下国家经济与社会形势，发挥自身的价值，等等。不过较为深入地研究和考察大学生社会实践开展现状之后，可以看出当前大学生社会实践仍然存在一些问题。

1. 学校对大学生社会实践活动的重视度不够

为了提升大学生社会实践的效果，学校要设置健全的制度、固定的场地、到位的管理、公正的评价体系、坚实的后勤保障，等等。因此，学校应该从更深层次上加深对大学生社会实践活动的认识，提高重视程度，对当前有关社会实践活动机制不够完善、场地缺乏不固定等存在的问题做出改善，给予大学生社会实践最大限度的支持，推动其更加健康高效地开展。

2. 大学生群体对社会实践活动的认识程度不够

在国内许多高校中，社会实践活动是由学校团委领导开展的，其宣传效果大多不能真正地落到实处，这使许多学生形成一种认识，即进入基层或一线生产场地参加一些简单的劳动就算成功完成了社会实践的任务。因此，许多学生认为社会实践是对时间与精力的浪费，在参加劳动时敷衍了事，怕苦怕累，最终造成社会实践活动的效果不太理想，也使得社会实践活动无法推广到更广的范围之内。

3. 社会实践形式过于单一，内容相对单调

当前大学生的社会实践形式主要有社会调查、参观访问、志愿服务等，而缺少和大学生所学专业较为对口的实践机会，最后导致大学生在参与社会实践时善于"走过场""走形式"，敷衍了事，参加活动的积极性不够。高校这种直接借鉴别人的实践成果、生搬硬套的做法，使大学生社会实践失去了其应有的意义，无法实现真正的价值与作用。

（二）实践活动的推进路径

1. 完善社会实践的组织管理

（1）建立健全规范的组织管理机制

在开展大学生社会实践的各个环节都需要有规范的组织机制为其提供有力保障。因此，必须围绕社会实践的目标建立科学有效的组织管理机制，要明确高校组织系统中各部门在大学生社会实践中的具体职责。需要注意的是，校团组织在开展社会实践活动时要放开手脚，要科学化地放权，只要是

有利于社会实践活动顺利开展的都应该尽可能地尝试。在社会实践活动中，要重视点、线、面的有机结合，要同时重视社会实践活动的这三个方面，不仅要将某一类社会实践活动办得出彩，还要紧密关注学生个体的社会实践活动。要引导大学生有效地参与社会实践活动，确定适合大学生的社会实践主题、方式和内容等，引导大学生积极参与活动，撰写活动报告等，并明确提出实践的具体要求。

（2）丰富社会实践的形式和内容

习近平总书记多次强调，青年要成长为国家栋梁之材，要读万卷书、行万里路，既要多读有字之书，也要多读无字之书，注重学习人生经验和社会知识，注重在实践中加强磨炼，增长本领。高校组织社会实践活动应该结合教学目标和自身特点打造属于自己的特色品牌，这样可以促进社会实践的稳定发展，同时还可以推进社会实践的创新发展。应该结合地方的实际需要开展社会实践活动，让社会实践活动培养大学生实践能力和综合素质的同时，为当地人民群众解决实际问题，如，可以在一些偏远山区开展支教活动、医疗支援服务、法律支援活动等。通过开展社会调查、生产劳动、志愿服务、公益活动等，真正为人民群众解决问题，真正为大学生提供了解和认识社会的机会，不能只做表面功夫，而是应该开展深入、全面的社会实践活动。要磨练大学生艰苦奋斗的意志品质，如，可以组织大学生到农村开展社会调查，组织他们到田间地头访问，这样可以让他们更真切地了解农村发展实际情况，真切地了解劳动者真正的心声，掌握第一手资料。一些高校做表面工程，组织学生到农村转一圈，拿一些现成的数据，做一个总结，就完成教学活动了。只有真正地深入开展社会实践活动，才能让大学生切实感受到社会最真实、最有用的东西，才能培养他们的实践能力和综合素质。

（3）建立健全社会实践的监督、考核评价机制

开展大学生社会实践是为了提高教学效果，这就需要建立健全监督、考核评价机制。高校社会实践的对象是全体学生。因此，要建立真正对广大学生起激励作用的实践考核评价机制，把社会实践成绩记入学分。另外，可考虑建立社会实践资信证书制度，把参与社会实践的质量与学生将来的就业挂钩，以此来增强学生参加社会实践的积极性。

2.引导大学生树立正确的实践观

科学的实践观念可以帮助大学生准确地认识社会实践问题，并加强校外实践活动的德育功能。假如大学生可以正确地意识到实践活动能够在很大程度上提升个人的综合水平，帮助自身实现更加健康长远的发展，他们参加社会实践的积极性会大大提升。所以，学校要大力开展关于大学生实践活动的宣传工作，让学生正确地认识社会实践活动。最终通过大学生在社会实践中的学习与体验来实现思想政治教育的功能。

大学生要从根本上纠正传统的陈旧意识，他们要认识到除了课堂，社会实践也能传授知识。高校要消除大学生为了完成任务、为了毕业而参加社会实践的想法，要杜绝大学生在社会实践过程中敷衍了事、弄虚作假。要做到这一点，学校可从以下两方面入手。

一是要正确引导大学生，使其认识到应该同时注重理论知识与实践能力，甚至应该更加注重社会实践能力，因为大学生毕业后需要投身社会，学习期间的社会实践活动能够使他们的知识更加内化，同时加深对社会的了解。开展各种有关社会实践的讲座是加深大学生对社会实践重要性认知的有效途径。除此之外，还要对当前的思想政治教育课进行改革，在课堂教学体系中加入社会实践的相关内容。

二是高校要将"做事先做人"的道理深化进大学生的内心，让大学生意识到道德品质能够对人产生巨大而深远的影响，能够在日常生活中影响一个人的行为表现。要想提升道德品质需要对其进行理论教育和实践教育，尤其实践教育。在亲身体验的过程中认识到对与错的不同，领悟到恶劣品质所能够造成的严重后果，认识到优秀品质所能带来的成就。因此，学校应大力推动大学生社会实践的提倡力度，将实践活动的重要性深入到学生内心，最终促使大学生从心里对社会实践活动产生主观认同。

3.改革社会实践活动

（1）从个人需要出发

马克思说，人们奋斗所争取的一切都与他们的利益有关。利益在本质上是与需要紧密相连的，眼前的需要推动着人们产生相关的利益期望。一般而言，需要有两个层面，即物质的和精神的。物质的需要主要包括饮食、居住、服装、出行等维持人们基本生活的需要；精神的需要主要是观念、思维、情感等较高层次的心理上的需要。需要催生动机、动机催生行动。当人们察觉到某种需要时，这种需要会在人们的意识中催生出动机，最终促使人们做出相关的行为。当行为发生之后，人们完成了目标，同时也满足了自身需要。

大一、大二的学生，尚未深刻地认识社会，且当前大部分大学生属于独生子女，是整个家庭的中心，因此他们在集体意识上存在一定的欠缺，也不具备优秀的奉献精神。这个阶段高校应该组织相关活动帮助学生了解国情、认识集体生活，例如，社会调研、志愿者服务，等等，以此来帮助他们树立正确的政治观，以及培养社会责任感。

大三、大四的学生面对毕业以及步入社会的人生转变，他们最关心的是就业问题。为了胜任相关工作，大学生需要掌握系统的专业知识，具备优秀的综合实力、端正的工作态度、良好的品质素养等。所以，高校在安排毕业班的社会实践活动时，要组织对口的实习工作，逐步培养大学生的理论联系实际的能力。同时，还要让学生了解当前社会发展形势之下，企业所需的人才必须具备何种素质。学校要和实践单位相互沟通，确定企业所需人才的知识结构与能力素质，进而安排毕业生的社会实践方式及内容。

此外，高校还要引导学生培育良好的品质素质，让学生意识到意志品质在人的一生中所起的重要作用。具体来说，高校要让大学生群体正确看待付出与收获、个人和社会的关系，督促大学生将自身利益和国家利益、社会利益紧紧地联系在一起。老师要让学生认识到，个人的发展离不开国家发展与社会发展，只有国家和社会进步了，才能最终发挥出自身的价值。

（2）紧跟时代主题

当前高校校园中的大学生接触的信息较为广泛，思维比较灵活，乐于接受新鲜事物。因此，高校在开展校外实践活动时，要尽量让活动和当前社会中的主流思想相一致，从而紧跟时代，适应学生追逐新鲜事物的思维惯性。

当前国家倡导青年大学生为了实现"中国梦"而不断努力奋斗，高校应紧紧抓住这一思想，组织与之相关的主题活动。举例来说，高校可以组织大学生暑期筑梦实践活动，让大学生与当前的时代楷模近距离接触，听他们谈怎样更好地将个人梦想与国家梦想联系在一起。同时，也可以开展志愿者服务活动，提倡大学生走进社区、走进农村，向社会宣传"中国梦"的内涵和意义。

结合国家倡导的城乡共同发展战略，鼓励大学生奉献社会。高校可以组织大学生走进农村，近距离了解农村的发展状况，体验农村人民的生活方式，引导其为了城乡一体化的更好发展贡献出自身的力量。在社会实践过程中，大学生能够慢慢认识到乡村社会这几十年以来所发生的翻天覆地的变化，体会到国家政策对农村发展的重要意义。由此使其了解个人命运与国家命运的息息相关性，提升其为了国家社会发展而贡献出自身力量的积极性。

结合中国特色建设路线，从更深层次上理解当前国家的各项政策。高校要对社会主义核心价值观体系进行深入解读，组织学生到社会中宣传核心价值观的相关内容，推动社会主义核心价值观在社会中的传播。通过让大学生学习当前的国家政策、认清当前的社会发展形势与国际发展形势，鼓励大学生对此发表自身的看法，最终使其更加认可与支持当前的各项政策。

（3）分类指导

大学生参加社会实践活动的过程也是其接受社会思想道德教育的过程。通过亲身的社会体验，大学生能够意识到思想道德修养对个人发展的重要性。当前，高校开展大学生社会实践活动尚处于补充学生知识这一层面，尚未有效发挥出社会实践应有的思想政治教育功能。社会实践活动是培育和提升大学生思想道德素质的重要途径，政府及学校组织社会实践的目的也正在于此。不过具体到实践过程中，高校在意识到社会实践活动无法正常发挥道德育人这一功能时，也很少能够立刻调整方针。

高校组织社会实践是从整体上着眼的，提倡全体学生积极参与，这就使得社会实践活动的针对性相对而言比较弱，各个专业、各个层次的学生无法真正参加到与自身专业对口的社会实践活动之中。为了增强社会实践活动的思想道德育人效果，高校应按照点面结合的原则，从整体上进行统一把握，同时鼓励大学生投身于与自身专业对口的社会实践活动之中，将自己在大学的所学与社会实践活动结合起来，加深学生对知识的理解层次，同时促使其从更多的角度去观察世界，最终逐渐了解当前社会发展形势，锻炼自身的知识与技能。

社会实践活动类型繁多，其中每种类型都有其侧重培养的技能与素质。高校要充分了解社会实践活动的类型及功能，对不同群体的大学生选择适合其发展的实践活动类型，即我们通常所说的"对症下药"。这样大学生在社会实践活动中更加能够了解其所关心的社会形势，使得社会活动实践真正起到育人的作用。

高校校园中的大学生来自不同的地区，成长于不同的家庭背景，其在思想层次上存在一定的差别。学校在培育学生思想道德修养时，要了解共性与个性之间的关系，深谙各个思想层面所关心的重要问题。接下来，高校要以直面和解决问题为目标，选择适应大学生当前成长阶段的社会实践活动，并设置合理的主题与内容，最终达到提升大学生思想道德水平的目的。同时，负责社会实践活动的教师要时刻关注大学生在参与社会实践活动时碰到的疑难问题，引导其用积极正面的态度面对与解决问题，并向其提供合理的建议，鼓励大学生通过主观的努力与选择去解决问题。通过这类实践活动，大学生可以逐步学会怎样做事和做人，这样才能发挥出社会实践活动真正的作用。

总的来说，为了让社会实践活动更好地发挥其思想政治的育人功能，高校可从以下两方面入手。一是根据大学生的专业、个性等特征，为其组织形式、特色相适应的社会实践活动，促使其从更深层次上发挥作用。二是针对学生在实践活动中遇到的各种问题，提出指导性的意见与建议，使其逐步树立正确的世界观与人生观，并不断提升自身的道德水平。

第三节 价值观培育与思想政治教育的机制建设

一、机制概述

思想政治教育机制是指思想政治教育中所涉及的相关组成要素的结构、功能以及各个要素之间存在的相互关系，这些要素所产生的影响和所发挥的相关功能的一个作业过程以及作业原理。与传统教育模式及教育法相比较，其表现出更加宽广的范围和更加复杂的作用空间。在新时代社会主义发展背景下加强对思想政治教育与大学生社会主义核心价值观培育机制建设是大学生思想政治教育工作的一个崭新研究思路及角度，其表现出明显的时代价值对大学生思想政治教育与大学生社会主义核心价值观培育有效性的提高具有重要意义。

（一）机制的内涵

思想政治教育机制是对思想政治教育中多种要素的结合，其目的是要帮助思想政治教育取得一个良好的效果。学术界从不同的角度对思想政治教育的机制进行了阐述，有制度说、运行说、结构说、利益说、方法说、模式说、机能说、保护说、中介说、环节说等诸多说法，归纳来看，主要有制度论、构成要素运行论、过程机制论等。

1.制度论

制度规范是思想政治教育过程中用来约束全体组织成员的行动，确立办事的方法，规定工作程序的各种章程，条例、守则、办法、标准等方面的总称是人类社会生活的规范化表述。因此，有学者认为思想政治教育机制是一种规范的、稳定的、可以操作并且评价的规章制度。目前这种认识得到较多学者的认同。思想政治教育机制论主张把思想政治教育这一活动的运行要求以及思想政治教育中对教育对象的基本要求纳入正式的成文的规则体系，认为思想政治教育要解决的是"6W"的问题，即，Who（谁去做，即主体）、When（什么时候做，即时间，时机）、Where（什么地点做，即地点、环境）、What（做什么，即内容、措施）、How（如何去做，即方法、载体）、Why（为什么要做，即目的、动机），而机制研究是要为"6W"建立一套规范的、稳定的、可操作的、可考核的规章制度，解决思想政治工作怎样运转、怎样监管、怎样考核与评估的问题。

2.构成要素运行论

构成要素运行论主要是从思想政治教育系统的运转过程和运转方式入手，指出思想政治教育机制是基于思想政治教育系统内各个不同要素的相互联系、相互作用、相互制约的联结方式建构起来的一种工作体制和管理规范。也就是说，思想政治教育运行机制是站在一定的目标指引下、一定的动力驱动下，共同协调和实现思想政治教育整体目标和功能的工作程序与工作方式。构成要素运行论认为思想政治教育机制包含有八个方面的要素，主要是思想政治教育的运行主体、运行目的、运行动力、运行环境、运行方式，运行控制、运行程序以及运行保障。这八个方面的要素构成思想政治教育的有机整体，其相互作用、状态、关系都影响到思想政治教育运行机制的整体状态。

3.过程机制论

过程机制论认为思想政治教育机制是思想政治教育主题的利益调配以及运行的过程，主要内容有两个方面；一是思想政治教育主体；二是思想政治教育主题的运行过程。这个理论认为思想政治教育过程机制是思想政治教育的内部矛盾转化为思想政治教育目标的有效性联系。相关学者认为思想政治教育的机制就是一种过程，其目的在于揭示人的一般属性与特征，并在此基础上安排思想政治教育各元素的运行过程，协调思想政治教育的运行基本状态，达到思想政治教育的目标。

（二）机制的特征

1.系统性

高校在制定学生的思想政治教育和社会主义核心价值观培育时，要秉承系统性的原则，这一原则的内涵是把高校的整体教育机制当作一个系统的整体，这一教育整体的运行离不开大学生思想政治教育和大学生社会主义核心价值观培育的内部因素，同时也离不开与之相关的外部因素以及与子机制相关的各种影响。

高校思想道德修养机制系统性的内容可以概括为高校在开展学生群体的思想政治教育和大学生社会主义核心价值观培育过程中所制定的管理机制的系统性，思想政治理论课相关教材的选定与使用的系统性，思想政治教育课程开展中所遵守的教学机制的系统性等。除此之外，系统性还有另外一层含义，即全民性与整体性。高校在开展思想政治教育和大学生社会主义核心价值观培育的过程中的系统性能够帮助大学生更加系统、整体地汲取课堂中以及渗透于日常生活中的思想政治教育理念。

和社会中的其他群体相比，大学生具备一定的文化素养基础，并且正处于知识及性格形成的关键时期。这些特征使得大学生能够系统整体地汲取思想政治教育和大学生社会主义核心价值观培育的相关教育内容。所以，高校在制定机制的时候一定不能忽视的一点，即，系统性。

2.潜隐性

高校的思想政治教育和大学生社会主义核心价值观培育具备潜隐形特征，这主要包括以下两方面的含义。

一是教育主体的隐性化。通常情况下，大学生在接受相关的思想政治教育课堂知识或者课下教育的时候，他们所接触到的教育人员主要包括高校领导、辅导员、专业课教师以及各种教职员工，等等。然而不可忽视的一点是，与国家发展息息相关的党和领导机构等非实体性主体，也以各种方式对大学生潜移默化地产生着影响，甚至他们所产生的影响比高校产生的直接影响还要大。因此，从更加广泛的意义上说，高校的思想政治教育和大学生社会主义核心价值观培育机制表现出一定的潜隐性。

二是大学生思想政治教育和大学生社会主义核心价值观培育的环境机制具有隐性化的特点。当前社会中存在多元化的意识形态，东方与西方思想在不断发生着碰撞。这些激烈的文化冲突也在大大地影响着大学生的思想与生活。伴随着互联网、信息技术的迅猛发展，大学生思想政治教育和大学生社会主义核心价值观培育环境正在发生着巨大的变化。高校在内部对学生开展直接的思想政治教育，社会与经济环境则在更大的范围内对学生进行着思想政治教育，这一点高校一定要有清醒的认识。同时，要持续地扩大思想政治教育的工作范围，使得教育环境隐性化教育作用得到更加充分地发挥。

3. 日常化和理性化

高校在对学生开展思想政治教育和社会主义核心价值观培育的过程中，还有一个鲜明的特点，即，日常化与理性化。为了更加充分地发挥大学生思想政治教育和大学生社会主义核心价值观培育的日常化与理性化特点，高校要注意将学生的思想政治教育和社会主义核心价值观培育工作融汇于学生的日常生活之中，使其通过一点一滴的影响逐步培育出高尚的道德品质与优秀的行为习惯。

一是高校要明确教育对象的特征，即大学生群体的整体特征。大学生正处于成长发育的关键阶段，他们的心理与生理特征正在逐步走向成熟，并且这个群体整体相对来说，具备良好的文化素质与道德素质。高校将思想政治教育和社会主义核心价值观培育更加融入于日常生活与学习之中，有助于培育大学生群体养成更加成熟与正确的世界观、人生观、价值观。

二是高校在开展思想政治教育和社会主义核心价值观培育的过程中，不论是在理论课教学之中，还是在社会实践、心理辅导等日常教育过程中，一定要秉承理性的教学思维。除此之外，高校在制定思想政治教育相关规章制度的过程中也要坚持理性思维。

（三）机制的作用

1.导向功能

导向功能，即大学生思想政治教育和大学生社会主义核心价值观培育机制的主体采用舆论传播、教育、启发等多种多样的教学方式，不断培育与提升大学生的道德素质和综合素养，指引学生的思想朝着与国家发展方向一致的方向发展，指引其在大学立下投身社会主义建设事业的毕生志向。

高校在开展思想政治教育和大学生社会主义核心价值观培育时，要培育学生正确地认识马克思主义及中国特色社会主义，培育其服务国家服务社会的理想与信念，指引其将自身价值的实现与国家发展和社会进步联系在一起，不断升华自身的价值。

高校对学生开展思想政治教育和大学生社会主义核心价值观培育，其最主要的目的就是让大学生真正地认识与理解辩证唯物主义，并能够在理解的基础上将其应用于学习与生活之中。当大学生在学业与生活中遇到困难和挫折时，能够用辩证的眼光去看待这些问题，并认识到这些困难和挫折会给人生带来宝贵的经验。高校要教育大学生学会顺应客观规律去处理生活与学业问题，并适当地发挥自身的主观能动性，正确地看待与处理生活中的事情。

此外，高校还要教育大学生学会用全面的、联系的、发展的眼光来看待世界，要学会从事物的本质出发去看待世界中的各种乱象，摒弃自身孤立、片面、静止的认识世界的眼光。大学生要学会全面地认识与理解事物，学会抓住事物的本质。在这个过程中，大学生要认识到质变与量变之间的关系，要注意在大学的学习过程中不断地积累学科专业知识，掌握专业知识技能，注意生活中细小入微的事物和变化，同时也要根据事物的发展进程，在合适的时机推动事物从量变过渡到质变。高校要教育学生学会用科学的态度和方法去分析周围的事物，分析某一事物时既要看到其值得肯定的一面，又要看到其应该否定的方面。

当前社会与经济形势发展迅猛，社会环境越来越复杂，大学生要学会用辩证唯物主义的视角，拨开各种社会乱象的表面，从而看清其本质，从根本上认识到我国社会的发展大方向，不断提升对中国特色社会主义的信心。掌握辩证唯物主义的核心要义，可以帮助大学生更加理性地看待市场经济建设和深化改革的推进中涌现出的多种疑难问题，同时让大学生更加理解当前党和政府在解决各种社会问题与市场问题时所做出的各种努力。此外，能够让大学生认识到他们这个群体在中国特色社会主义建设事业中应当承担的责任和义务，有助于让大学生树立在毕业之后投身于社会主义建设事业的坚定决心。

2. 凝聚功能

高校发挥思想政治教育和大学生社会主义核心价值观培育机制凝聚功能的重要一环是主动发声，经常地传播党的指导思想，并教导学生认识自中华人民共和国成立以来，尤其改革开放以来，我们党和国家政府所做出的巨大贡献以及所取得的重要成就，这样一来有助于提升大学生的民族自信心。中华民族从出现至今，已经经历了五千年的风雨历程，其经久不息的民族精神的核心内容便是热爱祖国、团结友爱、勤劳勇敢、自强不息等。这种融合为一体的中华民族的精神与灵魂支撑着我们在五千多年的历史长河之中不断克服各种困难发展成长，最终发展到如今国富民强的局面。这一路走来将中华儿女紧紧联系在一起的就是中华民族世世代代流传下来的民族魂魄，它推动着我们不断开拓向前，开创出属于中国人民的新发展。

在开展爱国主义教育的课内课外中，一定要注意通过教师课堂的讲授以及课外的耳濡目染使学生逐步培育出对中华民族五千年历史与文化的认同感及归属感，使其逐渐意识到中华民族在历史长河中建立起的灿烂的中华文明，由此激发其内心对于中华民族的自豪感，并逐步将其与自身的实际生活相结合，在学习与工作中逐渐培养优秀的道德品质与行为习惯，将中华民族的优秀民族精神融进当前时代的发展历程之中。

当前和今后一段时期要把国家意识、文化认同和公民人格教育（包含社会责任、诚信守法、平等合作以及勤奋自强教育）作为民族精神教育的重点内容。

在民族精神教育过程中，应特别注意两点：第一，把中华民族优良传统教育与时代精神教育有机地结合起来。要将弘扬民族优秀文化传统与培育时代精神相结合，既要弘扬中华民族优良的人文传统和革命传统，又要吸收和借鉴人类发展的一切文明成果，以发展的眼光开展民族精神教育。第二，重视并充分发挥社会实践在民族精神教育中的作用。要科学规划社会实践的内容，拓展社会实践的新领域、新载体、新形式，使教育对象在耳闻目睹的事实和亲身体验中感知民族精神的强大力量，激发对祖国和民族的感情，增强民族意识和民族责任感。

3.创造功能

与时俱进赋予了思想政治教育强盛的生命力。高校在开展思想政治教育和大学生社会主义核心价值观培育的过程中，一定要将创新性贯彻到所有的教学步骤中去，最终要实现的目标是思想政治教育不仅内容新、形式新，其传播方式也更新。高校只有不断创新思想政治教育和大学生社会主义核心价值观培育的各项机制，并将其紧紧地与时代联系起来，才能够使得思想政治教育发挥越来越强大的作用，其教育效果也才会越来越显著。

网络思想政治教育要跟随时代发展的脚步，紧跟最新的科技信息发展潮流，抓紧时代发展脉搏，将大学生思想政治教育和大学生社会主义核心价值观培育更多地与人文关怀契合起来，在尊重与理解每位大学生的基础上，更加关心与呵护他们的健康发展，培育其不断向着更加优秀的道德素质水平提升，最终使其在毕业之后能够顺利地成为社会主义事业的接班人。

二、管理运行机制建设

管理运行机制是大学生思想政治教育管理者为了增强大学生思想政治教育和大学生社会主义核心价值观培育的实效性，实现大学生思想政治教育和大学生社会主义核心价值观培育目标而确定的各个管理要素间的相互作用、相互耦合，相互联系的制约关系和功能体系。其主要作用是解决大学生思想政治教育和大学生社会主义核心价值观培育运行中谁来管、管什么、怎样管和在什么情况下管的问题，即，大学生思想政治教育和大学生社会主义核心价值观培育管理组织、管理对象、管理内容、管理方法和管理环境的关系等问题。

（一）党委领导机制

1.建立健全党的民主集中制

（1）高校最根本的组织和决策制度

民主集中制是我们党的领导制度，对于高校而言，民主集中制同时是最根本的组织制度和最根本的决策制度。因此，必须认真贯彻落实民主集中制的各项原则，如此才可以保证高校党委决策的准确性、科学性和有效性，保证党委班子在处理问题时作出正确的决策，可以更科学有效地集中广大教职员工的智慧和力量，从而有力地推进高校的改革和发展。

通过贯彻执行民主集中制，可以帮助高校党委有效地集中各方智慧和力量。近年来，我国高等教育实现了跨越式大发展，高校在招生、分配、教学科研、管理及后勤保障等方面办学自主权逐渐扩大，同时为社会服务的能力也在逐渐提高。随着社会发展和时代进步，高校还不断调整和优化其办学方式，高校承载的社会功能逐渐扩大。高校在面临当前时代的各种新情况、新问题时必须坚持贯彻执行民主集中制原则，以此使高校在高校党委的领导下克服困难、解决问题、实现科学发展，有效地集中各方的智慧和力量，实现开放式办学、民主办学，充分吸纳社会各个方面对高校工作提出的意见和建议，使高校可以及时适应社会要求，使其可以在时代浪潮中得到进一步发展。坚持民主集中制也能够促使高校党委团结和带领学校教职员工，推进决策的民主化、科学化，提高决策水平，避免决策失误，科学把握高校发展的客观规律和发展趋势，使之更好地为经济和社会发展服务，这反过来也会有利于促进高校的改革发展和稳定。

高校通过贯彻执行民主集中制能够有效地解决现实矛盾和问题。我国高校的改革和发展速度很快，办学规模近年来不断扩大，高校在教育教学方面面临许多新的问题。由此，一些高校开始出现师资紧张的情况，办学硬件设施和条件没有得到及时的更新，与办学规模的发展之间存在一定不匹配，一些教学科研设备超负荷运转，一些学科专业并没有根据当前的社会需求做出适当的调整，这就引起了高校教育的结构性矛盾。随着互联网和信息技术的不断发展，高校开展思想政治工作面临新问题，而处理这些问题必须保证高校领导班子可以进行深入细致的调查研究，并在此基础上探索全新的科学管理模式，并保证在各项决策中切实贯彻实施好民主集中制。

实践证明，建设一个能够坚持和完善民主集中制的党委领导班子，整个学校就会有向心力、凝聚力、战斗力，就能促进学校改革稳定发展；如果削弱和放弃民主集中制就会出现家长制、无政府主义、自由主义倾向，就会造成班子内部离心离德、软弱涣散，进而影响到学校教育教学，甚至使高校丧失大好的发展机遇，为学校带来不可弥补的损失。

（2）坚持贯彻落实集体领导制度

集体领导是民主集中制的首要形式，只有坚持集体领导才可以保证竟的路线、方针、政策在高校工作中得到贯彻执行。同时，这也是确保党对高校领导的关键。坚持集体领导制度是指高校党委必须明确，对于高校的各项重大决策，必须经过集体讨论才可以做出决定，坚决抵制一言堂。只有在各项工作中坚持集体领导原则，才可以有效地贯彻执行民主集中制。

①确保贯彻落实民主集中原则的重要环节

第一，把握集体领导的基本形式。需要注意的是，集体领导对于需要研究讨论再决定的事项有一定要求范围，并不是指所有高校事务都需要这样做。不在高校党委的职责范围内的事务或是无法很好处理的事务需要通过讨论做出决策；在研究问题时应当全面考虑，不可以只重视传达上级精神，而不注重研究抓落实，或者只重视处理应急事务，没有长远规划；应该更慎重认真的解决重大问题，不可以单纯地通过领导碰头会、征求意见、办公会议等形式做出决策。要保证重大事项通过研究讨论才做出恰当决策，尤其是那些具有政治性、全局性、战略性、特殊性的事件和问题。

第二，遵循党委成员平等原则。只有保证公平公正，才能保证集体领导的科学有效。党委主要领导不能认为自己的投票代表了所有人的意见，不能在领导班子内搞一言堂；高校党委成员也不能不充分发挥作用，不能盲目服从、随声附和。要坚持贯彻落实党委成员的平等原则，保证党委成员在发言权、表决权、监督权、执行纪律方面具有平等地位，也就是坚持"四个一律平等"原则。

第三，遵循少数服从多数原则。集体领导的核心就是要少数服从多数。高校党委在工作中要充分发挥全委会的职能，定期召开党委全委会，坚持重大问题要提交全委会研究决定，党委常委会的重要活动要定期向全委会报告，并自觉接受其审查和监督。

第四，遵循决议必须坚决执行原则。这是保证集体领导的最终体现。高校党委成员对于集体已经做出的决定可以有一定保留意见，但是在实际中必须做到尽职尽责；鼓励开展具有创造性的工作，但必须保证创新创造要在不违背党委决议精神的前提下进行；如果改变集体决议，必须提交党委会议重新研究讨论确定。如果出现擅自更改决议的或者变相执行决议的，要按照一定原则和程序追究其个人责任。

②与完善个人负责制度结合

个人分工负责指的是在坚持党委集体领导的前提下，就贯彻落实党委的决议、决定以及党委的日常工作，要对党委成员进行工作分工，有关工作责任具体到人，并切实做到工作中相互配合、相互支持。需要注意的是，对于个人分工负责的工作并不具备决策性，而只可以按规定行使执行权，而其中一个重要的前提是充分尊重集体领导，坚决抵制替代和超越集体领导的行为发生。个人分工负责要保证将党委的中心工作作为核心，为完成党委的中心工作服务，分工是以遵循党委决策为前提的，切不可分片包干、各自为政。

③以强化制度建设作为依托

高校党委贯彻民主集中制必须有完善的制度和严格的程序为其提供有力保障。如，高校党委应该建立并健全党委常委会、党委全委会等不同层次的议事范围和程序，在对高校各项工作进行决策时尽可能避免碰头会、一揽子会议、联席会议、会下传阅等形式，要尽可能有效地提高程序化水平。明确党委会议的议事范围、程序和方法，并对各级党委会议制定科学有效的制度，如，会前通报制度、个别酝酿制度、会议表决制度等，以此有效提高高校党委决策的程序化和规范化，尤其可以进一步强化程序的权威性和严肃性，不可以为了急于解决问题就擅自采取行动，也不可以因为意见比较统一就不进行充分讨论，对于已经做出的决定必须保证贯彻执行，绝不允许各行其是。与此同时，应该建立完整而严密的监督体系，促使党委领导班子成员可以正确地看待和处理个人与组织之间的关系，全局利益与局部利益之间的关系，以及感性与理性之间的关系，通过贯彻执行约束机制保障党委的各项权力都可以顺利运行，以此有效提高高校党委决策科学化水平。

④重视重大问题决策前的讨论和研究

高校党委在按照民主集中制实行集体领导的过程中，对于那些重大问题、重大事项，一定要加强决策前的讨论和研究，尤其应该强调高校党委书记和校长就重大议题的磋商。对于需要提交党委集体讨论决策的重大议题，书记和校长应该进行充分酝酿和磋商。同时，应该让党委班子的所有成员都充分发挥积极性。党委主要负责人在考虑问题时一定要保证全局性，要从全局的角度确定方向，同时应该激发党委成员的积极性，委员会成员要根据集体的决定和分工切实履行自己的职责。

2.建立健全党委会议制度

（1）高校党委常委会制度

党委常委会的主要职责是对关系到学校改革与发展的一些重大问题进行谨慎研讨并做出决策。党委常委会议的决策方式严格遵守少数服从多数原则。一切与高校改革和发展等关系到全局的重大问题、重大事项，必须通过党委或常委会议集体讨论当成比较一致意见后才可以做出决定，任何人都没有权利擅自对这些事项、问题做出决定，也绝对不可以有领导干部搞一言堂或者独断专行。在做出决策后，校领导成员分工负责，贯彻执行。党委常委会在对重大事项、重大问题做出决策时应该严格遵循以下基本规则。

①在规定的职权范围内活动

也就是说，一切与党的路线、方针、政策相关的事项或问题，高校党委的重大工作部署，党员干部的重要任免、调动和处理，与广大师生员工的切身利益密切相关的重要问题，以及上级领导机关规定应由学校党委集体讨论决定的问题，都应该按照不同事项和问题的实际情况交由学校党委集体讨论做出决定，并且要保证在处理这些问题的过程中严格执行报告工作制度。

②党委常委会议讨论决定问题要按照规定程序办事

高校在制定其议事规则时必须充分考虑学校的实际情况，明确规定高校党委常委会的职责、权力和议事范围；明确提出、确定议题的可靠原则，程序；明确处理问题必须进行的调研、沟通等准备工作；对于重大事项必须在决策前进行充分彻底的民主协商；制定出席会议人员、表决原则等。

③召开会议应达到党章规定的法定人数

会上讨论问题应充分发扬民主，让与会人员充分发表意见。重要决策问题要严格实行表决制度，做出决策时必须严格遵循少数服从多数的原则。

（2）高校党委民主生活会制度

该制度是党内政治生活的一项重要制度，通过贯彻执行该制度可以对党委班子成员进行有效的监督，可以推进各级领导班子的建设，可以有效促进领导干部的素质提高，促进高校党委的进一步民主化。在高校党委民主生活会上可以让党委成员进行批评与自我批评，促进成员间的互相监督、互相帮助，通过会议可以加强成员间的思想沟通交流，可以进行经验总结，促进各成员的思想统一，可以促进成员间的相互约束。

（3）民主评议高校党委成员制度

民主评议党委成员是以党章规定的党员八项义务和党员领导干部的六项基本条件为标准，通过测评表、召开座谈会、谈心等形式，广泛听取熟悉情况的党内外群众意见等方式，帮助党委成员肯定成绩，找出差距的一项民主评议制度。制定该制度的主要目的在于有效促进党委班子成员增强自身的民主意识和民主作风，防止党委班子内泛滥蔓延官僚主义。对领导干部进行评议时，要从德、能、勤、绩、廉这些方面的实际要求出发，对其政治立场、思想品德、领导才能、工作态度、实际业绩、廉洁自律等进行科学、客观的评议。其中，应该将领导干部的工作实绩和廉洁自律情况作为评议的重点。民主评议的核心在于民主，要保证评议可以充分体现参评人员的意愿，被评议的党委领导干部应该积极接受群众的评价，将其当作一次自我教育，应该自觉主动地接受群众对其工作及个人素质等各方面的监督，而评议结果也将成为判断奖励或惩处干部的重要依据。

（4）高校党委议事制度

该制度是高校党委经常性的研究党的自身建设问题的会议制度。如：讨论高校宣传教育、组织、纪检、群众，统战和群众工作等，研究党内外的思想政治状况等。对于我国高校党委来说，坚持高校党委议事制度必须切实解决以下两方面问题。一是高校党委应该意识到加强党建工作的重要性和紧迫性，明确党建对大学生思想政治教育的重要性，应该加强各个方面的党务工作，保证高校党委可以经受住各种风险考验；二是进一步改进工作方法和工作作风。高校应避免将所有事都拿到党委进行讨论。党委包揽一切会直接导致工作效率低下。党委会将大部分的时间和精力投入到行政事务中就无力分神于党务工作，影响学校党建工作的更好开展。

（二）协同机制

构建协同机制的目的在于将那些对大学生思想政治教育和大学生社会主义核心价值观培育起到影响作用的各种因素进行有机整合，使各因素都可以在协同下充分发挥作用。其作用机理是围绕着大学生思想政治教育和大学生社会主义核心价值观培育协同中心，以大学生思想政治教育和大学生社会主义核心价值观培育对象为出发点，规划大学生思想政治教育协同运演。大学生思想政治教育协同机制的构建首先要建立两个层次的系统。一个层次是大学生思想政治教育和大学生社会主义核心价值观培育内部系统。各要素协同整合形成合理结构，实现整体优化。另一个层次是大学生思想政治教育和大学生社会主义核心价值观培育外部系统。借助各种平台和载体，大学生思想政治教育和大学生社会主义核心价值观培育又与其他系统有机结合，前提是必须保持自身的性质和特点。这两个系统的建立既能够保证大学生思想政治教育和大学生社会主义核心价值观培育系统完整性，又提升了大学生思想政治教育和大学生社会主义核心价值观培育的社会适应力。

第一，明确大学生思想政治教育和大学生社会主义核心价值观培育的出发点和落脚点。这是指采取思想教育等方式维护统治集团的利益。因此大学生思想政治教育和大学生社会主义核心价值观培育实践应该与群众实际利益问题有机协同，承认一定利益成分合理性因子。在大学生思想政治教育和大学生社会主义核心价值观培育中认清利益关系，采用利益引导使大学生思想政治教育和大学生社会主义核心价值观培育更接地气，落到实处。

第二，将大学生思想政治教育和大学生社会主义核心价值观培育目的与文化的熏染协同一致。大学生思想政治教育和大学生社会主义核心价值观培育要做到对组织成员态度和行为产生影响，其途径是多元化和多角度的，其中通过对组织成员的思想认识、价值观念产生影响是最为深刻的。大学生思想政治教育和大学生社会主义核心价值观培育可以通过巧妙借助文化的无形力量推动教育目的的有效实现。

第三，充分了解大学生的实际需要和心理情况。细心研究受教育者在情绪情感方面的差异性和不稳定性，也就是大学生思想政治教育和大学生社会主义核心价值观培育活动应该与社会群众的情感协同起来。教育者要始终不渝地坚持进行党的路线方针政策的宣讲，取得社会成员的认同并达成共识，在人们爱党、爱国、爱社会主义情感增强的基础上，分层次有针对性地做好一人一事的教育疏导工作。

三、评价机制建设

开展大学生思想政治教育与大学生社会主义核心价值观培育活动，需要了解和掌握教育的实际效果，而评价机制就是切实反映教育效果的体系。大学生思想政治教育与大学生社会主义核心价值观培育的评价机制，是指通过对思想政治教育与大学生社会主义核心价值观培育内容方式方法的效果进行全面、科学的评价，进而建立的反馈思想政治教育与大学生社会主义核心价值观培育效果的有机体系。为确保思想政治教育与大学生社会主义核心价值观培育评价沿着正确方向，科学、有序、协调地开展，就必须要建构一套有效的评价机制。

（一）基本的工作评价机制建设

1. 建立健全政策导向机制

政策导向对于大学生的全面自由发展具有重要作用，建立健全科学、正确的政策导向机制是提高大学生思想政治效果的重要保障。一般情况下，大学生思想政治教育与大学生社会主义核心价值观培育政策主要是指教育评价中的奖惩政策制定，主要是指各种引导性政策。需要注意的是，进行思想政治教育与大学生社会主义核心价值观培育评价并不仅仅是为了评价教育对象的思想政治素质情况，更重要的是以此为根据优化思想政治教育与大学生社会主义核心价值观培育，为了有效提升教育的质量和效果。评价的终点不是评价报告的提出，而是应该充分考虑评价在评价报告提出后的指导作用，因此必须在评价中制定一系列与评价对象切身利益、发展前途等相关的政策，以此让教育教学评价具有重要的导向作用。政策导向与评价对象的切身利益以及社会发展有重要联系，因此，应该按照一定步骤和阶段来落实。

2. 建立健全技术支撑机制

科学技术的飞速发展是社会发展的一个重要特征，随着技术的不断更新和优化，当前的大学生思想政治教育与大学生社会主义核心价值观培育评价可以借此进一步提升准确性。因此，大学生思想政治教育与大学生社会主义核心价值观培育评价应该充分利用先进的科学技术，以此提升思想政治教育与大学生社会主义核心价值观培育评价的科学性、准确性，以此推进大学生思想政治教育的科学性、有效性。

第一，组织专家进行技术指导。大学生思想政治教育与大学生社会主义核心价值观培育评价和其他专业学科的评价存在显著区别，它具有自身独特的理论体系和技术要求，因此为了提高教育评价的准确性，应该组织专门从事评价研究的专家、教授进行技术指导，让他们作为评委或顾问，以提高评价的科学性、准确性。

第二，组织评价人员进行技术培训。提高大学生思想政治教育与大学生社会主义核心价值观培育评价的科学性，必须提高评价人员的专业能力，要保证评价人员熟练掌握相应的评价技术，只有这样才能保证评价的准确性。因此，有必要组织评价人员参与技术培训，以此提升他们的专业业务水平，让他们在教育评价中充分发挥作用。

第三，建构科学准确的数学模型。数学模型的运用是大学生思想政治教育与大学生社会主义核心价值观培育评价具有科学性、准确性的重要技术支撑，一般情况下将数学模型运用于教育评价要构建三类模型，即检验类数学模型、信息处理类数学模型、评价定义类数学模型。数学模型的构建是提高评价可靠性、准确性的重要因素。

第四，运用高新科技成果。科学技术的运用提升了大学生思想政治教育与大学生社会主义核心价值观培育评价的科学性、准确性，促进了教育评价的科学化发展，加强高科技程度在教育评价中的应用具有重要的意义和作用。例如，可以将现代技术设备与思想政治教育评价有机结合起来，以此实现教育评价的数字化，以保证思想政治教育评价的理论、实践与技术都能实现符合时代特色的科学化发展。

（二）评价手段创新

选择合适的评价手段是保证评价结果科学、准确的重要因素。大学生思想政治教育与大学生社会主义核心价值观培育评价手段是教育评价的一个重要方面和重点内容，创新大学生思想政治教育与大学生社会主义核心价值观培育评价手段，对于揭示大学生思想政治教育的客观规律，促进教育活动的深入开展，提高思想政治教育与大学生社会主义核心价值观培育的针对性和有效性，具有重要意义。

1.贴近学生，重视热点性和创新性评价

在当前复杂多变的国内外形势下，我国的大学生思想政治教育与大学生社会主义核心价值观培育工作任务艰巨、责任重大。在传统教育评价中，通常不会与学生群体有过多联系，没有充分发挥大学生群体对于增强大学生思想政治教育与大学生社会主义核心价值观培育实效性的重要作用，这样就难以解决好难点和热点问题。比如，认真学习宣传贯彻社会主义核心价值体系，深入开展中国特色社会主义理想信念教育，既是当前大学生思想政治教育的首要任务和重中之重，也是学生思想道德素质发展的必然要求，必须采取有效措施抓紧抓实。同时，与大学生切身利益密切相关的生活服务保障、学生资助、评优评奖、就业指导以及权益维护，等等，都是当前大学生思想政治教育与大学生社会主义核心价值观培育的热点，必须从育人的高度抓实抓好。随着网络逐渐成为人们生活中的一部分，以及不断开放的社会环境，大学生的学习、生活环境也日益复杂，对于大学生思想政治教育与大学生社会主义核心价值观培育来说，其面临着全新的问题和挑战，尤其在理想信念教育、心理健康教育、网络思想政治教育等领域的问题给大学生思想政治教育提出了新的挑战，对此必须加强调查，深入研究，在理论和实践形式上积极创新。要注意在创新实践的基础上坚持以学生为本，贴近学生，总结升华理论性的成果，并将其应用到新的工作实践中，从而实现大学生思想政治教育与大学生社会主义核心价值观培育评价手段的创新。

2. 注重差异，进行分类指导

从大学生思想政治教育与大学生社会主义核心价值观培育活动实现的宏观层面来说，分类指导是指按照大学生的实际情况因材施教，选择最合适的教育方法和手段。而对于大学生思想政治教育评价来说，分类指导主要是在了解和掌握各校特色和亮点的基础上，指导学校之间的互相借鉴和学习，用适合本校的方法来对本校的大学生思想政治教育进行评价。由于各校基础不同、底子不同，大学生思想政治教育与大学生社会主义核心价值观培育评价模式是不能依葫芦画瓢的，更不能照抄照搬。可采取鼓励同类学校之间互相学习和借鉴的方法，找出差距，改进工作，从而达到拓宽眼界，开阔视野，进一步加强和做好教育工作的目的。

特色是实现发展的关键，高校发展、大学生思想政治教育与大学生社会主义核心价值观培育发展都要重视特色。高校应该找准自己的核心竞争力，要突出自身的特色，走特色发展之路。不同类型的学校应该有不同的特色和亮点。特色和亮点需要发掘，更要加以培育。比如，通过思想政治教育与大学生社会主义核心价值观培育，从司法类院校的大学生身上可以反映出"公开、人人平等"的理念；从师范类院校的大学生身上可以反映出"学高为师、身正为范"的理念；从医学类院校的大学生身上可以反映出"生命为天、人命关天"的理念。当然，即便同一类院校在教育教学也应该有不同的特色。

3.统筹评价手段

在大学生思想政治教育与大学生社会主义核心价值观培育评价中，现场考查是比较常用的评价手段。对这一评价手段的创新应该体现在"听，看、查、访、询"等环节。

①"听"就是听取大学生思想政治教育与大学生社会主义核心价值观培育工作情况汇报，汇报的内容和形式取决于内部评价的类型，它既可以是全面、综合、集中或书面形式，也可以是单项、专题、分组或口头方式。

②"看"这是指应该对大学生思想政治教育与大学生社会主义核心价值观培育进行实地察看，充分了解教育工作的条件、场所和设备等硬件，如，思想政治理论课教学机构，心理健康教育咨询中心、理论性学习型社团、主题教育网站建设等的教学、科研、实验，办公或活动用房，以及专用计算机室、图书资料等的配备与购置，都须在"看得见、摸得着"中做出事实评价。

③"查"这是指应该对大学生思想政治教育与大学生社会主义核心价值观培育的相关资料进行抽查，包括教育工作计划、工作总结、会议记录、活动方案、文件通知、宣传手册、获奖证书、媒体报道材料等，其中关于教书育人、管理育人、服务育人和文化育人的规章制度是查阅的重点。

④"访"这主要是指进行大学生思想政治教育与大学生社会主义核心价值观培育的集体座谈和个别访谈，为了评价进行访谈时，应该包括教职员工和大学生两个群体，在大学生这个层面上还可以细分出多种对象类别，以大学生为重点，对大学生进行一个深度的了解，而在全员育人中作为主体力量的思想政治教育工作队伍，可分为党政干部和共青团干部、思想政治理论课和哲学社会科学课教师、辅导员和班主任"三支队伍"。

⑤"询"这是指质疑和问询，它贯穿于大学生思想政治教育与大学生社会主义核心价值观培育现场考察评价的整个过程中，通过质疑和问询可以帮助大学生需要进一步了解、核实的情况，可以对被评价单位或观测点负责人进行的当面质疑和问询。现场考察虽然是一种传统的考评手段，但是其具有一些现代考评手段不具备的优势，但是这种评价方法的成本高、效率低，并且开放性和透明度相对不足，对教育过程的重视程度不足。现代考核手段很大程度依赖信息技术，尤其依赖网络技术，这些科学技术和手段使教育评价突破了传统的区域界限，评价者只要接入互联网就可以随时随地的进行教

育评价，也就是说，现代教育评价实现了跨空间评价。

（三）评价内容创新

对于大学生思想政治教育与大学生社会主义核心价值观培育评价来说，内容十分丰富、全面，包括教育目标的实现情况、教育任务的完成情况、教育内容的科学性、教育方法的合理性和教育组织形式的有效性等，都在评价的范围内，都需要按照一定的客观尺度进行评价，而且必须进行评价才能进一步反馈和预测。大学生思想政治教育与大学生社会主义核心价值观培育评价内容反映思想政治教育与大学生社会主义核心价值观培育工作的导向性，也是学校培养人才的基本核心，它体现了人才培养的模式和社会对人才的基本要求。随着教育现代化的发展势必要求思想政治教育与大学生社会主义核心价值观培育内容现代化。比如，对人的现代化要求，即社会对人才的要求，以及个体主体性的体现，包括人的主体性精神、创新精神、发散式思维、良好的心理素质等。因此，构成大学生思想政治教育与大学生社会主义核心价值观培育评价的重要内容必须体现出主体性、多元化、个体化、求异性、可持续性特征。只有这样，才能更好地推进学校的素质教育，促进人的全面发展。

1. 加强对师资队伍的评价

在全新的教育模式下，教育者和受教育之间的关系发生了改变，从传统的单向灌输变为师生间的双向交流互动，实现了"主体客体化"和"客体主体化"，通过教师的外化与学生的内化来实现思想道德素质教育的目的。开展大学生思想政治教育与大学生社会主义核心价值观培育必须有良好的师资队伍作保障，队伍中的教职员工必须具备良好的政治素养、道德素养，还要有较高的智力水平和良好的身体素质；要对思想政治教育事业充满热情和追求，具备扎实的思想政治教育理论功底，要对这项工作充满责任感和事业感；必须保证为人正派，言行一致，可以在大学生面前发挥良好的榜样作用。高校在构建自身的师资队伍时，应该充分考虑自身的实际情况，保证队伍结构的合理性，保证队伍中既有经验丰富的思想政治教育教授和专家，也有年轻、有活力的中青年骨干，同时还需要有精力旺盛思维敏捷的后备军；既要保证队伍中有专职人员，也要保证有一定比例的兼职人员，要让思想政治教育师资队伍形成一张广阔的教育网，扎根于大学生群体中。在开展大学生思想政治教育与大学生社会主义核心价值观培育工作时，必须给予辅导员和班主任充分的重视，发挥他们的力量，要重点考察他们是是否切实履行了自己的工作职责。具体来说，辅导员和班主任的工作职责包括：深入了解大学生的实际情况，制定班级工作计划并按时召开主题班会，指导班级开展丰富多彩的活动等。

2. 加强对受教者的评价

大学生思想政治教育与大学生社会主义核心价值观培育的对象是当代大学生，检验教育效果应该通过观察大学生得出结果，大学生的思想观念和行为习惯等可以反映思想政治教育的实际效果。因此，对大学生思想政治教育与大学生社会主义核心价值观培育效果进行评价时必须对大学生综合素质进行评价，要将其作为大学生思想政治教育与大学生社会主义核心价值观培育评价指标的核心。评价大学生的思想道德水平，首先应该考察大学生对思想政治理论知识的理解和掌握程度，也就是要考察当代大学生对世界观、人生观、价值观以及社会主义、集体主义、爱国主义等思想观念的认识、领会和掌握；其次要考察大学生的行为习惯，这主要是指他们在学习和生活中表现出来的道德行为，爱国热情、学习态度、做人准则、文明礼貌等都可以反映大学生的道德水平。具体来说，可以将大学生的道德表现分为其参与各种集体活动的态度和表现思想政治理论课及其他专业课程的出勤情况、课外科技活动参与情况、课外文艺体育活动参与情况等。大学生之间应该进行道德行为和道德观念的互评，按照自己观察的结果给予对应的评价。学生之间的相处时间较长，了解程度较深，因此可以对彼此做出比较全面，具有概括性的德育评价，同时学生参与教育评价还可以有效提升思想政治教育与大学生社会主义核心价值观培育评价工作的参与性、民主性、公平性。

3. 加强对教育实施过程的评价

对大学生思想政治教育与大学生社会主义核心价值观培育进行评价，就必须对其过程进行评价。一般来说，该过程可以分为以下几个方面。第一，对院系思想政治教育工作规划、计划的评价。从院系的层面进行考察，检查院系的思想政治教育规划、计划是否符合系统工程的指导思想，是否与上级制定的规划、计划保持总体一致；检查院系制订的规划、计划是否具有可实施性，是否可以将责任具体落实到人。第二，对教育活动的评价。对教育活动的考察主要是指对社会实践活动的考察，如，社会调查、志愿活动和生产劳动等，要考察思想政治教育与大学生社会主义核心价值观培育的社会实践活动的内容是否积极向上，形式是否丰富多彩，保证社会实践活动涉及学术、科技、体育、艺术和娱乐等各个领域。第三，对实施细节的评价。思想政治教育与大学生社会主义核心价值观培育活动的重点在于其过程，因此必须加强对教育过程的评价，具体来说，需要对教育模式创新性、依法治校及违纪教育等情况进行科学全面的评价，对学生各级组织开展教育的指导水平、管理水平和运用现代教育技术水平的考查，对教职员工在教书育人、管理育人、服务育人方面参与度及表率作用的考查等。此外，大学生思想政治教育与大学生社会主义核心价值观培育活动是由多个环节组成的，因此，要考察这些步骤和环节的连接情况，检查这一连接是否科学合理；要考察思想政治教育与大学生社会主义核心价值观培育活动的进程是否符合大学生的思想变化规律和教育发展规律等。

4.加强对大学生网络虚拟群体整体状况的评价

网络具有开放性，任何人都可以在网络平台上发表和传播自己的观点，但是这种自由性为一些图谋不轨的人提供了可乘之机，这些人在网络上撒布一些不正确的思想观念，但这其中一些思想观念因为迎合大学生网络虚拟群体中部分青年的偏激心理而得到认同，如此就可以直接对大学生产生不利影响，让他们产生背离社会主流倡导的错误思想观念，甚至做出一些破坏校园和谐甚至是社会和谐的不良行为，这就造成了大学生政治思想社会化的偏离。因此，必须加强大学生网络虚拟群体思想政治教育评价，并且应该将理想信念教育作为网络思想政治教育的核心内容。

要不断提升大学生对各种网络信息的判断鉴别能力以及对不良网络信息的抵御能力。要引导大学生树立正确的世界观、人生观和价值观教育，要坚持不懈地用马克思列宁主义、毛泽东思想、邓小平理论和"三个代表"重要思想、科学发展观、习近平新时代中国特色社会主义思想武装大学生，开展中国革命、建设和改革开放的历史教育，开展基本国情和形势政策教育，开展科学发展观教育，让大学生可以正确认识社会发展规律，正确看待国家发展过程中出现的各种问题，清晰地意识到自身担负的社会责任，确立在中国共产党领导下走中国特色社会主义道路、实现中华民族伟大复兴的共同理想思想政治教育评价内容在适应社会过程中不断发展、创新和坚定信念。

第五章 新时代大学生思想政治教育文化自觉培养

第一节 大学生思想政治教育与文化自觉的关系

一、大学生思想政治教育与文化自觉的关系

大学生思想政治教育作为一种以大学生为特定对象的教育实践活动，与文化有没有关系？有什么样的关系？如何认识两者之间的关系？它与文化自觉又是什么样的关系？只有在正确认识这些问题的基础上我们才能认清大学生思想政治教育的使命，准确地界定大学生思想政治教育文化自觉的内涵，从而借助文化自觉提升大学生思想政治教育有效性，增强当代大学生对马克思主义、社会主义核心价值观的认同，对中国特色社会主义道路、理论、制度和文化的认同，充分发挥其在文化建设中凝神聚力的作用和社会示范、传导效应。

（一）大学生思想政治教育是一种特殊的文化教育活动

大学生思想政治教育就是以大学生为特定对象，通过教育者的组织、启发、教育、引导和受教育者的认知、体验、践行，使大学生认同与践行社会主流意识形态和核心价值观，成为德智体美劳全面发展的社会主义事业合格建设者和可靠接班人的教育实践活动。政治性是大学生思想政治教育的重要特征，大学生思想政治教育具有鲜明的意识形态功能，属于社会上层建筑，服务于社会的经济基础。但是同时，大学生思想政治教育本身也是一个文化传播过程，一种文化教育活动，一种特殊的、自觉的人类文化教育活动，以传播马克思主义、社会主义核心价值观为内容，以培养和塑造人为目标，是社会文化的有机组成部分。

1. 大学生思想政治教育与文化自觉具有本质上的高度契合性

文化是人之所以是为人、促进人全面发展的重要载体，人之所以区别于动物，不仅仅在于对客观世界本质和规律的自觉把握，关键在于人通过对自然界与人类社会本质和规律的科学把握，能动地改造客观世界，创造出一个人化自然，创造出一个文化环境，使人从文化环境和人化自然中获得人的本质的实现，从而不断提升人的素质，促进人的全面发展。

文化是人区别于动物的特殊生存方式，兼有工具性和价值性。众所周知，人起源于动物，同动物一样对大自然具有深深的依赖性，大自然是人类生存和发展的栖息地，依赖的物质空间。但是人又不同于动物，自觉能动性是人的行为区别于动物行为的重要特征。动物的全部生命活动就是它的全部本能活动，它并不把自然界作为自己认识和改造的对象，只是依靠自己拥有的天然器官确定自己在自然界中的地位。人则不同，人将自己的生命活动形式作为自己意识和意志改造的对象，在遵循自然界发展规律的同时，按照人的主观意志有目的、有计划地改造大自然，使其满足人类的各种需要。文化是人区分于动物的重要特征，是人迈向真正自由的重要一步，文化是人的自觉能动性最深层次的体现。文化是人们改造环境、发展自身活动的成果，文化即"人化"，文化是人之所以是人的本质体现，人通过客观的实践活动实现对大自然的改造，将人的主观愿望、想法、需求转化为客观现实，实现其对象化。从这个意义上说，文化体现为实践主体与客体的辩证统一、目的与手段的辩证统一、工具与价值的辩证统一。近一个世纪以来，人类在征服自然、改造自然的过程中取得了较过去一切时代都无法比拟的巨大成功，极大地改善和拓展了人类外部的生存条件和生存空间，而且伴随科学技术的飞速发展，人类征服自然和改造自然的能力获得进一步提升，增强了人的主体意识和创造能力。文化具有"人化"的工具性特征，也包含"化人"的价值性本质。

大学生思想政治教育的关注对象是人，主要研究人的品行发展规律，通过对人的思想品德形成和发展施加影响以促进其转化。以解决人的思想和道德问题为目的的大学生思想政治教育必然以文化为重要基础，文化是大学生思想政治教育的理论根基。大学生思想政治教育本身也是一种文化和价值观传播活动，按照社会期望的培养目标，有意识、有组织地把社会主导的政治观点、价值理念等传递给当代大学生，通过启发、引导等方式引起当代大学生的思想和情感共鸣，使其内化吸收并转化为实际行为。大学生思想政治教育的目的就是不断增强当代大学生对马克思主义、社会主义核心价值观的认同，帮助大学生形成科学的世界观、人生观和价值观，成为品学兼优、人格独立的社会主义现代化事业建设者和勇担民族复兴重任的时代新人。

无论大学生思想政治教育，还是文化，均以人为指向性对象，都是为了人、培养人、发展人。当然，这里所指的人是现实的人，不是抽象的人，是生活在一定的社会关系和社会结构之中的活生生的人，他有血有肉、有情感、有诉求。提升人的素质，促进人的全面发展，是大学生思想政治教育和文化建设共同的目标，使人按照人应有的本质，在这种外化生活本身中过着自己的真正的、人的生活。文化的本质功能是"以文化人"，即通过文化教育，使人摆脱蒙昧无知走向文明科学，消除人的动物性，提升人的社会性，成为自由发展的文明人；大学生思想政治教育的基本功能是"以德育人"，通过思想教育、政治教育、道德教育，使人掌握科学的世界观和方法论，成为国家和社会建设需要的建设者。无论是"以德育人"，还是"以文化人"，两者的目标指向都是"人"。因此，大学生思想政治教育与文化具有十分密切的关系，文化是一种宽泛意义的大学生思想政治教育，"化人"也即"育人"；大学生思想政治教育是一种特殊的、自觉的文化活动，"育人"也即"化人"，两者在本质上是一致的。

2. 大学生思想政治教育是推动文化自觉的重要载体

文化作为一个国家、一个民族思想的积淀，其生命力、影响和价值不仅需要人结合时代的发展在新的实践基础上不断创新和发展，使其焕发出新的生命力，同时也需要借助不同的载体和途径不断地传承下去、传播开来，得到人们广泛、持久的价值认同。一直以来，教育都是促进社会文化发展的重要推动力，是文化传播的重要载体，大学生思想政治教育在增强文化自觉方面具有不可推卸的重要责任。

当代大学生是未来社会的主人翁，是中国特色社会主义现代化建设的力量主体，是中国精神的重要体现者，自然也是推动我国文化建设特别是中国特色社会主义文化建设的主体。如果当代大学生认同、接受中国特色社会主义文化，接受其中倡导的理想信念、价值体系和道德规范，就会成为自觉的中国特色社会主义文化的传承者和传播者，在实践中自觉地践行中国特色社会主义文化所倡导的理想信念、价值体系和道德规范，提升对中国特色社会主义道路、理论、制度和文化的自觉与自信，能够正确认识和处理社会主流文化与非主流文化的关系、指导思想一元化与多样化社会思想之间的关系，科学评价社会主义核心价值观的价值和当代影响，面对世界范围内文化领域的各种挑战，既不故步自封，也不盲目崇洋媚外，拥有自己心中的"定海神针"。反之，如果当代大学生不认同、不接受中国特色社会主义文化，对中国特色社会主义文化中倡导的理想信念、价值体系和道德规范存在质疑甚至否认，就很难客观公允地评价中国特色社会主义文化，必然削弱整个社会的思想共识，极易成为文化虚无主义者和历史虚无主义者，在外来强势文化的冲击下，成为外来文化的应声虫和同化者，失去自我。因此，从提升文化自信的角度来讲，大学生思想政治教育通过培养具有高度理性精神的个体，使其掌握清晰的文化判断准则和方法，具有较高的价值判断能力，进而自觉辨识文化的优劣，成为社会先进文化的拥护者和支持者，自觉传播马克思主义，自觉践行社会主义核心价值观。

大学生思想政治教育内含文化自觉路径。文化是育人的，是一种传承和创新，需要文化自觉这种理性意识，通过对自身的科学判断和认知，明确自己形成发展的历史过程，了解自身的价值和特色，从而科学判定自身在当今世界文化中的地位。显性和隐性两条交叉路径是增强大学生思想政治教育文化自觉的现实途径。一方面，大学生思想政治教育是一种显性教育。通过课堂讲授等途径，旗帜鲜明地大力宣扬社会主导政治文化，使当代大学生明辨马克思主义理论的真理性，坚信中国特色社会主义道路是我国走向民族复兴的必由之路，认清社会主义核心价值观的精神实质，引导当代大学生正确认识人类社会历史发展规律和发展趋势。这种显性教育从正面加强大学生对文化的认知和理解，对于增强文化自觉具有较好的正效果。另一方面，大学生思想政治教育也是一种隐性教育，可以无形地体现在生活中的方方面面，一言一行、一举一动皆是文化、皆是教育。良好的校园文化环境就是一种优良的文化资源，"蓬生麻中，不扶自直"，良好的环境可以使浸润其中的人们不自觉地形成对文化的认同，在无意识中增强文化自觉。高校是孕育人类文明、提高全社会文化素质的基地，是增强全社会思想共识、提升文化自觉的示范区，大学生思想政治教育应自觉承担其责任和使命。

（二）文化自觉有助于增强大学生思想政治教育有效性

文化是决定一个人行为取向的重要因素，它不仅决定人的价值观念，而且构成人的行为准则，它是维护社会秩序稳定的重要变量。文化对人们的思想和行为具有重要的指导及控制作用，通过文化自觉有意识地影响整个社会舆论导向，增强人们思想共识，推动社会发展。

1. 文化自觉增强了大学生思想政治教育的人文底蕴

人的文化素质的提升不是通过先天遗传获得的，只能在后天的社会实践中通过学习和教育来获得。人类优于其他物种，迅速实现从自然人向社会人、向文化人的转变，关键在于社会遗传，通过文化教育了解和掌握以往社会发展的经验教训迅速提升自我。如果没有教育的传承和传播，人类文化的保存、积累、沉淀和发展就无从谈起。人们通过教育的过程传承、弘扬既有文化，又在新的历史条件下创造新文化，在文化扬弃的过程中，文化的繁荣发展推动了大学生思想政治教育的发展，深化了内容，拓展了途径。

对于大学生思想政治教育，人们容易存在一种错误的理解，即把大学生思想政治教育单纯地等同于政治教育，认为其仅仅是一种意识形态教育，片面地强调其政治性，把大学生思想政治教育看作一个政治教化的工具，并把党和国家的各项方针、政策、法规与主流价值观等强制性地灌输给学生。这种错误的理解将使大学生思想政治教育目标发生偏颇，偏重于阶级立场的培养，极易把大学生培养成一个具有强烈阶级意识的"政治人"，而忽视了大学生作为一个全面发展的人应当具有的人文修养，造成的后果就是大学生思想政治教育内容的僵化，仅仅局限于政治理论的学习和灌输，忽视了丰富的文化育人资源。这种错误的理解将导致大学生思想政治教育形式和载体的匮乏，教师成为自导自演的"表演者"，学生成了"沉默的大多数"，学生与教师如同熟悉的陌生人，都成为思想的孤独者。缺乏丰富载体和形式的大学生思想政治教育将变得枯燥、乏味，失去生活源泉，失去吸引力，失去发展的动力，大学生思想政治教育将成为空洞的泛政治主义。文化是深化大学生思想政治教育的基础，富有人文底蕴、充满人文关怀的大学生思想政治教育才是充满魅力的，才能回归教育本真，回归到人的本质中，在文化认同中增强对大学生思想政治教育传播的主流意识形态和主流价值观的认同，把人从自然人变成社会人，把单纯的"政治人"变成全面发展的"文化人"。

文化对长期生活于其中的人们的思想具有潜移默化的影响。生活在一定文化环境和文化氛围中的人们，对自身的文化具有天然的认同，具有习惯性的依赖。大学生思想政治教育本质上是一种文化活动，即精神文化生产和传播活动，文化是大学生思想政治教育创新和发展的根。当代大学生有理想、有追求，渴望不断汲取知识的养分，去认识社会、规划人生，能够运用获取的科学理论和方法去解决人生发展过程中遇到的各种困难与困惑。能够最大限度地满足当代大学生的文化需求，从而实现当代大学生全面发展，是大学生思想政治教育必须关注的价值和意义。文化作为一个民族精神的精华，潜移默化地熔铸在人的骨子里，体现在人的一言一行之中，是一个社会发展的内在底蕴和原动力。文化是一笔宝贵的资源和财富，蕴含着巨大的矿藏和能量，通过文化的传承和渗透为大学生思想政治教育营造一个良好的外部环境，使学生在潜移默化中无意识地接受社会倡导的主流价值标准和道德准则，形成内心的理想信念、价值认同，并转化为实际行为，从而提升人的精神境界，促进人的解放和发展。

2. 以文化力量提升大学生思想政治教育有效性

文化是一种主要以思想意识和精神为表征与存在形式的社会意识形式，是一种隐形的力量，具有无形的影响力和感召力。它像空气一样无时无刻不在影响着人们的生活，能够自发地对生活其中的人们的思想和行为施加影响，体现在日常生活的言谈举止中，无意识中形成对社会倡导的主流价值观和思想观点的认同。

相对于教学手段等外在的有形力量，文化作为一种无声的语言，在提升人的精神境界、擢升人的思想层次、培育独立人格、促进人的全面发展、培育民族精神等方面，在完善大学生思想政治教育内容、改善育人环境等方面，具有其他手段无法比拟的优势及不可替代的作用。文化是一种隐性的力量，"以文化人"是在潜移默化中自发地、无意识地发挥作用。较高程度和水平的文化自觉，有利于增强当代大学生对马克思主义、社会主义核心价值观的认同度和理解度，坚定文化自信，以开放的胸怀、包容的态度、创新的能力推动中国文化的现代化转型。较高程度和水平的文化自觉，有利于增强当代大学生的主体意识，促使其积极主动地去认知、了解自身文化。较高程度和水平的文化自觉，有利于减少大学生思想政治教育阻力，在无意识地渗透中提高大学生思想政治教育有效性。

文化是一种隐性的力量，文化自觉有利于激发大学生的主体意识。被动学习和主动学习的学习效果是不同的，只有以主动代替被动，才能激发人的学习热情，增强学习自觉性，提高学习效率和效果。当前一些高校的大学生思想政治教育的主要模式还是课堂讲授，教师是讲演者，学生是听众，整个教育过程似乎是教师自编自演的"独角戏"，学生只是观看演出的观众，学生没有很好地参与到整场"演出"的策划、实施之中。然而，学生的参与度直接关系大学生思想政治教育的效果。教学实效性主要体现在学生对接收到的政治原则、价值观念、道德标准等内容的理解程度和认同度，只有学生理解和接受了教育过程传播的政治原则、价值观念、道德标准，并显现在实际言谈举止中，才意味着教育目标的实现。通过文化这条隐性的途径，把刚性的社会要求和抽象的大学生思想政治教育内容无形化，使其渗透在生活中的方方面面，变得感性和具体，才能够被极富个性的当代大学生所接受。文化自觉有助于强化大学生主体意识，将科学理性的教育和无意识的文化熏陶有机结合起来，提高当代大学生的文化和价值辨析能力，自觉抵制不良文化带来的消极影响。通过文化自觉，学生在获取知识、提高理解力的同时，也获得进一步理性自觉的行动力。在这个过程中，学生学会逆向思考大学生思想政治教育的价值和意义，认同其合理性，消除其主观偏见性带来的对大学生思想政治教育的误解，增强对马克思主义、社会主义核心价值观的文化认同、情感认同和政治认同，坚定马克思主义信仰和共产主义理想信念，树立科学的世界观、人生观和价值观，不断增强思想共识，在文化认同中增强政治认同，同心同德致力于中国特色社会主义现代化建设。

二、新时代与大学生思想政治教育文化自觉的关系

中国特色社会主义进入新时代，是承前启后、继往开来的新时代，是全面建设社会主义现代化强国、奋力实现中华民族伟大复兴中国梦的新时代，新时代需适合时代发展要求的建设者和接班人，大学生思想政治教育自觉落实"立德树人"根本任务，自觉承担培育民族复兴时代新人的历史使命。

（一）新时代呼唤大学生思想政治教育文化自觉

中国特色社会主义进入新时代，这是我国发展新的历史方位，这一新的重大政治论断是中国共产党准确把握历史发展趋势、科学判定世情党情国情的结果，是中国共产党准确把握中国特色社会主义现代化进程的结果。一个国家、一个民族要振兴，就必须在历史前进的逻辑中前进、在时代发展的潮流中发展。新时代呼唤新使命，新时代需要新的理论自觉，大学生思想政治教育要自觉占领高校意识形态斗争的主阵地，自觉宣传中国特色社会主义文化，夯实全社会团结奋斗的共同思想基础。

1. 新时代需要大学生思想政治教育自觉承担培育时代新人的历史重任

培育国家和社会发展所需的建设者是任何时期任何国家教育的重要目标，"立德树人"是大学生思想政治教育的根本任务，培育德智体美劳全面发展的社会主义建设者和接班人是大学生思想政治教育的重要目标。随着我国改革开放的深入发展，中华民族迎来了从站起来、富起来到强起来的伟大历史飞跃，中国社会发展迈上一个新的台阶，到 2035 年基本实现现代化，再继续奋斗 15 年，到 21 世纪中叶把我国建设成为富强民主文明和谐美丽的社会主义现代化强国。中华民族伟大复兴是建设者奋斗的结果，培育勇担民族复兴重任的时代新人是新时代赋予大学生思想政治教育的历史使命。

"培养什么样的人，如何培养人"不仅是教育的追问，"为谁培养人"更是需要首先明确的重要问题。中国特色社会主义高校培育的自然是中国特色社会主义事业的建设者和接班人，大学生思想政治教育自觉为学生思想把舵，帮助大学生"扣好人生第一粒扣子"，引导学生不断增强对中国特色社会主义道路、理论、制度和文化的认同，坚定"四个自信"。大学生思想政治教育自觉引导学生坚定共产主义理想信念，不断给精神"补钙"，正确认识国家、集体、个人三者之间的关系，正确理解市场经济条件下的物质利益原则，守好人格底线。大学生思想政治教育自觉引导学生认同和践行社会主义核心价值观，深化爱国主义情感和认知，坚守人生道德底线，把强国志、报国行融入日常的学习、工作和生活中。

大学生思想政治教育自觉承担培育时代新人的伟大使命和任务。青年是祖国的未来、民族的希望，新时代的赞歌需要当代大学生——未来的建设者去谱写。当代大学生朝气蓬勃、好学上进，具有宽广的国际视野和强烈的主体意识，具有务实的思维风格和敢于创新、勇于作为的行为方式，成长于中国"富起来"历史时期的当代大学生是可爱、可信、可为的一代。然而，大学时期是人生成长的关键时期，情感和心理发育尚未成熟，世界观、人生观和价值观尚未成型，知识体系架构尚未完成。大学生思想政治教育要自觉对其进行文化引领、思想引领和价值引领，引导大学生健康成长。成长于市场经济环境下的当代大学生务实、个性张扬，注重个人利益和个人价值的实现，有利于激发大学生的主人翁意识，但是也容易导致其忽视社会责任的担当；成长于对外开放环境中的当代大学生视野宽广，对各种文化探索包容，展现其知识广博的一面，但是"乱花渐欲迷人眼"，价值观未成型的当代大学生容易被错误的社会思潮诱导；作为网络原住民的当代大学生，既积极采用现代信息工具了解世界、拓展自我，又容易根据自己的兴趣爱好形成特定的"朋友圈"，滞留在一个小天地里，隔绝了个人与精彩的外部世界的交流。新时代需要大学生思想政治教育自觉作为、主动作为，根据当代大学生的特点、需求、规律，把握当代大学生的需求，抓准大学生思想政治教育的切入点、在政治方向和价值引领上下功夫，引导大学生自觉形成与国家、社会发展相适应的思想道德品质，自觉融入中华民族伟大复兴的新征程中。

2. 新时代需要大学生思想政治教育自觉讲好中国故事，唱响时代发展的主旋律

中国特色社会主义新时代是继续夺取中国特色社会主义伟大胜利的时代，是全面建设社会主义现代化强国的时代，是实现中华民族伟大复兴的新时代。

大学生思想政治教育必须自觉承担培育时代新人的重任，既肯定社会发展的主流，也不遮蔽问题；既让学生正确认识中国社会发展取得的巨大成就，也让学生认清我国和世界发展的差距。以翔实的数据为依据，从历史与现实的对比中向当代大学生讲好中华人民共和国成立以来中国共产党带领中国人民独立自主的奋斗史和发展史，讲好改革开放40多年中国共产党带领中国人民艰苦奋斗的创业史，阐明中国选择社会主义道路、理论、制度的必然性，阐明坚持中国共产党的领导是社会主义制度的本质特征和最大政治优势，中国共产党是驾驶中国特色社会主义现代化航船并带领中国人民驶向共产主义理想彼岸的舵手。大学生思想政治教育应自觉引导学生正确认识改革开放前和改革开放后两个不同历史时期的辩证关系，既不能否定改革开放前中国社会主义建设的积极探索，从中汲取经验和教训，也不能否定改革开放的社会主义性质和方向，改革开放前的社会主义建设探索是中国特色社会

主义建设的序章和前奏，改革开放是唱响中国特色社会主义现代化主旋律的续篇。大学生思想政治教育应自觉引领学生感受中国特色社会主义建设的辉煌成就，坚定走中国特色社会主义道路，坚定"四个自信"，自觉认清勇担民族复兴的历史使命和责任。

3. 新时代需要大学生思想政治教育自觉引导学生正确认识世界大势与中国现实，坚定走中国特色社会主义道路的决心

中国特色社会主义进入新时代是我国日益走近世界舞台中央、不断为人类做出更大贡献的时代。辩证唯物主义基本原理告诉我们，任何人、任何事都不是孤立的，整个世界是一个相互联系的有机整体，历史和现实的经验教训也反复向我们证实，中国的发展离不开世界，世界的发展也离不开中国，交流与合作是人类社会发展的必然趋势，它不仅是人类社会生产力发展引发的从民族历史向世界历史的转变，而且是推动人类文明进步发展的必然要求，文明因交流而多彩，文明因互鉴而丰富。今日中国是通过自身的积累和奋斗日益发展起来的，从富起来走向强起来，日益接近中华民族伟大复兴的目标。中国的现代化道路是一条完全不同于西方的现代化道路，是一条依靠自身奋斗的和平崛起之路。

新时代需要大学生思想政治教育自觉引领学生正确认识和把握历史唯物主义基本原理向我们揭示的人类社会发展的规律及趋势，认清西方政治制度和意识形态的本质，既要看到其历史进步性，又要看到其阶级局限性。西方模式不是包治百病的灵丹妙药，也不是到处适用的终极真理，拉美国家困境已经显示西方模式的失灵，西方政府与议会之间的扯皮现象表明西方政治体制中的三权分立并不是最完美的制度设计，西方社会出现的群体性事件表明社会融合机制的失效。新时代需要大学生思想政治教育自觉引领学生正确认识与把握中国特色社会主义道路、理论和制度是适合中国国情的科学设计，面对纷繁复杂的国际局势，学会运用辩证唯物主义的世界观和方法论拨开迷雾见日出，认清现象背后事物的本质，坚定中国特色社会主义的选择，坚定"四个自信"。

（二）新时代为大学生思想政治教育文化自觉提供坚实基础

中国特色社会主义进入新时代是我国改革开放 40 多年发展的结果，是我国社会主义现代化进程中取得的阶段性质变，是实现中华民族伟大复兴的

新起点，它为大学生的思想政治教育文化自觉提供了坚实的现实支撑和佐证材料。

1. 新时代党中央对大学生思想政治教育的高度重视，为大学生思想政治教育文化自觉提供了根本保证

党中央从国家发展的战略高度、从意识形态建设的总体布局中高度重视大学生思想政治教育工作，从全国高校思想政治工作会议、全国教育大会到全国思想政治理论课教师座谈会，习近平总书记多次走进高校，与师生亲切座谈，并多次论述大学生思想政治教育，强调大学生思想政治教育是关系"培养什么样的人、如何培养人以及为谁培养人"的基础性工作，是统领高校其他各项工作的生命线，思想政治理论课是不可替代的关键课程，思想政治理论课教师是"拔节孕穗期"青年大学生的引路人。党中央从高校的办学方向和办学性质中肯定大学生思想政治教育的重要性，为大学生思想政治教育文化自觉提供根本保证。

习近平总书记在全国高校思想政治工作会议上指出，"我们的高校是党领导下的高校，是中国特色社会主义高校"。中国特色社会主义是我国高校的办学方向和性质，要扎根中国大地办中国特色社会主义大学。坚持中国特色社会主义办学方向就必须坚持党对高校的领导，掌握思想政治教育的主导权和主动权，培育中国特色社会主义事业的建设者和接班人。回顾思想政治教育发展史，思想政治教育学科的建立和发展离不开党中央的高度重视，思想政治教育事业的新局面离不开中国共产党领导中国人民开创的社会主义事业。社会主义办学方向坚定了大学生思想政治教育文化自觉，是新时代大学生思想政治教育科学发展的方向，是推动新时代大学生思想政治教育发展的政治保证。

2. 新时代中国特色社会主义取得的举世瞩目成就，为大学生思想政治教育文化自觉提供了有力支撑

文化自觉作为一种心理认知，不是认识主体的凭空想象，而是在与时代发展的逻辑中同行同向。大学生思想政治教育文化自觉是基于中国特色社会主义成功实践的理论自觉，是实践逻辑基础上文化自信的内省。改革开放以来，特别是党在面对金融危机过后世界经济复苏的持续乏力、局部地区的动荡冲突，我国坚持稳中求进的总基调，调结构、稳增长、保民生、促发展，

迎难而上，化被动为主动，攻坚克难，开拓进取，各项事业均取得突破性发展和历史性成就。中国特色社会主义建设辉煌成就为新时代大学生思想政治教育文化自觉增强了底气和信心。

当代大学生作为伴随中国实现从富起来向强起来转变的一代，耳濡目染中国的发展和巨变，亲身感受改革开放对自身成长带来的影响，切实体会中国国际地位的提升。中国特色社会主义的辉煌成就为大学生思想政治教育提供了生动的实践教材和鲜活的案例，提升了当代大学生的认同度，增强了大学生思想政治教育的说服力，摆脱了以往大学生思想政治教育的苍白感，减弱了大学生思想政治教育说教的意味。其以事实说话，摆事实讲道理，从马克思主义发展的历史逻辑和理论逻辑中感受马克思主义理论的科学性和生命力，从中国特色社会主义理论与现实的辩证统一中使当代大学生坚定"四个自信"，提升大学生思想政治教育有效性，使当代大学生自觉认知、认同、接受马克思主义理论，把爱国志、报国情、强国行统一于中国特色社会主义伟大实践，实现青春梦和中国梦的有机统一，在奋进的人生中谱写新时代的华章。

3. 新时代中国特色社会主义文化建设成就，为大学生思想政治教育文化自觉提供了深厚力量

大学生思想政治教育文化自觉源于对中国特色社会主义文化历史源头、当代价值和未来命运的深刻把握，源于对中国特色社会主义文化本质的深刻把握。中国特色社会主义文化为大学生思想政治教育文化自觉提供了深厚沃土和思想养分。中华优秀传统文化是中国文化的精髓是中华民族的基因，在绵延的历史发展中穿越时空滋养着当代人的心灵，浸润现代社会生活，"天人合一""和而不同""天下为公""推己及人"等价值理念和道德观念依然具有丰富的时代价值，在追本溯源中增强中华民族的凝聚力，在全球化时代增强人们的民族认同感，为新时代大学生思想政治教育提供源源不断的优质思想政治教育资源。革命文化是在中国革命和建设过程中形成的伟大精神财富，如，"红船精神""井冈山精神""长征精神""铁人精神""两弹一星精神"等，激励着一代又一代中国人为国家发展、民族复兴、社会主义现代化建设不懈奋斗，在中国特色社会主义新时代，它们被不断赋予新的时代内涵，成为中国特色社会主义文化的有机组成部分，为大学生思想政治教

育文化自觉提供了丰富的养料。社会主义核心价值观是新时代大学生思想政治教育铸魂育人的重要内容，它是全社会凝神聚气的思想基础，是对科学社会主义基本原理的凝练和概括，从价值观角度引领社会发展风尚，回答和解决了"建设什么样的国家、建设什么样的社会、培育什么样的公民"的问题，阐明了中国特色社会主义的文化价值取向。大学生思想政治教育自觉挖掘中国特色社会主义文化的思想政治资源，从历史中寻求现实的根基，从现实关照中增强历史自觉和自信，形成新时代大学生精神风貌。

（三）大学生思想政治教育自觉培育新时代大学生文化自信

大学生思想政治教育过程即文化自觉之旅，自觉传播马克思主义理论，不断增强当代大学生对中国特色社会主义道路、理论、制度和文化认同，坚定"四个自信"，引导当代大学生从中国特色社会主义历史发展与伟大实践中把握人类社会发展趋势和中国特色社会主义的必然选择，坚定共产主义信仰，坚定中国特色社会主义理想信念。

1. 大学生思想政治教育自觉引导当代大学生从新的历史方位中把握民族复兴的新使命

随着中国特色社会主义进入新时代，我国经济社会发展迈上一个新台阶，中华民族伟大复兴的目标指日可待。大学生思想政治教育的任务和目标更加明确，"为人民服务，为中国共产党治国理政服务，为巩固和发展中国特色社会主义制度服务，为改革开放和社会主义现代化建设服务"是新时代大学生思想政治教育的发展方向，培育德智体美劳全面发展的社会主义建设者和接班人是大学生思想政治教育的根本任务，培育勇担民族复兴重任的时代新人是大学生思想政治教育的新使命。大学生思想政治教育必须牢牢占领高校意识形态教育高地，在维护校园稳定、促进校园和谐中积极发挥稳定器作用。引导大学生正确认识新时代中国的发展大势，认清自身的责任和使命；引导大学生正确认识和处理个人理想与社会理想的关系，自觉把个人理想融入中华民族伟大复兴的中国梦之中；引导大学生学会运用辩证唯物主义和历史唯物主义，正确认识我国社会发展过程中出现的问题，站稳政治立场，在大是大非问题上头脑清晰；引导大学生树立科学的世界观、人生观和价值观，正确认识和处理国家、社会与个人三者之间的关系，培育和践行社会主义核心价值观；引导大学生关注新时代、关注社会、关注国家，勇担历史使命，不负时代、不负我,在实现中华民族伟大复兴的征程中乘风破浪、勇敢作为。

2.大学生思想政治教育自觉引导当代大学生从全球视野中把握时代发展的新变化

当今世界正处于百年未有之变局,政治多极化、经济全球化、社会信息化、文化多样化,外部环境的变化和发展给大学生思想政治教育带来许多新的挑战,大学生思想政治教育必须主动作为,化挑战为机遇,自觉引导当代大学生认清世界局势。面对经济全球化和逆全球化两股相悖的潮流,大学生思想政治教育要自觉引导学生正确认识矛盾现象背后的政治本质,经济竞争背后是两种社会制度的斗争、两种意识形态的角逐,美国从经济全球化的积极推动者蜕变为单边主义者,体现了资本主义封锁遏制社会主义中国崛起的目的;面对政治多极化,大学生思想政治教育要自觉引导学生认清中国是新的国际政治经济秩序的积极建设者和贡献者,人类命运共同体理念反映了中国与世界各国和平共处、合作共赢的初衷和理念,新时代的中国不称霸、不结盟,但是也不畏惧任何国家、任何人的恐吓和威胁,引导大学生理性爱国;面对社会信息化趋势,大学生思想政治教育要主动占领互联网阵地,针对大学生是上网主体人群的特点,学会在互联网隐匿的交流和互动中拉近与学生的距离,了解学生的所思所想,及时了解学生的思想动态和关注热点,及时教育引导,及时答疑解惑,及时遏制错误的思想苗头,及时澄清是非,传递正能量以正视听,拓宽大学生思想政治教育的渠道、载体和平台;面对文化多样化,大学生思想政治教育要自觉引导大学生学会运用矛盾的"两点论和重点论",正确认识和处理马克思主义一元指导地位和文化多样化之间的关系,事物的性质是由主要矛盾的主要方面决定的,社会主义生产关系决定了必须坚持以马克思主义为指导,马克思主义不是过时的"故纸堆",而是与时俱进的科学真理,是科学的世界观和方法论,是推动中国特色社会主义事业发展的行动指南。大学生思想政治教育要自觉引导大学生从全球视野正确认识中国特色社会主义,认清国际局势,坚定"四个自信",勇担新时代建设者的重任。

3.大学生思想政治教育自觉引导当代大学生从个体发展中把握自身成长的新需求

随着中国特色社会主义进入新时代,我们对高等教育的需要比以往任何时候都更加迫切，对科学知识和卓越人才的渴求比以往任何时候都更加强烈。人是社会发展的主导因素，人才竞争是综合国力竞争的核心因素，人口素质高低直接关系着国家和民族发展的未来。因此，"培养什么样的人、如何培养人以及为谁培养人"是教育追问的首要问题，培育社会发展需要的建设者是教育的共识，培育中国特色社会主义事业建设者和接班人是大学生思想政治教育的根本任务。中国特色社会主义进入新时代，为大学生的成长和成才提供了更高更好的平台。

有信念、有梦想、有奋斗、有奉献的人生，才是有意义的人生。大学生思想政治教育要引导大学生自觉从国家、民族、社会发展中规划人生，明确个人发展方向。争夺下一代是西方和平演变图谋的重要手段，大学生思想政治教育要自觉引领当代大学生认清各种社会思潮的本质，坚定中国特色社会主义理想信念。随着经济全球化的发展、互联网的普及，各国之间的交流日益频繁，各种社会思潮打着文化交流的幌子涌入我国，如：新自由主义、历史虚无主义、民族主义、民粹主义等社会思潮，给不谙世事的大学生带来错误的价值误导，导致个别人在历史观、民族观等方面做出错误的判断。大学生思想政治教育必须给予大学生正确的引导，运用矛盾普遍性和特殊性辩证关系原理引导学生正确认识中国特色与国际比较，形成科学的国家观、民族观和历史观。大学生思想政治教育要自觉引导当代大学生正确认识共产主义远大理想和中国特色社会主义共同理想之间的关系，中国特色社会主义共同理想是实现共产主义远大理想最终目标的阶段性理想，二者是最低纲领和最高纲领的关系，引导大学生正确认识共产主义远大理想并不是不切实际的空中楼阁，它是一个量变引发质变的渐进实现过程，人们只有通过今天的积极努力、务实肯干，才会不断接近共产主义理想目标，中国特色社会主义共同理想的实现是现阶段通往未来的阶梯。大学生思想政治教育要自觉引导大学生正确认识个人发展要求和社会发展条件不平衡的矛盾，引导大学生既要看到我国社会发展取得的巨大成就，又要清醒地认识我国发展不平衡不充分的问题，协调处理好两者的关系，以青春梦搏击中国梦，自觉把个人发展融入中国特色社会主义事业发展的需要。

第二节 大学生思想政治教育文化自觉基本内涵与特征

一、新时代大学生思想政治教育文化自觉基本内涵

所谓大学生思想政治教育文化自觉，就是思想政治教育工作者通过各种途径和自身的努力，不断启发和引导当代大学生了解马克思主义理论的真理性，坚持其指导地位，坚定社会主义理想信念，不断增强对社会主流意识形态和核心价值观的认同，成为自觉的社会主义现代化事业建设者，成为实现中华民族伟大复兴中国梦的追梦人和圆梦人。大学生思想政治教育文化自觉是一种意识、一种观念，更是一种责任和一种行动，需要思想政治教育工作者在多元文化背景下对社会主导政治文化的理性把握，并能在理性认知中自觉地把这种意识和责任转化为一种信念、一种精神动力，付诸大学生思想政治教育实践。

（一）文化自觉是大学生思想政治教育应有范畴

自发与自觉是大学生思想政治教育蕴含的内在矛盾。人的思想认识是对客观物质世界的主观反映，是物质世界的主观映象。当人对客观物质世界的反映仅仅是从客体出发，停留在对客观物质世界表面现象的认识时，往往是自发的、盲目的，容易形成自发的意识；当人对客观物质世界的反映是从主体和客体的辩证关系出发来认识客观事物的本质与规律时，往往是辩证的、科学的，形成的就是自觉的意识。自发与自觉反映的是人对外部客观物质世界两种不同的精神状态和行为状态。自发的行为往往是人的本能行为，是在感觉器官的作用下形成的对事物表面特征、外部联系的感性认识，它以满足个人的生理需要为目的，往往把个人的利益需求摆在首位，习惯于从个人的经济利益角度出发思考和解决问题，形成以个人利益为中心的自发意识，很难形成对整个群体集体利益的自觉认同，缺乏高度的集体主义意识。正如列宁强调无产阶级需要进行科学社会主义理论灌输一样，科学社会主义意识很难从工人自身自发地生长出来，纯粹工人运动本身就能够创造出而且一定会创造出一种独立的思想体系，但这是极大的错误。随着实践的发展和范围的扩大，我们所要实行的改造越深刻，就越要唤起人们关心这种改造并

采取自觉的态度，大学生思想政治教育需要高度的文化自觉。

自发与自觉是人们对事物的两种反映状态，前者是一种无意识的本能行为，后者是一种有意识的后天训练行为。自发是通向自觉的前奏，是一种尚未达到理性自觉的、盲目的精神状态和行为状态；自觉是一种理性的对客观世界本质和规律的反映，具有目的性和计划性，通过对客观事物本质和规律的自觉把握，有目的、有意识地认识世界和改造社会。人的行为同动物的行为最大的区别就在于是否具有自觉能动性。动物的行为是一种本能的行为，是在本能驱使下进行的盲目的、自发的活动，动物的全部生命活动就是它的全部本能活动。人的行为则不同，人虽然具有本能驱使行为，但是人高于动物更重要的在于人是理性的，人能够把自己的生命活动作为自己意志和意识改造的对象，修正自己行为的自发性。当人们尚未认识和把握自然界、人类社会和思维发展的规律时，往往局限于客观条件的限制，使自己的行为处于盲目状态，具有自发性；但是当人们能够正确认识和把握自然界、人类社会和思维发展的规律时，就能够主动地根据对客观世界本质和规律的把握程度，创设性地行事，有目的、有计划地选择自己的需求，这种活动是高度自觉的。

文化的影响往往是在无意识中渗透在生活的各个角落，悄悄地影响着人们的世界观、人生观和价值观。一种文化渗透的就是一种思维方式，在接受某种文化的形式与内容的过程中自然而然地就会渐渐认同其中蕴含的价值观念，成为其同化物。随着经济全球化的迅猛发展和我国对外开放格局的不断扩大，中国与西方国家的经济、文化等方面的交流与合作是不可避免的，在这一过程中，西方国家往往借助其经济、科技优势，对非资本主义国家特别是社会主义国家进行文化渗透。这种文化渗透不仅表现为各种各样的社会思潮和精神文化产品，而且以物质的形式渗透体现西方宣扬的价值观念和思维方式，通过对人们的衣食住用行等方面的影响，无形之中、无意识中就会增强人们对西方价值观念、思维模式、行为方式等的认同。如果本民族不自觉加强民族文化意识培养、加强文化建设，最终将会沦为西方文化的俘虏。面对以美国为首的西方文化的强势来袭，大学生思想政治教育需要自觉地承担起宣扬和传播中国特色社会主义文化的重任。

成长于和平年代和市场环境下的当代大学生，切身感受到改革开放以来我国经济社会的繁荣发展给人们物质生活带来的改变，思维方式和行为模式发生很大变化，往往习惯以"经济人"的角度思考和处理问题，很多问题浅尝辄止，较少探究物质现象背后的精神实质，面对各种社会思潮显得有些茫然和混沌，缺乏文化上的理性自觉。大学生思想政治教育是一种有意识、有目的地引导当代大学生思想和言行的活动，它要解决的一个重要矛盾就是自发意识和自觉意识的矛盾。在经济全球化的多元文化背景下，大学生思想政治教育就是要自觉传播先进思想、先进文化，主动增强当代大学生对中国特色社会主义文化的认同和运用，消除不良文化和社会思潮对当代大学生的错误影响，减少人们思想和行为的自发性与盲目性，增强人们思想和行为的自觉性，扩大先进思想和先进文化的传播范围，增强先进思想和先进文化对人们思想与行为的科学指导作用。

（二）文化传承与创新是大学生思想政治教育文化自觉内在使命

大学生思想政治教育作为观念上层建筑的具体表现形式是我国文化建设的重要组成部分，它是传播社会主导政治文化、弘扬社会主义核心价值观的重要渠道，是对大学生开展系统的马克思主义理论教育、民族文化教育的主阵地。提升文化自觉意识，传承社会主导政治文化，结合新时代不断创新发展文化，是大学生思想政治教育文化自觉的内在使命，是加强社会主义意识形态建设的必然要求。提高大学生思想政治教育的质量和有效性需要在掌握文化传播规律的基础上，根据新时代的新要求不断充实内容、更新形式。全球政治、经济和文化不断变化的外部环境及当代大学生身上表现出的新特点，都对大学生思想政治教育提出更高的要求，呼唤人文主义的回归，呼唤对大学生思想政治教育内涵的深化，在文化传播中扩大马克思主义、社会主义核心价值观的影响，在对马克思主义、社会主义核心价值观的文化认同中增强整个社会的政治认同，提高全民族的凝聚力和整合力。

坚持马克思主义的指导地位，坚定中国特色社会主义共同理想，培育和践行社会主义核心价值观，提升政治认同是新时代大学生思想政治教育文化自觉的应有内涵。马克思主义是科学是正确反映客观世界本质和规律的客观真理，它指明了人类社会的发展方向，揭示了人类社会发展的客观规律，是被中国革命和建设实践反复证明的客观真理，是中国特色社会主义现代化建设必须始终坚持的根本指导思想。掌握马克思主义的基本原理，掌握马克思主义的精神实质和阶级立场，不断推进马克思主义大众化，使马克思主义成为当代大学生自觉掌握的世界观和方法论是大学生思想政治教育的重要任务。当代大学生要在掌握马克思主义思想精髓的基础上，深刻理解中国特色社会主义道路、理论和制度形成的历史必然性，它们是人类社会发展规律作用的产物，是马克思主义基本原理和中国特殊国情相结合的产物，是历史的选择、人民的选择。当代大学生要树立正确的核心价值观，在看到人类追求的价值共性的同时，更要看到其实现的现实性和具体性，不能盲目、抽象地谈论所谓的"普世价值"，要成为社会主义核心价值观的自觉践行者。新时代大学生思想政治教育文化自觉必须讲出马克思主义、社会主义核心价值观的科学性和价值性，在传承马克思主义客观真理中，结合新时代的发展，讲出马克思主义理论的时代感，增强整个社会的思想共识和文化认同。

社会主义大学的本质特征和办学宗旨，以及马克思主义理论的科学性和价值性，决定了中国高等教育必须重视大学生思想政治教育，加强马克思主义理论传播，这是与中国社会主义制度紧密联系在一起的教书育人的宏伟事业。教育作为人类进步的阶梯，既有全民性，也有阶级性。不能以教育的阶级性抹杀全民性，一切从阶级斗争出发，以阶级斗争思维办教育，毕竟阶级斗争已经不是我国社会的主要矛盾。但是也不能以教育的全民性来抹杀教育的阶级性，从而忽视马克思主义的主流意识形态指导地位，毕竟阶级斗争在一定范围内还存在。大学生思想政治教育作为高等教育的重要组成部分，既有教育的共性，又有自身的特殊性。坚持为社会主义建设服务方向，自觉传播马克思主义、社会主义核心价值观，培育共同的精神家园，增强民族认同感、归属感，提升民族凝聚力和创造力，保证中国特色社会主义事业后继有人，是大学生思想政治教育文化自觉的内在要求。

（三）"立德树人"是新时代大学生思想政治教育根本任务

随着中国特色社会主义进入新时代，我国步入社会转型发展的关键时期，各种矛盾错综复杂。随着我国经济体制改革的深化、对外开放的不断扩大，人们的思想观念、价值取向等发生深刻变化，主体意识、利益观念不断增强，这既给社会发展带来积极的一面，也让一些错误的思想观念和价值取向乘机而入，造成个别人思想的混乱，在一定程度上削弱了社会主流意识形态的影响。意识形态工作是个大问题，不仅关系着国家安全和社会稳定，而且关系着社会主义事业的前途命运。在经济全球化所引发的文化价值观多样化的态势下，当前我国的意识形态安全已经成为一个丝毫不能忽视的重大问题，高校意识形态安全是整个社会意识形态安全的重要组成部分。意识形态斗争服务于一定的政治斗争，其实质就是对人的争夺。人是实现社会发展的关键因素，人的素质的高低体现了一个社会发展的文明程度，代表了一个社会的发展趋向。高度认同社会主流意识形态的人必然是自觉的社会主义事业建设者，是推动社会发展的强大动力；质疑、否认社会主流意识形态的人不可能成为一个积极的社会主义事业建设者，甚至成为阻力或破坏力量。重视对下一代的培养是世界各国的共同目标，在争夺下一代的斗争中，大学生思想政治教育一定要表现主动，新时代新作为，自觉彰显马克思主义、社会主义核心价值观的科学性和价值性，确立自身文化主体地位，在激荡的世界文化潮流中肯定自我，在推动中国特色社会主义文化发展的同时推动世界文化发展。

新时代大学生思想政治教育的根本任务是培育德智体美劳全面发展的社会主义建设者和接班人，所以我们要培育的是"文明人""文化人"，以先进健康的思想和文化武装起来的拥有文化底气、文化根基、文化思想及文化力量的时代新人。当代大学生思想政治素质的状况直接影响着中国社会主义现代化的进程，影响着中国社会主义现代化的当下状况及未来走向，决定着未来中国将举什么样的旗、走什么样的路，决定着中国社会主义现代化的实力、动力、活力和潜力。

外在的技术、政治制度的引进并不能实现一个国家的真正现代化，国民心理和人格上的现代性转变才是一个国家实现现代化的关键。人是社会发展的关键因素，高素质的人才是推动一个国家和社会发展的强大动力，拥有高素质人才的国家将具有无限的发展潜力。体制、机制等外在层面的转变只是一个国家走向现代化的必要条件之一，人的现代化才是实现国家现代化的根本，只有拥有具有现代文明素质的建设者，才能建成真正意义上的现代化国家。否则，即使经济已经开始起飞，也不会持续长久。人的现代化是国家现代化与经济长期稳定繁荣发展的先决条件。

人的素质的高低与教育具有密不可分的关系。教育现代化是围绕人的现代化而展开的，人的现代化借助于教育现代化才得以实现。教育现代化以全面地培养和塑造人，不断地提高人的素质，逐渐完善人格，促进人的全面发展为宗旨。人的素质高低不是仅仅依靠先天遗传，后天的教育和训练是推动人的素质全面提升的关键。人的素质所具有的先天因素很少，大部分是教育和培养的结果，人的素质形成后又对社会发展有着重要的影响。马克思主义理论的真理性及其当代价值决定了马克思主义理论在中国特色社会主义文化建设和大学生个人发展中的重要地位与价值。在当代中国，只有马克思主义才能成为民族的思想家园和精神支柱，成为指引民族前进的行动指南，成为增强民族凝聚力、向心力和战斗力的强大精神动力。马克思主义是一面鲜艳的旗帜，必须始终高扬，绝不能丢弃。在大学生思想政治教育中坚持马克思主义教育，既是增强社会主流意识形态认同的需要，也是促进大学生全面发展的需要，马克思主义以其科学性和真理性为当代大学生指明了人生奋斗的方向，提供了科学的方法论指导，使其在马克思主义文化自觉中树立为中国特色社会主义事业奋斗的远大理想，既脚踏实地地掌握扎实的专业知识，又具有德才兼备的人文素养，在马克思主义理论指导下自觉地为中国特色社会主义事业服务。

二、新时代大学生思想政治教育文化自觉基本特征

大学生思想政治教育是一项涉及"培养什么样的人、如何培养人以及为谁培养人"的伟大事业，它具有鲜明的阶级性和意识形态功能，它的发展直接关系培育对象的思想道德素质状况，关系国家和民族发展的未来。同时，大学生思想政治教育又是一门科学，属于人文社会科学教育范畴，它在遵循文化发展一般规律的基础上传播一种特殊的社会政治文化，实现了两者的有机结合和统一。

（一）知识性与价值性相统一

大学生思想政治教育是一种传播社会主导政治文化的教育活动，为社会培养合格的建设者和接班人是其主要目标，它通过自觉传播社会主导政治文化，使当代大学生理解、掌握社会主导政治文化的精神实质，能够自觉地将其内化为自身的理想信念，并将其作为自己思想和行动的指南，体现在实际行为中。由此可见，大学生思想政治教育既是一种文化教育，又是一种价值观教育，两者兼而有之。

大学生思想政治教育是一种文化教育活动，传播的是一种特定的社会

文化，即以马克思主义、社会主义核心价值观为主要内容的社会主导政治文化。大学生思想政治教育自觉高举马克思主义思想大旗，坚定中国特色社会主义共同理想，不断提升当代大学生对中国特色社会主义道路、理论、制度和文化的自信，不断升华其爱国主义情感，增强全社会的凝聚力，为推动中国特色社会主义现代化建设和中华民族复兴伟业提供思想保证与舆论支持。大学生思想政治教育既包含丰富的文化内涵，又具有鲜明的价值指向，既有丰富的理论基础，又有明确的实践指向，大学生思想政治教育是一种内生的文化理论知识教育。

同时，新时代大学生思想政治教育文化自觉具有明确的价值指向性。大学生思想政治教育本质上是一项培养人的工作，然而人是有思想、有情感的个体，尤其当代大学生作为"05后"一代，他们中有的极富个性与叛逆，不愿意屈从于任何权威，在不断的挑战中获得个人的存在感和成就感。作为一项培养人的神圣工作，大学生思想政治教育不能一味地进行冰冷的、强迫性的、枯燥的理论说教，单纯的说教只会让思想政治教育陷入被动，起到"负面价值"。大学生思想政治教育文化自觉应是引导式的、润物细无声式的，遵循教育和人的发展的基本规律，培育大学生自我教育的主动性，充分发挥思想政治教育的"正面价值"。人是文化浸润的产物，生活在不同的文化背景、接受不同性质文化教育的人，其思想和行为存在很大的差异。新时代大学生思想政治教育不是培养一个个僵化的思想复制者，而是要培养一批批思想灵动、坚守信仰、品格高尚的社会主义建设者。大学生思想政治教育文化自觉是对社会主导政治文化的自觉认同，它积极传播马克思主义、社会主义核心价值观，增强当代大学生对中国特色社会主义道路、理论和制度的认同，增强人们的思想共识，在对真理追求中引领社会发展方向。

大学生思想政治教育过程是促进人的品格构建和完善的过程。大学生思想政治教育文化自觉有意识地将知识性与价值性有机地融合起来，大学生思想政治教育不仅仅是一种价值引导，使大学生形成符合社会发展要求的思想道德品质，增强对社会主导政治制度、价值理念、道德规范的认同，而且是一种文化知识的传承，传承社会主导政治文化，使文化在延续中不断创新。它在遵循文化传播规律中积极宣扬马克思主义、社会主义核心价值观，在深化大学生思想政治教育文化内涵中增强文化自觉，在文化认同的基础上实现政治认同，使当代大学生自觉形成科学的世界观、人生观和价值观，成为国家和社会发展需要的优秀人才。

（二）开放性与方向性相统一

当今世界是一个开放的世界，在经济全球化、信息网络化迅猛发展的今天，人类文化正经历着前所未有的亲密交锋和交融，全球化视野是每一个国家和民族应当具有的必然选择。现代大学不是独立于世界之外的自由王国，也不是偏安一隅的封闭区域，以育人、传承文化、服务社会为旨归的现代大学必然具有开放性、发散性、立体性、自由性和创造性特征，不断培养面向世界、面向未来的具有开放思维的优秀人才。

开放育人是新时代对大学生思想政治教育提出的必然要求。大学生思想政治教育从本质上讲是以社会实践活动为基础的思想、情感、精神活动的双向互动过程。新时代为大学生思想政治教育的发展提供了客观条件，当今世界上的每一种文化都处于与整个世界文化的对话交流之中。在当代，任何一个国家都不可能孤立存在，都是在与其他国家的交往中实现发展的。改革开放以来，中国的命运和世界的命运紧紧地联系在一起，中国教育的发展必须放眼于世界，紧跟世界发展潮流。同时，信息化时代的到来使互联网成了人们获取信息的主要渠道，上网成了大学生学习生活的主要方式，信息由历时性传播向共时性传播转变，大学生获取信息的速度加快、数量增多、性质多样化，大学生思想政治教育的环境达到前所未有的开放度。大学生思想政治教育在改革开放、经济全球化、信息网络化的大背景下，在与世界各国文化的碰撞、交融中，再也不能局限于狭隘的地域视角和学科视角，必须以开放的心态、包容的胸襟，不断解放思想、开拓创新、与时俱进，采用多种途径和方式来启迪人、培养人和发展人，增强大学生的国际意识，培养他们的国际眼光，使其具备国际人的素质，在"小我"与"大我"的联系中前瞻性地发展自我。

大学生思想政治教育树立开放的理念，是主动融入世界、发展自己的必然选择。大学生思想政治教育的开放性不仅仅指的是空间上的广延性，而且也指时间上的连续性，同时也涵盖了事物与事物之间的内在关联性。学校是一个开放的大环境，学校内部各教育要素之间、学校与社会之间都是一个良性的互动过程，必须打破以往育人中"分而治之"的壁垒，充分挖掘一切育人资源之间的内在联系。同时，我们的教育更要着眼于世界、着眼于未来，瞄准世界教育发展的总体趋势，密切关注世界新的教育理念，紧跟世界教育发展潮流，加强同世界各国高校的联系，进行经常性的学术和思想文化交流，积极推进双向合作和联合办学。不同的办学理念、不同的文化底蕴、不同的生活方式要相互开放，根据对未来发展趋势的科学预测，抓住当代大学生思想和行为中表现出的新特点，前瞻性地做好当前的工作，充分满足当代大学生发展诉求，为国家培养合格的人才。大学生思想政治教育的开放性强调的是一种大的视野和思路，突出多角度和多层次特点，把"培养什么人，如何培养人"放在一个宏大的背景下来关照。大学生思想政治教育以开放育人为科学理念，着眼于培养开放性的人，采取多样化的手段、方式、途径，进行全方位育人、全过程育人、全员育人，同时强调育人的动态性、发展性、整体性、系统性和协调性。

然而，世界范围内文化的相互角力和角逐，必然渗透着各个国家及各个民族的价值观与意识形态的角力和角逐。我们虽然不赞成夸大不同文明之间对立而导致故步自封的形而上学观点，但是也绝不能忽视不同文明之间的差异性和斗争性，放弃自己的文化自觉。方向性是大学生思想政治教育必须坚持的基本原则，唯有使社会承认统治阶级政治法律和伦理道德观念的主导地位，才能巩固与之相适应的经济基础和政治上层建筑。经济上占主体地位的阶级必然使其思想在整个社会占主体地位。随着我国对外开放的不断扩大，与世界各国的文化交往日益频繁，在这个过程中必然夹杂着意识形态斗争，只有坚持马克思主义的指导地位，才能保证我国文化建设的社会主义方向。

在多元文化并存的条件下，必须加强社会主义意识形态一元主导教育，即马克思主义教育，旗帜鲜明地表明我们宣扬什么、批判什么，主张什么、否定什么，引导学生正确认识当代社会的思想文化环境，在复杂多样的文化中进行正确的判断、选择和取舍，正确认识和处理指导思想一元化与社会思潮多样化之间的辩证关系，正确认识和处理传统文化与现代文化之间的辩证关系，正确认识和处理本土文化与外来文化之间的关系，古为今用、洋为中用，在扬弃中发展马克思主义，提高全民族的文化认同、情感认同和政治认同，为社会发展提供精神支撑。

面对世界范围的文化竞争，大学生思想政治教育要正视不同文化之间的差异，差别与整合相连正是一切成长和发展的先决条件。新时代大学生思想政治教育文化自觉既要拥有开放性眼光，又要立足自身，在正确认识自己的基础上，通过交流、对话、沟通，包容、吸收世界各国先进文化，提升自我、完善自我。

（三）理论性与实践性相统一

大学生思想政治教育是一种文化传播、传播社会主导政治文化，讲出马克思主义理论的深刻内涵和精神实质，讲出马克思主义理论的客观真理性。马克思主义作为中国共产党带领中国人民进行社会主义革命、建设和改革的根本指导思想，是被实践反复证明了的科学世界观和方法论。马克思主义教育可以帮助大学生获得对社会、对他人、对自然、对自身的科学认识。新时代大学生思想政治教育文化自觉的基本任务是使当代大学生掌握马克思主义基本原理，掌握其理论的精神实质和思想核心，掌握其分析问题的立场、观点和方法，自觉坚持以马克思主义为指导。然而，学习革命理论不是为学习而学习，进行思想政治教育不是为教育而教育，能够利用所学理论自觉指导实践，在认识世界中改造世界才是大学生思想政治教育的归宿。

大学生思想政治教育研究不是单纯的理论研究，而是以实践为归依，以育人为导向和目标，服从和服务于中国特色社会主义事业和中华民族复兴伟业。理论学习不是仅仅进行书斋式研究，而是为了指导实践并在实践中获得成功。大学生思想政治教育不仅仅是政治思想、道德观念等理论的传授，更重要的在于使大学生运用获得的正确道德观点和道德原则指导实践。体验是大学生思想政治教育重要的发生机制之一，体验就是大学生在一定的情境中体验人与人之间的相互道德关系，学习解决道德问题的策略。

大学生思想政治教育不是仅仅停留在主流意识形态、价值观念、思想观点、政治原则、道德准则等方面的传授，实现外在规范的内在转化，不是仅仅停留在求"知"的层面，更重要的在于把接受的内在理念转化为外在行为，实现由"知"向"行"的转化。大学生思想政治教育是一种有意识、有目的的价值引导，鲜活的社会生活是其现实基础。大学生思想政治教育的效果主要体现为大学生的实际行为，大学生能够运用学习到的价值标准和道德准则在实际的社会生活中做出正确的价值判断、价值选择，甚至实现价值创新。校园和社会相脱节、大学生思想政治理论教育与实际社会相脱节，是以往大学生思想政治教育中存在的一个严重弊端，严重束缚了大学生思想政治教育有效性的发挥。大学生思想政治教育要向学生介绍一个真实的社会，引导学生理性看待各种社会现象和社会问题，使其走出校园象牙塔、幻想中的乌托邦，学会在现实中正确认识和处理理想与现实、个人与社会之间的关系。调节、指导个体行为，增强社会凝聚力，维护、保障社会稳定，推动社会和谐与发展，既是大学生思想政治教育的一项重要任务，也是思想政治教育工作的独特意义和价值所在。

"贴近实际、贴近生活、贴近学生"是大学生思想政治教育的基本要求。了解学生实际，了解学生的所思所想，才能把大学生思想政治教育做到点子上，真正帮助大学生解决他们在实际学习和生活中遇到的问题，解开大学生在复杂多样的社会思潮中面临的各种思想困惑，端正思想认识，提高大学生的思想觉悟，从而提高大学生思想政治教育有效性。只有深入实际，才能缩短与学生的距离，增进与学生的情感，消除大学生思想政治教育的抽象感和距离感，增强大学生思想政治教育的亲和力。大学生从实际的切身感受中才会体验到大学生思想政治教育的重要性，乐于接受这种教育，消除排斥甚至抵制的情绪。只有使大学生思想政治教育深深植根于现实生活的土壤中，才会开出艳丽的鲜花，结出丰硕的果实。

大学生思想政治教育要做到及时发现问题，及时研究问题，及时拿出对策方案，切实地解决问题，只有这样，才能掌握大学生思想政治教育的主动权。要做到及时发现问题，就需要大学生思想政治教育工作者主动深入学生实际，做一个善于细心观察的有心人，不等问题送上门，主动发现学生中存在的问题，及时进行调查研究。问题出现以后，既不能对问题视而不见、回避问题，也不能手足无措、惊慌恐惧，要在冷静思考的基础上，进行实事求是的研究，及时对问题进行核实、分析，不能被问题的表面现象所迷惑，被假象蒙蔽，迷失方向。要抓住问题的实质与核心，认真分析问题，运用恰当的方式和科学的方法，实事求是地解决问题。对思想问题及时地疏通和引导，解决思想迷茫和困惑，对实际问题采取有效措施予以切实解决，把解决思想问题同解决实际问题联系起来，通过解决实际问题提高当代大学生的思想和精神境界，增强当代大学生对社会主流意识形态和核心价值观的认同。

第三节　大学生思想政治教育文化自觉意识提升方法

更加重视大学生思想政治教育，提高大学生思想政治教育文化自觉，是新时代加强高校意识形态工作的内在要求。中国特色社会主义高等教育从其性质来说，是中国特色社会主义事业的重要组成部分，是与中国社会主义制度紧密联系在一起的教书育人的宏伟事业，中国高等教育与社会经济基础存在着内在的紧密联系，服务社会、传承文化、培育人才是高等教育的重要职能，文化自觉体现了大学生思想政治教育对自身职能和任务的主动把握。文化自觉作为一种责任和担当，首先表现为一种文化自觉意识，像空气一样徜徉于大学生思想政治教育全过程，渗透在每个人的思想和行为之中。

一、课堂文化提升文化自觉意识

大学生思想政治教育理论课是大学生思想政治教育的主渠道，承担着对大学生进行系统的马克思主义理论教育的任务，通过课堂教育和引导使当代大学生认识和理解马克思主义理论的科学性，自觉地以其为指导。我国高等教育的性质及其承担的艰巨任务和马克思主义理论对于促进当代大学生全面发展的价值，决定高校必须开设和高度重视及认真建设好思想政治理论课。高校思想政治理论课具有其他课程无法替代的功能和特色，它必须在持续不断的改革创新中获得更大的说服力、吸引力和理论穿透力，成为促进大学生自觉形成科学的世界观、人生观和价值观并深受他们欢迎的高质量的精品课程。提升大学生思想政治教育文化自觉，首先就要在课堂教学中主动提升文化自觉意识。课堂是学生学习的场所，是教师和学生之间进行思想与情感交流的场所，也是教师和学生接触最直接、最紧密的场所。要占领高校意识形态教育主阵地，必须充分发挥课堂教学在大学生思想政治教育中的主渠道作用，将社会主义核心价值观自觉地贯彻于课堂之中。

高校作为学术研究的圣地，风气开放，思想自由，各种社会思潮在高校校园中涌动，高校自然成为各种思想文化交锋的前沿阵地、意识形态斗争的主阵地。改革开放以来，随着我国对外交流的不断扩大，各种社会思潮在高校先后粉墨登场，影响着青年大学生的思想。不可否认，有些思想对于我国的改革开放和社会主义现代化建设及青年大学生思想政治素质的培养有积极的作用和可取的地方，但是也存在一些错误的思想，给社会主义现代化建设和大学生思想政治教育带来负面影响，有些思想的影响甚至非常广泛和深刻。青年是整个社会力量中的一部分最积极最有生气的力量。他们最肯学习，最少保守思想。由于青年大学生的人生经验和政治经验不足，所以高校思想政治理论课必须发挥好价值引领作用，认真研究国内外政治、经济形势，认真研究我国发展中面临的各种问题，及时批驳错误社会思潮的影响，科学回答大学生提出的各种困惑，引导大学生学会运用马克思主义立场、观点、方法去观察和解决问题，坚定社会主义理想信念，坚定走中国特色社会主义道路的决心。

增强大学生思想政治教育文化自觉必须创新课堂文化。压抑的、俯视的课堂文化一味地灌输，很难使大学生真心接受和信服社会主义核心价值观宣扬的理论观点与道德规范。只有在民主平等的氛围中关照学生的学习需求，通过智慧型教师的教育启迪，才能将社会主义核心价值观的内容转化为大学生内心的理想信念和价值诉求。在互联网高速发展的现代社会，大学生获得知识的途径变得多样化，这必然引发课堂教学模式的转变，学生成为课堂文化的主角，教师是学生学习的引导者、合作者和协助者。课堂应该成为一个充分尊重个性和差异，鼓励思辨和交流，通过思想交锋最终达成共识的"学习场"。教学是一种人际交往，是一种信息互动，教师必须改变传统的居高临下的灌输式角色特征，摒弃"独裁"文化，在课堂上与学生平等地交流，只有用心与学生对话和交流，才能走进学生内心。准确把握当代大学生的思想特点，注重大学生的接受心理，是教师上好思想政治理论课的前提。当代大学生具有较高的文化知识水平，对各种理论已有自己的一定判断，一味地强制灌输可能适得其反。提高大学生思想政治教育文化自觉，必须坚持以人为本，以学生为根本，善于抓住和把握大学生的思想特点，把握其思想活动规律，采取适合的途径和方式，使大学生在了解社会主义核心价值观的基础上增强对社会主义核心价值观的认同。

文化自觉意识流淌于课堂之中，隐含于师生之间，是滋养课堂的重要成分，对课堂教学面貌和教学效果具有广泛而深刻、潜在而深远的影响。所以，在课堂教学中，教师应该成为一个积极的引领者，引导学生自主学习和思考，发现马克思主义的真理性，意识到社会主义核心价值观的重要地位和作用，成为自觉的马克思主义者。人际关系不平等、缺少对话机制、形式刻板单调的课堂文化，营造出来的学习氛围沉闷、压抑，教学效果不理想。好的课堂文化可以使课堂变得有趣、充满活力并富有挑战性，意味着教育者和教育对象之间的良好互动，给予教育者和学习者一种积极的期望、鼓励、认同、肯定，意味着教师帮助学生发展积极的学习态度、价值观和自我追求。新型课堂文化不仅使学生在课堂中习得知识，更注重的是习得知识与能力的过程，即"过程与方法"，实现从学会到会学的转变，增强自我教育的能力，真正走向文化自觉。

二、培育大学生文化自觉主体性

成长于改革开放和市场经济条件下的当代大学生，有知识、有文化、思维活跃、视野开阔，他们兴趣爱好广泛，易于接受新鲜事物且日益国际化、价值取向务实，讲究实际和实惠，在好奇心的驱使下他们愿意尝试不同的人生经历，在实现自己人生目标的过程中不断打拼、完善自我。但是由于大学生正处于世界观、人生观和价值观走向成熟的"拔节孕穗期"，人生阅历浅，缺乏政治经验，缺乏深刻理性思维，遇事易冲动，不可避免地带有这个年龄段常常显示的浪漫主义非理性特征。因此，在新时代全球范围内意识形态斗争并未终结反而不断加强的形势下，对大学生的争夺就成为东西方对下一代争夺的主要对象。这既为我国的大学生思想政治教育敲响警钟，也表明增强大学生思想政治教育文化自觉的迫切性。

在互联网日益普及的今天，西方国家凭借信息技术优势不断向我国加强意识形态攻势。一些错误言论的发出者、散布者通过论坛、学术报告、学术交流、演讲、微博等途径宣扬自己的观点，他们不是用科学理性的观点分析和认识我国出现的社会现象，而是戴着有色眼镜有意识、有目的地散布一些消极落后的思想观点，宣扬一些不利于社会主义核心价值观教育的观点，吹捧一些资产阶级自由化观点，甚至鼓动对现实社会的不满情绪。由于他们的观点带有很强的迷惑性、煽动性和诱惑性，个别不明真相的青年大学生对其观点大加赞赏和信奉。这些错误言论一旦形成气候、泛滥成灾，正确的、健康的声音就会被淹没，社会主义核心价值观引领社会文化必然受到严重的干扰，社会主义核心价值观的影响力被减弱，马克思主义意识形态阵地被蚕食。大学生思想政治教育必须培养当代大学生的文化自觉主体性，使其不随波逐流，拥有自己坚定的立场、明晰的价值判断准则。

培育大学生文化自觉主体性就是使当代大学生成为思想独立、人格独立、具有较强的是非判断力、品格高尚的理性个人。能动性、自主性和创造性是主体性的主要特征。当代大学生是一群朝气蓬勃的年轻群体，他们作为大学生思想政治教育的参与者，对大学生思想政治教育传递的内容和信息绝非被动吸收、全盘接受，而是一个主动选择和建构的过程。当代大学生的思想是一个自觉活动着的动态系统，大学生能够对自己的思想活动进行自我认识，对照自身思想实际和大学生思想政治教育传递的社会主义核心价值观，进行比较、分析、综合、推理、判断、筛选、接纳对符合自己原来思想品德结构特性的内容予以同化、吸收，对不符合自己思想品德结构特性的内容，则会在思想矛盾运动之后，或者吸收，或者拒斥，或者存疑，这体现了大学生作为认知主体所具有的自主性。大学生思想政治教育必须通过各种途径、手段和方法，增强当代大学生对社会主义核心价值观的文化自觉，阐明马克思主义理论和中国特色社会主义理论体系的科学性，阐明中国特色社会主义道路选择的历史必然性，澄清西方文化和价值观的本质。在两者的对比中，使当代大学生能够自觉认同大学生思想政治教育所倡导的社会主义核心价值观，自觉接受大学生思想政治教育的影响，在同化或者顺应机制的作用下，建构、发展自己的思想品德结构，不断增强适应社会生活的能力。

总之，大学生思想政治教育工作者在实际工作中必须具有高度的文化自觉意识，在遵循文化传播规律的基础上以高度的历史使命感积极传播马克思主义、社会主义核心价值观，增强当代大学生对马克思主义、社会主义核心价值观的认同，增强整个民族的凝聚力和向心力。

第四节 大学生思想政治教育内容文化底蕴深化路径

高校是社会的重要组成部分，高校大学生思想政治教育状况直接影响整个社会文化建设的状况，高校大学生思想政治教育在全社会意识形态教育方面，对整个社会具有重要的示范和引导作用。新时代大学生思想政治教育文化自觉必须深化教育内容的文化底蕴，牢固树立马克思主义在意识形态领域的指导地位，坚定社会主义理想信念，积极培育和践行社会主义核心价值观，是引领我国社会文化发展方向、保证社会主义事业后继有人的根本举措。

一、"中国梦"是当代大学生共同的理想信念

理想社会与世俗社会不是截然对立的，而是辩证统一的。世俗社会生活需要理想信念的指引，没有理想信念指引的世俗生活是碌碌无为的庸俗生活。同时，理想社会也是建立在世俗社会基础之上的，缺乏现实社会物质基础的理想社会只是空中楼阁。只有讲得空洞的大学生理想信念教育，大学生理想信念教育本身不是空洞的，它是在中国特色社会主义建设实践基础上构建共产主义理想大厦。当然，大学生理想信念的形成不是一蹴而就的，也不是强制灌输的，而是在长期的社会实践中自觉反思的结果。理想信念作为对社会存在的反映，随着时代的发展不断变革。新民主主义革命时期，人们的理想信念是国家独立、民族解放；中华人民共和国建设时期，人们的理想信念是国家富强、人民幸福；改革开放以来，随着我国经济的繁荣发展和综合实力的显著增强，中国特色社会主义进入新时代，实现中华民族伟大复兴的中国梦成为全国各族人民的共同理想，也是当代大学生共同的理想信念。

矢志不渝的理想信念是激发一个人克服困难和挫折的精神动力。大学生不仅要有理想，更要有实现理想的坚定信念和脚踏实地、百折不挠的奋斗精神。新时代大学生思想政治教育自觉引导大学生把树立远大理想和进行艰苦奋斗有效结合起来，为担负建设祖国、振兴中华的光荣使命做好准备。理想与现实的关系是对立统一的，理想既来源于现实，又高于现实。但是理想的实现是建立在现实基础之上的。共产主义理想是人类最伟大、最崇高、最科学的理想，它的实现并不是一蹴而就的，需要经过一代又一代长期的艰苦奋斗才能实现。当代大学生应自觉地把个人理想融入实现中华民族伟大复兴中国梦的社会理想之中，在社会理想实现的同时体现人生的价值和意义。

实现中华民族伟大复兴的中国梦是新时代大学生理想信念教育的主题。"国家富强、民族振兴、人民幸福"是近代以来所有中华儿女走出屈辱、走向辉煌的美好愿景。

中国特色社会主义道路是实现"国家富强、民族振兴、人民幸福"的必由之路，它是对改革开放40多年来成功实践的经验总结，它是对俄国十月社会主义革命成功以来社会主义建设探索经验教训的总结，它吸收了马克

思主义理论的精华，汲取了五千多年中华文明历史的精髓，是在继承人类优秀文化成果基础上创新的产物，是已经被实践证明的可行之路。"中国梦"描绘了中华民族绵延不绝的奋斗历史，展现了中华民族抗争不屈的民族精神，体现了中国人民对繁荣富强中国的追求。"中国梦"既有对历史的深刻反思，也饱含对未来的美好憧憬。现在我们比历史上任何时期都更接近中华民族伟大复兴的目标，比历史上任何时期都更有信心、有能力实现此目标。

新时代大学生思想政治教育应使当代大学生自觉认清自己在中国梦实现过程中的地位。当代大学生作为青年一代，是祖国的未来，是实现中华民族伟大复兴中国梦的中坚力量，青年强则国家强，青年有担当，国家才有前途。大学生思想政治教育应使当代大学生认清个人与国家、民族之间的关系，认清个人与国家、民族是一个命运共同体，个人利益与国家利益、民族利益紧密地联系在一起，个人的命运与国家、民族的命运紧密地联系在一起，有国才有家，国家有希望个人才有前途，失去祖国的依靠，个人就会成为一个无家可归的流浪儿。新时代大学生思想政治教育应为当代大学生成长和成才提供科学的价值导向，使其成为一个有理想的人、品德高尚的人，成为一个德智体美劳全面发展的社会主义建设者和接班人，在追逐实现中国梦的过程中实现人生价值。

二、加强中国近现代史和中共党史教育

"欲知大道，必先为史"。了解自己国家和民族发展的历史，是每一个国人自然的心理诉求。中国人自己不知道中国事，如何能爱中国？不爱中国的人，如何算得上一个真正的中国人？一个将自己立足的重心寄托于他人的国家和民族，永远难以实现真正的自立和自强。然而，随着经济全球化的迅猛发展和我国改革开放的不断深化，与国际接轨早已成为国人的共同追求，我们的教育也在不断地向国际看齐，开放的国际眼光已经成为我们思考问题的西方的文化和历史，而对本国的一些重大历史事件却显得混沌无知。历史不容忘却，历史是严肃的，历史也是鲜活的。历史是现实的源头活水，了解了真实的历史，我们才能明确今天的由来，看到国家发展的未来，增强文化自觉。

当代大学生对中国近现代史的学习主要是通过学校教育、影视剧、历史书籍和网络等途径。学校教育中的历史教育是严肃的、正统的，以时间

为轴比较系统地介绍了中华民族奋斗发展的历史，偏重于历史的正面教育。学生通过学校的历史教育，了解了中华民族探索民族独立、国家富强的曲折历程，中国走社会主义道路的历史必然性，中国共产党在带领中国人民奋斗发展过程中发挥的重要作用。但是由于课堂讲授时间的有限性、教学内容容量的有限性、教学手段和教学方法过于单一等原因，当代大学生对中国近现代史的学习、对中国特色社会主义理论体系的学习虽有广度却缺乏深度，对中国特色社会主义道路形成的历史必然性只停于理论上的条条框框，缺乏深刻、厚重的历史解读。课堂上的历史学习毕竟是有限的，虽然教师根据自身的理论素养，结合历史和现实，阐明了中国选择新民主主义革命道路和中国特色社会主义建设道路的历史必然性，但更多的是一种方向性的指引、一种理论上的剖析。提高当代大学生的历史厚重感、责任感和使命感，更需要学生课下的学习和理解。而那些教科书式的历史著作，也往往难以引起大学生的学习兴趣。同时，在互联网高度发达的今天，网络也是当代大学生了解历史的一个重要渠道。个别网络写手以博得关注为目的，打着考证的幌子对人们熟知的一些历史史实做出与我们接受的教育完全相反的解释，所采用的办法基本是随意剪裁和拼凑史实，或是牵强附会、以点代面，或是以偏概全、指鹿为马。随意篡改历史，歪曲党史，抹黑党的形象，抹杀中国改革开放取得的成就，把中国社会发展过程中出现的许多问题归结为社会主义制度，大肆宣扬所谓"普世价值"。这种污流残垢如果不予以清理，不进行辨析，时间长了就会成为一颗毒瘤，腐蚀人们的思想，混淆人们的是非观，影响人们的历史观。

清代思想家龚自珍说过，"灭人之国，必先去其史"。新时代大学生思想政治教育文化自觉必须重视和加强历史教育，特别是中国近现代史、中共党史教育。一部中国近现代史和中共党史同时也是我国文化自觉的历史，坚持以马克思主义为指导就是文化自觉的产物。马克思主义作为一种科学的世界观和方法论，为世界各国的社会主义者如何进行社会主义革命、开展社会主义建设提供了世界观和方法论指导，中国共产党自成立之初就坚持以马克思主义为指导思想。但是中国共产党人并不是教条主义者，既以俄国为师，又注重从中国实际出发，不断实现马克思主义中国化，以中国化的马克思主义不断推进中国革命、建设和改革，中国共产党人是文化自觉者。只有在对中国近现代史、中共党史的学习中，我们才能明确坚持中国特色社会主义道路、理论和制度是历史的选择、人民的选择，是在中国现实国情基础上合规律性与合目的性的有机统一。大学生思想政治教育要加强对当代大学生进行中国近现代史和中共党史教育，在发挥大学生思想政治教育课堂主渠道作用的同时，主动介入大学生的课余生活，充分利用互联网资源，正史清源，使当代大学生了解真实而全面的历史，在对历史的深刻洞察中增强对中国特色社会主义道路、理论和制度的文化自觉。

第五节 大学生思想政治教育文化自觉孕育平台构建

一、培育积极健康的同辈文化

在一个有安全感的集体中，学生不会感到道德是外部强加的约束，在自然、轻松的气氛中，甚至是在无意识的冥冥之中接受道德文化。同辈群体是大学生成长过程中的重要伙伴，自由、独特的同辈群体使大学生找到集体归属感、思想同路人、心灵慰藉的港湾。自觉培育积极健康的同辈群体文化，有助于增强新时代大学生思想政治教育的有效性。

（一）同辈群体是大学生思想政治教育的重要平台

大学生思想政治教育的基本原则之一就是教育和自我教育相结合，教是为了不教，在注重发挥教师主导作用的同时，更要注重调动大学生自我教育的积极性、主动性和创造性，实现大学生的自治和自我管理。同辈群体作为当今高校中普遍存在的非正式群体，在大学生走向成熟的发展时期对大学生个人成长发展具有重要影响，直接影响大学生的价值取向、思维方式、道德养成等，同辈群体的影响力有时甚至超过父母和教师的影响。针对这种情况，大学生思想政治教育必须正视大学生同辈群体的客观存在，认识和把握大学生同辈群体的特点与活动规律，对其进行正确的价值引导和文化引领，使其成为大学生思想政治教育的重要平台，成为新时代提高大学生思想政治教育有效性的重要载体。

同辈群体是一种非正式的初级群体，由一群经常活动的人组成，群体中的成员年龄相仿，社会地位相当，具有共同的价值追求，具有趋于一致的兴趣和爱好。同辈群体的存在满足了大学生的心理需求、情感需要和某种价值认同的渴望，通过群体交往，大学生可以获得内心渴望、其他组织无法提供的归属感和安全感，找到心灵寄宿的港湾、情感诉说的对象、价值共鸣的群体，巩固和增强其既有的理想信仰、价值标准、道德观念、思维方式等。同辈群体对其成员的价值观和行为方式的塑造也有很大的影响。同辈群体是大学生顺利社会化的必然逻辑，是大学生步入社会的提前演练，是其步入社会的始端，其形成的亚文化在与社会主流文化的碰撞中不断改变、融合，从而推动个人和社会的共同发展。

同辈群体文化能够影响和塑造大学生的价值观与行为模式。大学生同辈群体成员之间具有天然的亲近感，年龄的相仿拉近了心理的距离，他们愿意与同龄人在一起分享快乐与烦恼，吐露自己的心声。年龄、兴趣、爱好等相仿的同辈群体具有很多共同的话题和价值追求，大学生更容易接受来自同辈群体的批评、意见和建议。大学生虽然已是成年人，并具备较高的科学文化素质，但是客观分析问题、理性解决问题的能力还有待提高，他们仍然具有较强的叛逆心理，往往不愿意接受来自家长和老师的批评与建议，认为家长和老师不理解其心理和需求，甚至习惯性地认为家长和老师的建议是老生常谈、喋喋不休的说教。但是对于来自同辈群体的批评和建议，大学生往往容易接受，认为大家具有共同的学习和生活经历，彼此之间容易沟通，不存在年龄代沟，大家能够相互理解，共同分享思想感受，讨论面临的困惑，并通过成员中成功的榜样，传递一种正能量，激励大家共同提高，提升自我、追求卓越目标。因此，大学生思想政治教育如果能够与同辈群体文化形成教育合力，将有效提高大学生思想政治教育效果。大学生思想政治教育工作者要通过对大学生同辈群体文化的了解和研究，学会与大学生交朋友，以忘年交的朋友身份拉近与大学生之间的距离，了解大学生真实的思想动态，把握大学生内心的价值诉求，从而根据他们的需要和诉求，自觉地、有针对性地开展社会主义核心价值观教育，增强大学生思想政治教育的有效性。

（二）加强对同辈群体的文化价值引领

同辈群体由于年龄、兴趣、爱好的相仿性经常聚集、交往频繁，从而形成由某种特定的信仰、价值取向、道德规范等组成的亚文化。这种亚文化由于以大学生群体的特定利益为动力，在大学生与社会的互动中形成，容易得到同辈群体的广泛认可，从而成为其遵守的一系列价值标准和行为准则，具体表现为大家公认的理想信念、价值判断、思维模式和行为方式等。在实际生活中，从心目中崇拜的偶像到现实中的行为模仿，从沟通的语言到现实的交往方式，甚至服装和发型都表现为惊人的相仿性，这种旨趣分明的亚文化对个体的思想价值观念和品德发展具有重要的影响。但是这种旨趣分明的亚文化可能与社会主流文化发展相一致，推动社会主流文化的发展；也可能与社会主流文化背道而驰，形成反主流文化，成为社会主流文化发展的阻力，抵消甚至颠覆学校教育的成果，不利于大学生的健康成长。因此，要加强对大学生同辈群体的文化价值引领，使其成为大学生思想政治教育的合力，提高大学生思想政治教育的有效性。

第一，培育积极、健康、向上的文化群体意识。群体意识就是群体中的所有成员达成的一种共识，成为大家遵循的一条不成文的规则，大家自觉遵守，从而影响群体成员的行为。同辈群体是由一些年龄、旨趣、爱好等相同或相仿的人组成的一个非正式群体，这个小的人际关系圈子的类型多种多样，性质是复杂的。在价值取向多元的当下社会，一些消极的、错误的、不良的群体意识，就会导致大学生价值观错位。个别同辈群体讲究江湖义气，追求物质主义，奉行"人人为我"的利己主义，把个人利益摆在首位，只讲索取，不讲奉献，只注重自我利益实现，忽视集体利益，没有大局观念，把金钱作为衡量人生价值的标准。这种错误的群体意识正是大学生思想政治教育坚决反对的，如果不予纠正，就会导致这个群体成员道德的失范，最终沦为社会发展的阻力和负能量。

大学生思想政治教育要培育积极、健康、向上的群体意识，提高大学生的交友辨别能力。大学生思想政治教育工作者要鼓励大学生积极参与各种群体活动，主动融入社会，但是要指导他们树立正确的交友准则，培养他们独立的判断力，学会认清"江湖义气""两肋插刀"等不健康关系与志同道合、惺惺相惜、知心朋友之间的巨大差异，要学会从加入的同辈群体中获得进步和成长。同时，同辈群体成员之间的建议往往是感性建议，缺乏理性指导，容易导致大学生价值观错位，这就要求大学生思想政治教育工作者引导大学生学会正确处理自我意识与群体意识之间的关系。人是生活在一定群体之中的，群体意识对个人的成长具有重要作用，但是又必须具有独立的人格，不能在群体中丧失自我。大学生思想政治教育工作者要帮助大学生学会实现两者之间的平衡，既在群体中找到归宿感，又拥有自己独立的人格；既融于集体又保持自我，在两者的张力中实现自我发展。

第二，注重培养同辈群体核心人物，发挥其榜样示范作用。同辈群体中一般都有核心人物或非正式领袖，他们既非任命，也不是由选举产生，往往是凭借个人的素质和独特魅力赢得了群体中大多数人的认可与赞赏，他们对群体中其他成员的影响不是使用强权力，而是依靠个人魅力和魅力型领导得到群体中其他成员的追随，他们往往是群体中其他成员的偶像，具有较高的威信，其他成员在思想和行为等方面对其习惯性地追随。因此，同辈群体中核心人物的素质状况对于这个群体的价值导向具有重要影响，如果这个核心人物的言行举止偏离了社会主流价值观的轨道，他就会给这个群体带来错误的价值导向，使其成为社会发展的逆流，对个人乃至社会都会产生恶劣的影响。大学生思想政治教育工作者一定要重视对这些同辈群体中核心人物的培养，使其不断增强对社会主义核心价值观的认同，使其成为弘扬主旋律的助力，注重发挥其正面的榜样示范作用。对于那些偏离社会主流价值观的同辈群体核心人物，大学生思想政治教育工作者要耐心地做好说服教育工作，了解其偏离社会主流价值观的原因，以及产生的误解，对症下药，促使其带领群体成员走和社会主流文化相契合的道路，摒弃不良习气，成为推动社会文化建设的积极力量，不断增强文化自觉。

第三，积极发挥同辈群体的正功效。同辈群体在发展过程中形成自己独特的亚文化，主要表现为一系列的价值标准、道德准则和行为规范，这些标准、准则和规范可能与社会宣扬的主流理想信念、价值标准、道德准则相一致，也可能与社会宣扬的主流理想信念、价值标准、道德准则不符，甚至针锋相对、背道而驰。针对同辈群体对其成员思想和行为的重要影响，大学生思想政治教育工作者必须重视同辈群体文化，尽量避免其负功效。如果同辈群体中宣扬的思想观念、价值标准等与社会宣扬的主流意识不一致，就会阻碍大学生的社会化进程，不利于大学生健康成长，促使其逆发展，成为一股反社会的破坏力量，这就与大学生思想政治教育的目标背道而驰。这部分同辈群体的存在不仅消解、颠覆了学校正面教育的成果，造成其成员行为的失范，而且其恶劣的影响打破了大学教育系统的正常运行，不利于学校优良校风和学风的形成，破坏校园精神文明建设。因此，大学生思想政治教育工作者必须积极引导同辈群体文化，净化同辈群体的环境，使其默认的道德标准、行为准则与社会宣扬的主流意识形态相一致，使其成为大学生思想政治教育的合力，积极推动大学生实现社会化。对于积极型同辈群体要给予热情支持、帮助和指导，为其创造活动机会，满足其心理需求和自我发展需求，大力宣传积极型群体文化传播带来的正能量，促进大学生健康成长。对于中间型同辈群体，要积极引导其向积极型群体转化，增长正能量，减少负能量，防止滑向消极型群体。对于消极型同辈群体也不能简单地一刀切，要积极疏导，做深入细致的思想工作，使其认识到自己思想的症结所在，转变思想观念，融入社会主流价值观念，成为社会发展的助力而不是阻力。

二、培育旨趣高尚的大学生社团

大学生社团是由高校大学生依据兴趣爱好自愿组成，按照章程自主开展活动的学生组织。随着我国社会经济的发展和高等教育体制改革，大学生社团已呈现出繁荣发展的局面，社团参与人数与注册人数迅速增加，成为具有重大影响力和凝聚力的群体。大学生社团现已发展成大学生丰富课余文化生活、开展社会实践活动、提高综合素质的重要载体，在大学生思想政治教育、繁荣校园文化、大学生素质拓展、开展社会实践服务等方面发挥着重要作用。

（一）大学生社团是大学生学习成长的第二课堂

大学生社团是由具有共同兴趣爱好的学生自发地组织起来的，基本上自治管理，是学生对自己认同的价值模式的选择。在大学生社团活动中，学生的主体性得以充分展现，个人的意见得到充分尊重，极大地激发了学生的主动性和创造性，使学生获得个人价值实现的满足感。大学生社团活动丰富了学生的业余文化生活，受到越来越多学生的欢迎，大部分学生都参加过大学生社团，其在大学生成长过程中发挥着十分重要的作用。学生社团尤其学生理论社团，自觉研究马克思主义理论和社会先进思想文化理论，不但增强了社团成员自身的文化自觉，提高了自身的理论修养，而且在学生中的积极传播，成为大学生思想政治教育的有力助手。

大学生社团具有重要的教育功能，是大学生学习成长的第二课堂。大学生社团作为大学生活动中最活跃的群体，具有思想教育、凝聚学生、提升素质和典型示范等多种功能。高校党团组织要充分发挥学生社团的功能和作用，主动引导学生社团成为联系社会文化的纽带，成为大学生走向社会、适应社会的桥梁，努力把学生社团建设成为大学生健康成长的第二课堂。一方面，鼓励各种学生社团的成立，发挥其自治和自我管理的特色，使其成为学生自我教育的载体。鼓励学生参加各种学生社团，开展丰富多彩的社团活动，培育大学生的主体性，推动大学生非智力因素的发展，在社团活动的参与和锻炼中提高学生各方面的能力。通过构建和谐的社团文化，发挥大学生自身的潜能，展示他们的才华，提升他们的精神和智慧，使大学生在活动中不断受到熏陶和启迪。另一方面，加强对大学生社团的指导。大学生社团是学生基于共同的兴趣爱好自发形成的组织，由于缺乏社会活动经验，缺乏理性文化自觉，在社团建设和发展方面容易出现认识偏差，需要得到及时有效的指导。大学生社团自发形成，以自治管理为主要模式，但是并不意味着学校对其放任自流，相关部门要关注社团发展动态，及时纠正社团活动目标的偏颇，使其明确宗旨，保证社团活动情趣高雅，特别是要引导学生社团坚持正确的政治立场和政治方向，自觉与党的要求保持高度一致，成为高雅校园文化的建设力量，而不是破坏力量，成为丰富课堂理论教学的实践平台，成为课堂理论教育的有益补充，成为推动大学生思想政治教育的有力抓手。

（二）培育主旨鲜明的大学生社团

大力扶持理论学习型社团、热情鼓励学术科技型社团、积极倡导志愿服务型社团、正确引导兴趣爱好型社团，是大学生社团建设的基本原则。在目前的大学生社团中，兴趣爱好型社团是主体，志愿服务型社团稍逊之，理论学习型社团和学术科技型社团明显不足。借助大学生社团增强大学生思想政治有效性，以文化自觉提高大学生对社会主义核心价值观的认同，必须在协调发展的基础上大力发展理论学习型社团和志愿服务型社团。

第一，在理论研究探讨中提高大学生文化自觉意识。人们通常认为，受市场机制和西方思想的影响，当代大学生比较关注个人的生活质量和个人理想，很少将兴趣点放在理论探讨上。然而事实并非如此，实际调查表明大学生群体对于国家政治生活的关注度远远高于其他群体，他们对"入党""国家的大政方针""民族的命运""民主与现代化"等话题表现出浓厚兴趣和参与热情。并不是大学生群体从根本上厌倦理论学习，问题在于沟通方式、学习方法、宣传手段的滞后与不恰当，造成马克思主义理论教育与大学生群体当前的关注点难以产生思想共鸣，大学生理论社团从某种意义上弥补了两者之间的裂痕和鸿沟。大学生理论社团的成立虽然不排除学校有关机构和部门有意识地引导，但是社团存在和发展的关键在于一群具有忧国情怀、强烈历史责任感的大学生的积极参与。大学生理论社团以马克思主义作为指导思想，以学习、研究、传播、践行中国特色社会主义理论为己任，具有鲜明的政治性和意识形态性。研究马克思主义基本理论、了解党和国家的大政方针是大学生理论社团的本职所在。利用自身的理论特色帮助青年大学生把握正确的政治方向，树立远大的理想信念，形成马克思主义科学的世界观和价值观，是发挥大学生理论社团独特优势要义所在。在明确的社团宗旨指导下，大学生理论社团应自觉学习社会主义核心价值观，紧密结合社会现实，以发展的理论指导鲜活的实践，解决青年大学生在自身发展过程中遇到的实际难题，使他们认清各种社会现象和社会思潮的实质，防止他们被问题的表面现象迷惑，误入歧途，形成片面乃至与事实完全相悖的判断和价值取向。大学生理论社团由于其非官方的身份，容易得到大学生群体的认同，打破了大学生思想政治教育古板、单一、枯燥的旧印象，在了解大学生兴趣点的基础上容易引起大学生的情感共鸣，在深刻把握马克思主义理论精髓和社会主义核心价值观内涵的基础上，增强当代大学生对社会主导政治文化的文化自觉，增强大学生思想政治教育有效性。

第二，在志愿服务活动中渗透文化自觉，培育大学生社会责任感。大学生志愿服务是近年来高校校园中特别流行的一种社会实践活动，大学生在参加志愿服务活动的过程中，不仅实现了个人价值，而且体现了社会价值，有助于大学生自身的成长和成才。大学生志愿服务中蕴含着丰富的思想政治教育资源，是新时期大学生思想政治教育的重要载体。

首先，大学生志愿服务激发了大学生的主体意识，实现了大学生思想政治教育的知、情、意、行统一。在大学生思想政治教育过程中，大学生不仅是教育过程的受动者，更是思想政治教育效果的体现者，思想政治教育内容只有被大学生内化、吸收并转化为实际的思想行为，才意味着大学生思想政治教育目标的实现。大学生志愿服务关注每一位大学生自我潜能的发挥，大学生的自主选择权得到极大尊重，充分调动了大学生参与活动的热情，使其在参与活动的过程中体验和感知在学校教育中获得的各种思想道德要求，将认同的思想道德要求逐步转化为自己内心的思想和信念，内化为自己的思想品质，并将其转化为实际的行为，形成自觉的习惯，真正实现知情意行统一。

其次，大学生志愿服务增强了大学生的自我教育能力。了解社会、走入社会，大学生才能亲身感受一个真实的社会，了解国家和社会的发展现状，了解当代社会发展对大学生的殷切期望和要求。参加志愿服务为大学生提供了这样一个机会，在参加志愿服务活动过程中，当代大学生通过亲身感受，极大地激发了爱国热情，增强了历史使命感，了解个人现状与社会发展要求的差距，使其反思自己、重新评估自己，从而自觉地按照社会需求主动地完善和提高自己。

最后，大学生志愿服务培育和锻炼了大学生社会参与能力。人的本质和完整的个人不是预成的，而是通过生产性和开放性的实践活动获取和创造出来的，是主体在其对象性活动、交往活动、符号创造活动中社会地生成的。大学生志愿服务是实现理论与实践有机统一的有效方式。大学生志愿服务是一种实践参与行为，注重实践，强调参与，将理论有效地融入实践，在实践中检验理论的真理性。大学生作为志愿服务的主体，积极主动地接触社会、了解社会、认识社会、服务社会，切身感受到一个真实的社会，在激发爱国主义、集体主义、社会主义思想情感的同时，必然体验到理想社会和现实社会之间的差距、个人价值与社会要求之间的差距，逐渐学会理性地、辩证地看待社会现象和社会问题。大学生在参加志愿服务活动中不断践行道德认知，消化和吸收道德知识，逐渐使道德知识内化为道德意识，养成道德习惯，然后体现为道德行为。大学生参加志愿服务活动也是大学生对学校教育的检验和扬弃的过程、大学生道德意识和道德情操的养成过程。志愿服务为大学生经受社会历练、在实践中锻炼成才提供了一个广阔的舞台，在某种程度上弥补了学校教育与社会实际之间的裂痕，克服了大学生思想政治教育与社会现实相脱节的弊端，从而提高了大学生思想政治教育有效性。

第六章 新时代媒体参与对大学生思想政治教育的影响

第一节 新媒体对大学生思想政治教育的影响与作用解析

一、新媒体对大学生思想政治教育环境的作用分析

大学生思想政治教育环境是由社会环境、文化环境和技术环境构成的。这是因为在推进大学生思想政治教育的过程中，社会环境起着制约作用、文化环境起着补充作用、技术环境起着支撑作用，它们对思想政治教育能否顺利进行都有着极为重要的影响。与以往相比，新媒体时代大学生思想政治教育的社会环境、文化环境和技术环境已经或正在发生重大的变化。

（一）社会环境

新媒体技术对社会变迁的影响主要表现在两个方面：一是基于信息技术而形成新型社会形态，也即网络化社会；二是由互联网架构网络空间或虚拟世界，也称虚拟社会。基于新媒体时代的社会环境，大学生思想政治教育主要发生了以下变化。

1. 社会空间"无屏障"

在新媒体环境下人们对世界的认识不再依赖单一、单向的信息来源，往往是在多信道中通过沟通和辨别来完成。在如此社会环境下，大学生思想政治教育原来的"点对面"的"封闭式"的单向传播得以改变。新媒体的即时互动性不仅使信息传播"时间无屏障""资讯无屏障"，更重要的是使得社会空间变得"无屏障"。如今人们利用新媒体已经做到了随时随地与人对话、交流，在有关站点公开发表自己对有关事物的意见和建议，有时还展现

出更强大的舆论力量，受众的主体地位得到极大彰显和提升。与此同时，给信息的真伪性的甄别带来很大的困难，使得个别大学生容易受到虚假信息及不良信息的误导，给大学生思想教育工作带来困难。

2. 社会舆论同化迹象严重

新媒体技术所带来的是传播内容全球化、意识形态全球化，但是这种全球化并非双向，而是单向的。在如此单向传播的社会环境下，媒体舆论的格局发生了重大的变化，即中心与边缘是否对称，在海量信息特别是重大问题，如，国际相关事务问题面前，大学生的观点或价值取向往往是相似的甚至是舆论同化的，这种状况给大学生思想政治教育带来了空前的难度。究其原因：一方面，由于在新媒体环境中，个别大学生日常生活及其学习活动处处与新媒体有关，有意或无意地受到新媒体舆论的影响；另一方面，西方国家的既有优势控制着新媒体的资源和技术，将其触角伸向全球各个角落。

3. 社会负面信息呈膨胀趋势

新媒体作为当代社会的一个开放系统，一方面，它扩展了大学生获取信息的渠道，使大学生接触的信息面更宽，接触的不同观点更多，获取的信息就可能过于泛滥；另一方面，海量信息，鱼龙混杂，使得大学生思想政治教育的环境变得更加复杂化。首先，多元的大众传媒形态，超时空、数字化的虚拟世界，光怪陆离、泥沙俱下的传媒信息，对于世界观、人生观和价值观正在形成之中的青年大学生来说，容易分辨不清，不可避免地带来诸多负面影响。其次，新媒体所具有的高技术与生俱来的渗透性，是一个不以人的意志为转移的客观存在。当前，从国际互联网上可接受的信息来自美国的占80%。这表明以美国为首的西方国家凭借其资金与技术的优势，占据了互联网信息资源的绝对控制权，大肆进行意识形态方面的渗透。由于缺乏必要的技术手段和监管机制，社会负面信息对大学生思想政治教育所产生的冲击也是不可避免的。

（二）文化环境

1. 文化环境的变革

（1）网络语言盛行

新媒体的发展带来了新型的思想交流方式，改变了人们的行为习惯和表达方式。网络发展促进了一种独特的话语体系的产生。网络语言是当今高

新时代大学生价值观培育与大学生思想政治教育研究

校文化环境的一个极为重要的特征。网络语言是伴随新媒体的发展而新兴的一种有别于传统平面媒介的语言形式。它以简洁生动的形式，一诞生就得到了大学生的偏爱，发展神速。

（2）文化消费呈多维性和选择性

文化消费是一种直接影响人的精神、思想、心理、情感，以及价值观、人生观的为人类所特有的社会文化现象。随着信息产业的发展，媒体消费不单是一种文化产品载体或是一种文化消费品，媒体消费已经融入人们的日常生活，逐步成为一种消费习惯和消费行为。20世纪末至21世纪初，当以互联网为核心媒体的信息消费，利用便捷的信息传播通道和手段将信息传播的时空差别降到最低，生活在如此文化环境中的大学生，媒体消费已成为他们日常生活中的一种基本消费，投入时间和资金在信息的获取上已经成为一种基本的、习惯性的消费。与以往的文化消费不同，新媒体文化消费呈现出新的特点：个性化特征更加明显，受众的自主选择性能够更加充分地发挥；互动性加强，信息传递从单向走向双向、多向互动交流；受众参与性增强，将受众从被动的接受者变成主动的参与者；更加便捷的新媒体扭转了文化消费的时空限制，文化消费可以更多地通过新媒体随时、随地发生；异地形象可视的文化消费活动、异域文化产品资源共享、远程文化消费操控等新的行为模式成为新兴媒体引领的文化消费亮点。

2. 文化环境的影响

在新媒体时代，文化环境在很大程度上调整了"受教育者"与"施教育者"的关系，教育者与受教育者之间的地位是平等的，教育者可以把正确的世界观、人生观、价值观有机地融入网络的各种形式中。按照以往传统的知识传承方式，青少年在成长过程中所获取的知识和信息主要是从他们的父母、老师那里获取的，父母和老师的知识权威形象是不可动摇的。新媒体时代开始动摇这一传统的知识传承方式。随着新媒体文化技术含量急剧增加，技术文化已经超越了传统人文文化而成为社会文化存在的主要支撑，这便使富有创新精神且易于接受新事物的年轻一代成为新文化的拥有者。也就是说，他们能够从父母、老师以外的途径获取更多的知识和信息，这是他们在与父母、老师的互动中获得"反哺"能力或"话语权力"的重要途径。

（三）技术环境

1. 大学生思想政治教育技术环境的变化

新媒体的广泛应用给大学生思想政治教育技术环境带来许多变化，其中突出地反映在以下三个方面。

（1）信息传播海量化

一般来说，传统媒体信息量小、信息面窄、信息途径相对单一，而新媒体依托高科技形成了一个覆盖面广、涉及领域全的网状体系，不仅承载、传播了巨大的海量信息，而且信息更新的速度远远超过传统媒体。在新媒体时代，只要教育者掌握相应的互联网等新媒体终端的应用知识就可以自由地获取大量的信息。一般认为，动态更新的消息、数字资源极为丰富的数据库是新媒体传播最有价值的两种信息。比如，搜狐、新浪等门户网站每天24小时可以滚动上万条消息，可做到重大事件即时报道出来。又如，登录中国知网搜索可以查看各行各业的信息。网络上海量的信息为教育者提供了极为丰富的资源，使教育者足不出户就可以了解自己所研究领域的最新知识，也为自己获得相关材料进行备课、教学提供了方便。信息传播海量化的技术环境，使大学生思想政治教育实现了对传统思想政治教育环境的彻底颠覆，大学生可以凭借新媒体随时随地获取所需的知识和信息，极大地提高了思想政治教育信息的传播效率；大学生思想政治教育工作者借助新媒体技术可以以声音、文字、图像等丰富多彩的表现形式生动地表达思想政治教育内容，并在最短的时间内快速地将思想政治教育信息传达给受教育者，而且不需要受到制度、体制和其他烦琐程序的制约，从而增强了思想政治教育的及时性和辐射力，进一步拓展了思想政治教育空间。

（2）人际关系虚拟化

由于新媒体技术的广泛运用，现实生活中的每一个人既可以成为一个传播载体或是消息源，也可以成为一个受众，传者和受众的角色大多是虚拟的，信息交流的对方均是未知的符号代替，因而，使得新媒体信息变得复杂多变，人际关系极具虚拟化。这种虚拟化虽然大大削弱了门户对消息的控制，但对加强大学生思想政治教育无疑是个机遇，它有利于大学生将内心深处的孤独、苦闷、迷惘等真实地倾诉出来；有利于教育双方可以通过短信、论坛、网络聊天等形式"毫无顾忌"地进行真实心态的交流，发表自己的意见，真正实现畅所欲言。大学生思想政治教育工作者通过新媒体把握了大学生最真实的想法，针对其暴露的一些思想、学习和生活中的问题进行组织讨论，会收到传统思想政治教育方式不可比拟的效果，达到疏通、引导、教育的目的。

（3）教育平台多样化

传统的大学生思想政治教育平台主要以课堂教育为主，教育手段也比较单一。新媒体技术为大学生思想政治教育工作者塑造了全新的平台，提供了通路上的便利。从传播通道上说，新媒体实现了从单向度、单维度向多角度、多维度转变；从传播内容上说，实现了从静态、单一的形式向动态、多样的形式转变，信息的发布和传递更加自由，信息的接受与运用更加方便，从而彻底打破了传统思想政治教育载体的时空、速度限制，使得信息耗散与反馈失真的弊病得到了克服。在新媒体时代，熟练掌握新媒体技术的大学生思想政治教育工作者，可以通过新媒体的多种技术，集文字、声音、图像、数据等为一体，形成集成性、同步性、交互性和形象性的教育新通路，使大学生思想政治教育更加生动活泼、富于艺术性且更具亲和力。可以说，新媒体为大学生思想政治教育创造了最佳的技术环境，不仅带来了工作场合和对象、教育方式与手段还是信息获取与传播的突破性的改善，使传统的思想政治教育平台由单一性变为多样化和立体化，而且极大提高了思想教育信息的传播速度，增强了高校思想政治工作的生动性与感染力。

2.大学生思想政治教育技术环境的消极影响

（1）由海量化信息所产生的副作用

随着海量化信息的铺天盖地地传播，在给受众带来比以往任何时候都能更加迅速便捷地获取信息的同时，也极容易造成受众在面对海量信息时的眼花缭乱和茫然失措。尤其对那些涉世未深的大学生来说，在面对海量信息所包含的腐朽思想、消极观点时，往往对信息的被动接受将多于主动的思考，容易受到诱惑和盲从，以致会影响他们道德信念、价值观念的建立，与高校思政课所传授的社会主义核心价值体系产生冲突，抵消一部分教学效果，稀释了思想政治教育的浓度。

（2）由虚拟化关系所造成的副作用

在新媒体所营造的技术环境下，高校现有的思想政治教育模式受到挑战，真实世界和虚拟世界变得界限模糊，在某种程度上造成了"虚拟时空"

的存在形式，个别大学生往往不知不觉地受到"虚拟时空"的影响并被动接受，失去理性和自我。由于人际关系虚拟化，人的身份可以变成一串字符，任何人都可以不受约束，随意使用不同的名字、性别、年龄与人交流而不会被人觉察，久而久之造成了一种疏离与隔阂，带来人与人之间关系的微妙改变；但同时由于网络上缺少现实中的道德和法律约束，极易造成人们是非观念的混淆，诱惑人们去尝试在现实世界里不敢付诸行动的"行为"。目前，大学生思想政治教育自身改革的进展远远跟不上新媒体技术的发展步伐，在教育理念、教育政策、教育目的等方面缺乏前瞻性研究，对新媒体环境下的大学生思想政治教育工作缺乏前沿认知。

（3）由多样化平台所带来的副作用

新媒体技术的应用使得教育平台多元化，但同时也增加了网络管理的难度。以手机上网为例，现在大学生是应用网络和手机上网的主要人群。近几年，手机网络发展迅速，手机与互联网的互动更具有隐蔽性和不可预见性，对网络监管部门来说，追查信息源头的难度以及对信息真实性的鉴别难度进一步加大，给大学生思想政治教育舆论导向增加了控制难度，使得国家、社会和学校对思想政治教育舆论的引导难度空前加剧，舆论引导在大学生思想政治教育中的作用明显弱化了。

二、新媒体对高校大学生的熏陶

新媒体给大学生思想政治教育环境带来影响的同时，也对高校大学生的生活、学习、心理和价值观带来了重大影响。

（一）生活影响

新媒体时代各种形式的新媒体已深入渗透大学生日常生活的各个方面，对他们的衣食住行都产生了重大影响，以网购为例，现在大学生购物、买书、电话叫车、订票等主要通过网上完成。除了衣食住行外，QQ、MSN、人人网、微博、微信等的广泛应用，拉近了人与人之间的距离，方便了人们交往，使得新媒体时代大学生的交际领域也更为广阔。新媒体给大学生生活带来了很多便利，同时也带来了一些问题，主要反映在以下两个方面。

1.生活方式的改变

在日常生活中，个别大学生沉迷于QQ、微博、网络论坛、社区等新媒体形态，"离得开父母和朋友，却离不开网络或手机"已成为个别大学生的较普遍现象。对新媒体的依赖极大地减少了大学生现实生活中交往的时间，出现了这样一种生存状态：在网络虚拟世界，个别大学生兴致勃勃，浪漫幽默，不停地转换角色，善于和许多陌生人打交道；在现实生活中，他们却沉默寡言，性格孤僻，甚至躲避与他人进行感情的交流。这种虚拟的生活方式容易导致他们行为或思想逐渐固定化，以致产生讨厌生活、逃避现实、丧失自我等问题，长久下去，还会引起一系列身体疾病。

2. 人际关系的冷漠

新媒体时代人际关系出现了奇怪现象：一方面，网络虚拟世界拉近了人与人之间的距离，为人际交往带来便捷；另一方面，现实生活中人与人之间越来越"老死不相往来"，心理距离变得越来越远。在很多情况下，个别大学生的人与人之间的感情联络、思想交流和嘘寒问暖不再是通过面对面的直接接触来体现，而主要是由各种新媒体形式来代劳。这种生活方式缺少了人情味和真情实感，久而久之，很容易使人际情感产生弱化，进而导致人际交往关系的冷淡。这一现象还表现在与父母一辈的关系方面，随着代际共同话题的不断减少，对问题理解的差异也越来越大，代际隔阂日深，代际关系也发生了异化，对父母、长辈的尊重和孝敬意识也变得淡薄。此外，新媒体上的"个人空间"虽然满足了大学生个性化的心理需求，有助于提升个人自信心，但与此同时也缩小了在现实世界里与他人交往的空间，容易滋生排他心理。

（二）学习影响

与没有新媒体技术之前相比，现在大学生通过新媒体能够及时了解和掌握所学专业领域的最前沿的知识和信息，对深化课本知识、拓展自己的知识面确实起到了很好的帮助作用。尤其现在许多高校教师借助计算机或者在线的网络教学使得课堂或者学习进程变得更加生动形象，改变了传统教学中学生只能依靠书本和老师传授的学习模式，对高校的现行教学模式改革也起到了积极的促进作用。

新媒体对大学生的学习所带来的副作用也是明显的，一是新媒体知识和信息的传播往往是零散和不系统的，由于缺乏专业老师的指导，大学生容易对问题的认识和理解不得要领、一知半解。尤其新媒体搜索引擎的便捷，在帮助大学生学习的同时，也容易使个别大学生滋长惰性，养成依赖新媒体来完成作业的习惯，以致造成学习能力下降，不利于学术功底的培养。二是个别大学生的世界观还处于形成期，由于受知识、经验、思维认识的局限，个别大学生对许多问题的认识和理解还不太成熟，面对新媒体带来的海量信息，往往看问题容易极端、片面，缺乏必要的鉴别力，对他们的思维能力和辨别能力的提高有一定阻碍作用。三是由于缺乏必要的课堂交流与社会接触，仅仅通过新媒体学习，既不利于大学生创新能力的提高，也不利于大学生综合素质的提升。

（三）新媒体对大学生心理的积极影响

1. 有利于大学生形成内涵丰富的自我

新媒体以其广阔的空间，丰富的信息资源向大学生展示了一个全新的世界，为大学生个性的发展创造了自由的空间。它不仅满足了大学生对新生事物的好奇心，激发了他们的想象力、求知欲和创造性，而且思维得到了活跃和拓展，促进了心智潜能的开发。

2. 有利于促进大学生的心理健康

新媒体为大学生适时地转移、倾诉和宣泄自己的不良情绪提供了机会和场所。通过此种方式，他们可以宣泄被压抑的不良情绪，获得一定心理自疗效果，让他们从日常的精神紧张中解脱出来，有利于促进他们的身心健康。

3. 有利于大学生更好地实现自我

新媒体传播信息的互联性，有助于大学生了解世界、思考世界，形成全球性思维。由此，全球性思维视角已不再是少数精英的专利，普通大学生也能够参与，能更好地实现自我价值。

（四）新媒体对大学生价值观的积极影响

1. 培养了"网络民主"意识

"网络民主"是新媒体时代的产物，是政治民主化的内在要求与网络技术融合的结果。作为民主的一种全新形式，在网络空间里人们没有现实世界中的尊卑、贵贱、种族之分，人与人不再有身份、地位的羁绊，相互之间的表达机会趋向平等，每个人都享有平等的话语权。这种"网络民主"形式不仅有利于畅通政治参与的渠道，而且也扩展了民主的监督对象和范围，创造了全新的网络监督模式。现在越来越多的大学生热衷于接受和实践"网络民主"，他们积极参与，伸张正义，以"滚动散发性"的方式引发一波又一波舆论焦点和社会热议。在这一过程中，"网络民主"不仅为大学生民主意识的增强提供了众多的机会和渠道，也有利于他们民主意识的极大增强。

2. 增强了主体意识

新媒体既为大学生群体提供了一个开放的、自由的、虚拟的话语空间，也为每个人提供了个性化的表达方式。在充斥于网络的各种各样的论坛、空间里，大学生在新媒体环境中有了做主人的感觉，每个人随时都可以以一种虚拟的身份用自己喜欢的方式就关注的政治事件表达自己的观点，发表自己的看法。应当说，在没有新媒体之前，人们对各种问题也会有自己的不同认识和议论，只不过那时没有可供发表的平台和渠道，让许多好的建议湮灭在萌芽状态。现在这个局面打开了，大学生可以通过论坛、聊天室、QQ、微博、微信等工具，对自己感兴趣的各种话题发表看法、提出建议，充分表达和张扬自我。

3. 强化了开放意识

新媒体拉近了人类的空间距离，使"地球村"变为现实。在新媒体时代，今天的人类思考问题已经不再仅仅是考虑自己所在地域的问题，地球上许多问题都是相互关联的，如，人口问题、资源问题、环境和生态问题等，它需要地球人必须形成一种国际意识，树立一种全球观念，通过全人类的共同努力才能有效解决。大学生是最易于接受新思想、新观念的群体，而新媒体恰恰又有助于拓展大学生的国际视野，促进他们全球化价值观的形成。同时，借助新媒体所搭建的双向或多向交流的开放平台，大学生在了解世界文化、展示自己思想的同时，也有助于他们进一步强化自己的开放意识。

三、新媒体对高校教育工作者的影响

如同新媒体对高校大学生的学习、生活、心理等带来影响一样，新媒体对大学生思想政治教育工作者的影响主要反映在以下几个方面。

（一）新媒体对大学生思想政治教育工作者的积极影响

1. 为大学生思想政治教育工作搭建了新平台

教育主客体之间相互联系沟通是思想政治教育工作者实现育人目标的首要前提。在传统思想政治教育环境中，教育主体对客体的思想状况的把握主要是通过座谈会、个别谈话、班级骨干汇报等途径来完成的，受各种条件和因素的制约，往往情况不太真实或者把握不住问题的关键点，因而，难以达到思想政治教育的效果。新媒体在为大学生提供学习和交流的新工具和新平台的同时，也为思想政治教育工作者开通了更多的了解大学生思想状况的渠道。在虚拟世界里，大学生可以无拘无束、敞开心扉表达自己的喜怒哀乐，让大学生思想政治教育工作者一览无余，尽在掌握之中。大学生思想政治教育工作者可以根据大学生的各种心理需求，及时地进行先进思想文化的传播引导和正确的世界观、人生观、价值观教育。可以说，新媒体为大学生思想政治教育工作者搭建了更加广阔的思想政治教育平台。

2. 为大学生思想政治教育工作提高了时效性

传统思想政治教育主要是通过思政课、传统媒体等形式来实现的，信息传播的范围、速度都是有限的。新媒体凭借全天候、全时空、全方位的优势，具有极强的时效性。在新媒体时代，人们足不出户，通过新媒体便可以了解世界上政治、经济、文化、科技、体育等各种信息，同时也可以把自己制作的信息发布到世界上的每个角落，因而深受大学生的偏爱，成为他们了解世界、关注时事的主要渠道和来源。新媒体技术提供信息的丰富、及时和迅速，无疑也提高了大学生思想政治教育工作者工作的时效性，使他们能够更加便利地获取丰富的教学资源，能够突破传统教学时间限制和其他烦琐程序的制约，更加便利地传播思想文化，更加及时地开展思想政治教育。

3. 为大学生思想政治教育工作增强了实效性

所谓思想政治教育实效性是指实际的功效或实践的效果。思想政治教育预期目标与结果之间的张力关系是实践活动结果对于目的是否实现及其实现程度，也即实际效果问题。具体来说，大学生思想政治教育实效性表现在两个方面：一是思想政治教育的内在效果，就是要求思想政治教育能够顺利地内化为大学生个体的思想道德素质，具体针对的是大学生个体的发展和人格的完善；二是思想政治教育的外在效果，就是要求通过思想政治教育能够提升大学生的思想道德素质，以良好的行为举止影响社会，营造良好的社会氛围，推动社会全面进步，具体针对的是社会的整体效果。思想政治教育的内在效果和外在效果是相辅相成的，但要取得最佳效果，内化最为关键。从新媒体信息容量大、资源丰富、传播迅速、交互性强、覆盖面广、形式多元等优势来看，新媒体为促进思想政治教育实现内在效果提供了机遇。新媒体丰富的共享资源为大学生思想政治教育工作者开展工作提供了充足的资源；新媒体的快捷性为大学生思想政治教育工作者大规模地、主动地、快速地传播正确的思想、理论和政策提供了方便，避免了信息传递过程中的衰减和失真；新媒体主体的平等性促进大学生主动参与对话交流，实现了教育者与学生双方的随时互动交流，使教育者和学生之间的互动更广泛、更深入；新媒体传输的超媒体性扩大了思想政治教育的覆盖面，将思想政治教育的课堂延伸到学生学习、生活的各个场所，促进了思想政治教育的社会化，使思想政治教育的实效性得到了大大增强。

4.为大学生思想政治教育工作强化了渗透性

隐性教育是相对于显性教育而言的。所谓隐性教育是指在宏观主导下通过隐蔽的、无计划的、间接的、内隐的社会活动使受教育者不知不觉地受到影响的教育过程。大学生思想政治教育工作者在实践中常常感到，公开的、显性的思想政治教育往往难以达到预期的效果，而采用隐性教育，通过"潜移默化""润物无声"的方式更能够对受教育者的思想、观念、价值、道德、态度、情感等产生影响。由于新媒体具有隐秘性和虚拟化的特征，为大学生思想政治教育工作者开展渗透隐性教育提供了可能。大学生思想政治教育工作者可以借助新媒体技术，利用博客、微博、网络论坛等形式，潜移默化地对大学生进行思想教育，以取得思想政治教育的实际效果。

（二）新媒体对大学生思想政治教育工作者主导地位的积极影响

1.有利于大学生思想政治教育工作者掌握工作的主导性

在传统的大学生思想政治教育环境中，表面上看，大学生思想政治教育工作者始终是掌握工作主导性的，但实际上，由于无法真实把握大学生的思想动态和真情实感，加上思想政治教育的形式又比较单一，思想政治教育是很难收到较好效果的。新媒体时代，新媒体为大学生思想政治教育工作者掌握工作的主导性增添了助力。一是新媒体的交互性，使思想政治教育工作者能够掌握大学生的思想动态，及时了解他们关注的热点，这为思想政治教育工作者更好地发挥主导性创造了条件。尤其对大学生中出现的倾向性问题能够及时有效地加以引导、处理，使问题在萌芽状态得到解决。二是新媒体信息资源丰富，许多新潮语言层出不穷，经过思想政治教育工作者的加工处理，能够很快丰富和转化为思想政治教育的教学内容，成为思想政治教育工作者掌握话语权的重要资源。三是新媒体形态多样，有助于思想政治教育工作者发挥创造性，将立体的文化传播形态及翔实的文字材料、悦耳的音乐旋律等集于一体引入大学生思想政治教育中，使大学生更乐于接受。

2. 有利于大学生思想政治教育工作者增强工作的互动性

思想政治教育能否成为一个互动的系统，做到主客体之间的互动与交流，这是思想政治教育取得实效的关键。总结大学生思想政治教育工作的经验与教训，教育主体与客体之间不平等，两者之间存在对立与隔阂，不能做到互动与交流应当是其中一个重要的教训。新媒体时代，网络的虚拟性和匿名性使得思想政治教育工作者居高临下的姿态不再适用，他们应以平等的姿态与大学生互动交流，建立起一种新型的主客体关系。这种新型关系的建立，有利于创造教育者与教育对象之间的和谐环境，有利于他们和谐相处、相互尊重、互动交流，有利于尊重和维护大学生思想政治教育工作者的主导地位，也有利于在比较宽松的新媒体环境中对大学生进行潜移默化的教育，从而增强大学生思想政治教育的实效性。

3. 有利于大学生思想政治教育工作者实现工作的高效性

长期以来，大学生思想政治教育主要是通过课堂教学并辅以座谈、讨论、谈心、社会实践等形式来开展的。这种传统的思想政治教育形式，在社会日益快节奏发展的今天，越来越显得效率低下，不能适应新媒体时代大学生思想政治教育的需要。在新媒体时代，新媒体所展现的快捷、灵活的优势，有助于改进大学生思想政治教育效率低下的现状。大学生思想政治教育工作者运用新媒体能够使正面的声音摆脱时空限制迅速传播；能够及时了解社会热点新闻，使教育者及时掌握教育对象的最新思想动态，进而发现问题，解决问题；能够更为方便和快捷地发布更具个性化的信息，在最短的时间里把教育内容迅速传递给受教育者，使思想教育更直接、更深入。通过新媒体，大学生改变了在规定的时间到规定的场所接受教育的方式，他们可以在任何一个地方和任何时间获取所需的知识和教育，从而达到大学生思想政治教育工作者实现工作高效性的目的。

（三）新媒体对大学生思想政治教育工作者教育模式的积极影响

1. 拓展了大学生思想政治教育工作者的教育内容

与新媒体时代相比，传统思想政治教育时期由于受到主客观条件的限制，思想政治教育的信息知识储备量、教育覆盖面等相对较小，影响了大学生思想政治教育的效果。

新媒体时代,大学生思想政治教育工作者的教育内容得到了极大拓展。这种拓展主要反映在四个方面:一是新媒体技术超大信息量的特点,使思想政治教育的内容变得更加丰富而全面,同时也使思想政治教育工作者在实施教育时更加具有可选择性和客观性;二是新媒体的广泛运用使得全球性信息资源共享变成可能,它使改变传统思想政治教育的信息知识储备量小、教育覆盖面窄等成为可能;三是新媒体信息的迅速更迭,有助于大学生思想政治教育工作者在短时间内完成思想政治教育内容的收集、筛选工作,选择那些时代性强、教育意义强的思想政治教育内容,从而大大提高思想政治教育工作的时效性,体现思想政治教育工作的时代要求;四是新媒体技术的多样性,使原本比较枯燥、抽象的教育内容开始走向立体化、动态化、超时空化,思想政治教育工作者通过集声、色、光、画等为一体的新媒体技术演绎出来,使抽象变得形象、枯燥变得活泼,大大增强了思想政治教育的吸引力和实际效果。

2.更新了大学生思想政治教育工作者的教育方式

新媒体的广泛运用极大地改变了传统思想政治工作的教育方式,它带来了"四个转向"。一是转向开放式教育。由于新媒体技术的广泛使用改变了以往的封闭式教育方式,使得大学生接受教育的渠道变得更多元、更直接、更具体,因而趋向开放式教育成为可能。二是转向启发式教育。新媒体时代,高校思想政治的教育方式已经不适合采用灌输式教育方式,这种教育方式已更新为以学生为主体、教师为客体,以启发诱导的方式来引导大学生的思想进步。三是转向双向互动式教育。新媒体时代,由于新媒体使得教育主客体之间真正实现了双向互动交流,教育者在进行授教的同时,自己也在接受教育,因而从单向被动式教育向双向互动式教育转变成为可能。四是转向服务式教育。新媒体技术的运用使得传统的以"老师说,学生做"为主的教育方式失去了其优势。由于思想政治教育工作者在思想政治教育中所起的作用更多的只是一种引导和指引,即通过引导和指引将强制性的信息灌输变为信息的选择利用和服务,从而大大提高了思想教育工作的实效性。

3.丰富了大学生思想政治教育工作者的教育手段

大学生思想政治教育工作者在实践中深深感到,与新媒体技术相比,传统思想政治教育的手段比较单一，效果难以彰显，越来越不适应时代发展的需要，而新媒体丰富了大学生思想政治教育工作者的教育手段，如，博客、网络论坛、微博、QQ、微信等，运用在大学生思想政治教育工作者的手中，都可以拓宽大学生思想政治教育的途径，成为新媒体时代开展思想政治教育的新手段。比如，充分利用现在校园流行的"QQ群"，大学生思想政治教育工作者可以将思想教育的内容发送到班级"QQ群"中，使班级在网络中也能成为交互性信息活动场所；又如，通过运用"网络论坛"等新手段，大学生思想政治教育工作者可以克服课堂教学的时间限制，打破传统意义上的班级概念，借助网络论坛来传递信息、交流思想、聊天谈心，从而卓有成效地推动大学生思想政治教育。

第二节　基于新媒体时代的大学生思想政治教育教学分析

一、新媒体环境下目标结构优化的原则和要求

新媒体时代，信息的海量性和复杂性、资源的共享性与开放性、交往模式的变化等特征错综复杂地交织在一起，传统的大学生思想政治教育内容不能完全舍弃，但应该结合时代特点进行充实和重组。

（一）新媒体时代大学生思想政治教育内容结构优化的原则

新媒体时代大学生思想政治教育内容结构优化，应当遵循以下原则。

1.整体与局部统一的原则

思想政治教育本身是一个由多个要素组成的复杂的动态系统，这些要素相互联系、相互作用的形式就是思想政治教育的整体结构。目前，学界关于基本结构的提法有"三要素论"（教育者、受教育者和教育环境）、"四要素论"（主体、客体、介体和环体）、"五要素论"（主体、客体、内容、方式、目标）等。无论是几要素，它们都有一个共同的特点：那就是各要素相互影响、相互作用而形成一个统一的整体系统，而在这一整体系统中又分列为各子系统，即价值结构、目标结构、主体结构、客体结构、内容结构、过程结构、评估结构和方法结构等。在整体和局部的关系问题上，毫无疑问，整体是核心，但有时候，局部优化和整体优化之间并不必然具有一致性，带有一定的不同步性和不均衡性。因此，我们要坚持系统论中的整体性原理，

在整体优化的基础上，坚持两者相统一的原则。在新媒体时代大学生思想政治教育的内容结构优化问题上，我们不应该仅仅将思想教育、政治教育、道德教育、法制教育和心理教育等各子系统的内容结构进行优化整合，还要补充和完善每一个子系统的内容体系，更应该将这些内容放在整个教育系统中综合考虑教育价值的实现。

2. 层次性和针对性相统一的原则

在大学生思想政治教育实践工作中，教育内容呈现出来的诸如泛政治化、泛知识化和泛统一规范化等弊端，严重影响教育的实效。其实，在大学生思想政治教育改革的过程中，层次性和针对性在大学生思想政治教育对象、教育目标、教育内容和教育方式上都有一定的体现。这里强调内容方面，思想政治教育内容体系是历史的产物，具有动态的特性。与思想政治教育目标的层次性相对应，思想政治教育内容也应体现层次性。一方面，针对不同的群体，思想政治教育内容应坚持先进性和广泛性的结合；另一方面，针对同一个体的不同阶段，思想政治教育内容应坚持历时性和共时性的结合，适当根据时代特征调整教学内容。

3. 提高要素质量和理顺要素关系相统一的原则

优化新媒体时代大学生思想政治教育内容结构，不能舍本逐末，对于思想政治教育内容来说，各内容要素都有丰富的内涵，各教育内容在体系结构中都应该具有相应的地位和排列顺序，倘若各要素排列组合不同，则功能便会迥异。假如各内容要素地位不明确，主次模糊，则结构便不合理；即便是地位明确，主次清晰，但忽视个别或某些教育内容，则会造成内容体系的不完整和结构的片面性，结构依然不合理。比如，只重视和维护政治教育的主导作用，则容易限制视野，使得思想政治教育的内容单一，而不具有实效性，这在前面已经做过论述，这里不再赘述。

4. 延续性和时代性相结合的原则

时代的发展、社会文明的不断进步和科学技术的发展，对人的素质发展提出了更高的要求。大学生思想政治教育的内容结构要与时俱进，不断更新和发展。我们应该看到思想政治教育内容结构的优化会受到诸多因素的影响和制约，如，受教育者身心发展阶段、师资队伍、国际国内环境等影响。思想政治教育的内容结构优化最终要经过实践的检验，但受教育者绝不是试验品，一旦调整出现问题，便会影响一代人或者几代人的成长和发展。因此，要采取审慎的态度，不能哗众取宠，更不能人云亦云。

5. 时效性和可读性相结合的原则

新媒体时代，大学生思想政治教育必须及时收集、整理和解答大学生关注的热点、焦点问题和疑难问题，将其作为教育内容的素材，发掘其中的思想政治教育内涵，以解决大学生的思想认识问题。新媒体时代大学生思想政治教育的话语结构已经发生了很大的变化，这在本书的第五章将做重点阐述，此处不再进行赘述。要增强大学生思想政治教育内容的可读性就要紧密把握地域的特点、校园的特点和大学生的特点，了解新媒体时代大学生思想政治教育的内容话语的变化，内容范围要广，内容表达方式要多样而具体，语言风格要生动活泼，说话要接地气。

6. 规划传播与有效控制相结合的原则

传播学认为，正确合理的传播内容有助于优化传播的效果，思想政治教育作为一种特殊的教育传播活动，有其特定的内容与表达方式，并且由于社会经济政治发展和历史条件及其他因素的影响，需要对其内容进行必要的调控和限制。思想政治教育作为特定内容的教育传播活动本身就具有一定的社会控制力，即为了维护社会秩序的和谐稳定、推动社会文明进步而采取的约束或引导社会成员的手段和措施。首先，这是维护社会稳定的必然要求。思想政治教育作为上层建筑和社会意识形态领域的一个重要的组成部分，其内容既要由社会的经济基础决定，又要受制于上层建筑，必须具有鲜明的政治性和阶级性。人是社会关系的综合，社会交往只有遵循一定的行为准则来协调各方面的关系，整个社会才能有序运转。因此，大学生思想政治教育需要用正确的符合社会发展所需的思想观念、政治观念和道德规范来武装大学生的头脑，指导他们的言行。其次，这是建设中国特色社会主义市场经济体制的内在要求。最后，这也是应对新媒体时代带来的各种文化影响的需求。各类书刊、电影、广播电视节目、新闻报道、互联网信息、（微）博客等随处可见的文化产品或服务，所提供的不仅仅是消息和娱乐，同时也是传播社会价值或政治观点的工具，最终它们会对全社会的精神结构产生深刻的影响。各种跨时空的新媒体技术不仅给大学生提供了接收信息、选择信息和传播信息的自主权和能力，同时还造成舆论的引导和调控方面的处境困难，因此，更加迫切需要加强对大学生思想政治教育内容的更新与优化。

（二）新媒体时代大学生思想政治教育内容结构优化的要求

新媒体时代大学生思想政治教育内容结构优化或创新不是抛弃基础，否定过往，标新立异，而是在继承传统的基础上结合时代特征为教育内容注入新的血液。要全面考量新媒体对大学生思想政治教育的影响，在整体要求的基础上，根据原则进行内容结构的优化。"优"是一个定性的动态过程，表示方向；"化"则是一个定量的表示，要以思想政治教育的目标和任务的实现为根本标准。因此，新媒体时代大学生思想政治教育的内容结构优化，要做到正确把握思想政治教育内容的要素结构与层次结构的关系，既体现内容要素结构的完整性，又体现内容层次结构的序列性，在具体设定上力求做到"贴近社会现实、贴近专业要求、贴近学生实际"。

1. 内容结构的层次方面

（1）在横向结构方面，坚持主导性和全面性相结合，克服单一化和简单化

新媒体时代，大学生思想政治教育内容是多类型、多向度、多层次的统一的有机整体。横向结构层次主要是指思想政治教育内容同一层次的各要素之间的相互作用及延展关系。思想政治教育内容的全面性体现在人与社会全面发展的整体联系上。在这个整体联系中，有一个起着主导作用的要素，决定和支配着思想政治教育的其他内容，也决定着性质和方向，这个主导作用的要素就是政治教育。之所以思想政治教育必须坚持以政治教育为主导，是因为它能实现一定社会阶级或集团的政治目的。同时，一定阶级和社会总是对其社会成员提出政治、思想、道德、法纪、心理等方面的全面性要求，体现人的素质的多维性、丰富性、整体性，从而形成由政治教育、思想教育、道德教育、法纪教育、心理教育组成的思想政治教育内容类型结构。因此，在思想政治教育内容体系的建构中，要从思想政治教育内容的横向联系出发，在主流意识形态的引领下，从人与社会、人与他人、人与自然，以及人与自己的关系层面上确定对受教育者在政治、思想、道德、法纪、心理等方面的要求，以整合类型相近的教育内容，解决现存的内容重复交叉和单一等问题，增强大学生思想政治教育内容的整体性和系统性。

（2）在纵向结构方面，坚持层次性和针对性相结合，克服缺乏层次性和针对性的弊端

层次是表征系统内部结构不同等级的范畴，是指系统要素有机结合的等级秩序，表征为次序。大学生思想政治教育内容根据教育对象的角色层次、心理层次和接受水平与能力，将思想政治教育划分为三个层次：基础层次的教育内容（道德教育、心理教育等），较高层次的教育内容（思想教育）和高层次的教育内容（政治教育）、这三个层次相互联系、有机统一，呈现出由低到高的递进关系，使教育内容由低到高、由浅入深、螺旋上升、循序渐进，形成从低层次到高层次的递进式的教育内容系列。

2. 在内容选择上，要体现理论性与实践性相结合，克服教育内容抽象、晦涩和僵化的缺陷

目前，大学生思想政治教育内容的理论性与实践性结合得还很不够，在内容结构安排以及语言描述方面也都较生硬、晦涩，与实际需要有所脱节。受传统政治、经济、文化、环境的影响，大学生思想政治教育内容因经典而权威，因权威而导致层次结构僵化，削弱了内容的影响力。在这种情况下，经典的理论一旦被束缚在陈框旧条中就不能被赋予新的活力，不能被大众熟悉的语言所表述，则将无法被认同和内化，更谈不上外化为行动力。因此，只有从实际出发，坚持与时代同步，与青年学生同步，并且紧紧抓住客观运动着的物质世界的规律性与特征，抓住变化的时代脉搏，抓住大学生思想政治教育内容与时俱进的要求，以针对性、新颖性的多级层次要求来达到学生积极接受、主动内化的效果。因此，在内容选择上要做好以下几点。

（1）优化大学生思想政治教育的内容结构要做到"三贴近"

一要贴近社会现实。当前，大学生思想政治教育存在的突出问题就是发展的滞后性，即思想政治教育内容结构体系滞后于经济发展，滞后于国内、国外形势的发展和变化。针对这一突出问题，在大学生思想政治教育内容结构体系上，要深入研究与现实相适应的思想政治教育内容。只有这样，才能激发大学生对社会现实的关注，用正确的世界观、人生观、价值观、政治观、道德观和法制观看待我国社会主义现代化进程中出现的一系列社会问题，并且能够运用自己的聪明才智去解决问题。

二要贴近专业要求。以往传统思想政治教育存在泛知识化现象，将思

想政治教育和专业理论、专业技能等智力教育等同起来，使得大学生思想政治教育处于弱势地位。在新媒体时代，新媒体所传播的海量信息，其中也有许多信息是与大学生所学专业息息相关的，也就是说，是有益于大学生专业学习的。因此，新媒体时代大学生思想政治教育应当密切思想政治教育与专业教育之间的相互交融关系，促进大学生思想政治教育的内容与专业理论、专业技能的紧密联系，使之有助于大学生的专业选择、学习和素质的提升；同时，在社会生活中，道德是客观存在的，道德是人聪明、完善之本，也是社会和谐、发展之基，进行专业教育也应以培养有道德的人为前提，只有认识到这一点，才能真正实现为社会培养出全面发展的有德行的职业人。

三要贴近学生实际。首先是与学生的学习相结合。实践证明，人们所处的社会时代、现实环境、现实的直接的实践活动以及密切相关的实际利益才是人们最关心的，也最能吸引人们注意力的。新媒体时代的大学生，获取信息的渠道是全方位的，任何脱离实际的教育内容只会让受教育者产生冷漠、反感甚至是逆反心理，所以大学生思想政治教育内容除了马克思主义理论以及党的纲领、路线、方针、政策、法规等以外，还应有一切对身心人格健康有益的知识、道德文化、习俗习气、科学精神、人文精神、生活方式和行为规范、民主和法制意识、社会热点和焦点等，让大学生从被动接受变为主动选择和接受。提高思想政治教育的生命力，要求我们要适应时代，积极拓宽教育视野，不断深入地研究新情况、解决新问题，最大限度地吸收最新的理论研究成果并加以学习、研究和运用。比如，增加创新教育的思想、人与自然协调共存的世界观、生态道德、全球意识、媒体素养等教育内容，用新的内容去教育和武装大学生，使其得到更多实际的、有效的引导和帮助。

（2）优化大学生思想政治教育的内容结构要与学生生活相结合

大学生正处于成人的关键时期，必然会经历一些成长的蜕变。年轻无极限，张扬是这个时代大学生的个性特点，但随着他们面临的机遇和困惑增多，需要思考和处理的问题相应也增加，也会不断面临各种抉择。如何科学设计生涯规划以积极参与竞争，如何与人交往以适应现实社会和虚拟社会的复杂环境，如何化解压力以解决各种各样的矛盾都是他们正面临的具体问题，如果处理不好会影响他们的前途。大学生思想政治教育内容既要有利于锻炼学生的现实生活能力，又要培养学生的未来可持续发展的能力。要以生为本，从关注日常生活中的实际问题入手，帮助他们排忧解难；要积极引导学生学会生存，学会尊重和关心他人，学会共同生活；要培养在活动中的积极参与和合作精神；要倡导他们研究人类面临的普遍问题，增强全球意识和人文关怀；要关注人的现实和虚拟生存环境、生活质量，维护人类的尊严，完善道德品德和全面发展问题；同时，还要有意识地培养学生具有国际观念和意识，树立为全球服务的观念，具有开展国际合作交流与国际竞争的知识和能力。只有在学生生活的不同领域全方位、最大限度地贴近学生，大学生思想政治教育内容才能最大范围地被学生接受、认同和转化，思想政治教育实效性才能实现。

二、基于新媒体时代的高校思想政治教学方法研究

（一）新媒体时代下大学生思想政治教育科学化的实现

教育中的科学化是为了更合理管理，在教学过程中适当地利用科学技术，并用科学的知识和方法认识及解决问题。

1. 教育和管理学生过程中融入科学思想理念

思想政治教育工作一直都是秉持着"动之以情，晓之以理"的理念，其工作的"情"要建立在科学化的"理"之上。"情"和"理"的结合才能让思想政治的教育效果更长久持续地发挥。思想政治教育的要求是以科学思想武装学生的头脑，用社会主义核心价值体系教育和引导学生人生观、价值观和世界观的形成。马克思主义一直是思想政治教育的理论指导思想，是大学生践行思想政治教育理论的精神支柱。

（1）用社会主义核心价值体系引导大学生"三观"的形成

社会主义核心价值体系在大学生"三观"形成中发挥着巨大的引导作用，为此，必须要最大限度地结合社会实际情况构建相对完善的核心价值体系，加强对其的研究、宣传和教育，形成整个社会的重大命题和战略任务。社会主义核心价值体系蕴含了马克思主义、中国特色社会主义、爱国主义、改革创新时代精神、社会荣辱观等众多内容，与大学生思想政治教育中学生"三观"形成的要求相符合。由此可见，随着社会主义核心价值体系的形成，能进一步提高马克思主义在大学生思想政治教育中的指导地位，推动大学生正确"三观"的形成，完成思想政治教育目标。为此，学校领导者与管理者要明确社会主义核心价值体系在学生成长过程中的重要作用，并且要将其渗透大学生的学习和日常生活中。思想政治教育工作要始终以社会主义核心价值体系为准绳，在这个教与学的过程中，让学生在潜移默化中树立正确的人生观、价值观和世界观。对"三观"的共识有利于增强学生的认同感，更利于在教学过程中让思想政治教育发挥最大功效。教师所传授的知识与理念要深层次地影响学生，才能让学生将其思想转变为实际行动，产生良好的行为习惯。思想是行动的前提，行动是思想的执行。

（2）采用科学的管理思想

一种思想的产生与实行与国家文明史和文化背景有密切联系，而这里所说的管理思想主要是指大学生思想政治教育的目标管理。思想政治教育工作采取"以人为本"、自我管理理论等科学思想为根本，有利于促进思想政治教育科学化发展进程，有利于增强思想政治教育管理的实效性。

顾名思义，目标管理就是指期望达到的总目标。这个总目标根据时间阶段和组织部门的不同自成一个目标体系，这个体系的每一个环节都是为向总目标迈进。在理论到目标的过程中，总目标的确定是基础，只有总目标确定了，人们才知道努力的方向，也才能提高积极性。总目标的确定也有利于组织目标的实现以及调动成员参与的热情，在这样一种积极向上的氛围中更容易让总目标实现。目标管理中要采取"以人为本"的管理模式，这种模式并非强制性的教育模式，更容易让学生在潜移默化的过程中学会自我管理、自我教育，从而积极主动地接受正确的人生观、价值观和世界观。科学的管理思想更加注重从客观条件出发，以学生的立场去了解学生的思想意识形态并关注其变化，根据学生的个性发展需要，更加注重学生的主体地位。

2.建立健全科学的大学生思想政治教育目标管理体系

（1）对大学生思想政治教育目标管理体系含义和内容的认识

一个目标体系总是由分目标和总目标组成的，大学生思想政治教育目标管理体系也是如此。总目标规定了行为总的方向，是大学生思想政治教育实践活动所要达到的最终效果，是一个长期性的追求。分目标则是为了最终总目标设立的一个个更容易实现的目标，是一个短期内的目标。分目标达成的最终目的是总目标的实现，是短期内更容易实现的目标，有利于增强自信心，在践行过程中朝着好的方向发展。

①大学生思想政治教育总目标

通过对我国大学生思想政治教育总目标内容的研究，不难发现其与我国诸多纲领性文件内容相似，可见党和国家政策法规对大学生思想政治教育目标的影响之深。如，德育大纲相关内容中，就对大学生思想政治教育的总目标解释得较为具体。在思想政治教育过程中，学生要践行社会主义核心价值观，努力学习马克思主义，要遵纪守法，具备良好的道德品质等。这里对大学生思想政治教育目标的论述涉及教学、科研、管理、服务等多个方面，较为具体。《关于进一步加强和改进大学生思想政治教育的意见》中提到的对学生思想政治教育要求集中在理想信念教育、马克思主义科学"三观"教育、爱国主义、民族精神、道德规范、公民道德教育、学生德智体美全面发展上成为大学生思想政治教育中的重要素质教育目标和战略任务。

②大学生思想政治教育分目标

分目标是针对总目标而言的，是对大学生思想政治教育目标进行更加具体的细化和分解。对总目标进行细节化所形成的分目标本身就是为了总目标的更好实现，这样在实践过程中也更具体。大学生思想政治教育中的分目标主要是指教育者依据德育大纲的要求，结合本校的实际情况和学生的实际需求，在总目标一致的情况下来设计分目标。根据总目标的内容，分目标大致可以分为几个方面：进行理想信念和思想品德教育；引导大学生树立正确的人生观、价值观和世界观；进行社会主义核心价值观等，为的是把当代大学生培养成为优秀的人才和社会主义事业合格的建设者和接班人。

（2）大学生思想政治教育目标管理体系的构建

大学生思想政治教育目标管理体系的构建一直都是大学生思想政治教育工作开展的重点和中心，目标管理体系的完善决定着大学生思想政治教育工作是否能顺利展开。思想政治教育目标体系本身是一种开放式的多维立体结构，分为横向和纵向两个目标群。横向目标包括思想政治要素目标、道德要素目标、综合要素目标等方面，偏重于思想政治教育目标管理体系中设定的分目标；纵向目标包括各个年级的目标，即根据年级阶段的不同制定的教育目标。学生的发展过程是一个长期的过程，首先确立好总目标，然后再设定分目标，目标逐个实现，最终达到目标管理体系的构建和完善。在学生的发展过程中，不同成长阶段的需求总是不同的，为了更好地保证学生在学习思想政治教育中的连贯性和延续性，要在学生不同的成长阶段设定好与之相适应的思想政治教育目标。

大学生思想政治教育目标管理体系的构建是总目标和分目标共同进步和完善的过程。总目标是分目标的总方向，分目标是服务于总目标的。不管是总目标的确立，还是分目标的实现都是对思想政治教育工作内容的安排和规划。例如，可以把大学四年分为四个阶段，针对这四个阶段思想政治教育内容实施的方向和对策就有所不同。大一新生才进入大学，对一切认知都是新鲜的，这时候的思想政治教育目标要做好整体规划，应该注重引导学生角色适应，培养一个自觉学习的良好习惯，遵守校规校纪，培养学生的爱国主义精神和集体荣誉感。大一是大学生活的开始，此阶段的管理目标更注重学生理想信念和思想品德上的引导和培养，为思想政治教育工作的践行做好基础。大二的学生则要在思想意识形态的引导下注重对分析判断能力的关注以及实践能力的培养。在这个阶段，思想政治教育目标在于让学生形成更加独立的意识人格，让自己在学习过程中发挥主动性，扎实自己专业知识的同时也不忘树立社会主义核心价值观，要明白知识的积累以及心理的健康都同等重要。到了大三阶段，大学生都面临深造或就业的选择，这个时候的选择尤其重要，要着重于从自身出发，正确对待人生和社会的发展关系，独立思考自己人生道路是大学生思想政治教育目标管理的主要任务。大四的学生面临职业规划、社会公德等多方面的问题，这个时候就要引导学生用健康的心态和良好的心理素质去应对社会的考验。在这个阶段要着重个人价值与社会价值的共同实现。

大学生思想政治教育目标管理体系的构建是一个全方位的体系构建，党政工作、教育者团队、学生自我教育都是需要全方位配合成长的。学校的管理层要有明确的目标规划，需要在了解学生实际需要的情况下明确思想政治教育目标。高校人才培养质量的优劣很大程度上是由思想政治教育工作的成败所决定的，所以要谨慎规划大学生思想政治教育管理总目标，以总目标为依据展开大学生思想政治教育工作。在制定大学生思想政治教育总目标之后，学校各部门再依据计划对目标进行分解，逐层传递到下级管理者，在这样一个"上行下效""上传下达"的过程中完成分目标，为达到总目标做基础。

3.注重人文关怀凸显大学生主体地位

（1）全面准确认识人文关怀

为了加快新媒体时代下大学生思想政治教育目标的实现，高校党委、职能部门、院系负责人、教研室、班主任和辅导员等思想政治教育管理工作者，都必须在以生为本的思想理念指导下积极参与思想政治教育工作，促进教育目标的早日实现。其首先就要突出大学生的主体地位，全面准确地认识人文关怀，加强和学生的互动联系，结合学生自身发展需求开展有针对性的思想政治教育活动。

①注重大学生的各项需求

根据大学生身心发展规律可知。这个阶段的学生除了具有一定的物质需求和精神需求外，还有一定的政治参与需求，尤其所处的这个开放的新媒体时代，各种海量信息的快速传递，大大影响大学生的思想观、价值观，促使他们呈现出多样化需求，其中最明显的就是个性张扬。他们渴求他人的关注和认可，渴望能自由地表达自己内心的真实想法和观点，渴望参与各种实践活动，建立良好的社会人际关系网……强化大学生思想政治教育目标优化，加强科学管理势必要提高对大学生需求的关注，尽可能地满足他们的需求，才能有效保障学生思想的稳定性，加快学生自我价值的实现。

在凸显人文关怀的这一举措中，班主任和辅导员与学生频繁接触，为增强学生人文关怀打下了基础。班主任和辅导员通过和学生交流要了解学生的心理状况和实际需求等问题，针对每个学生的不同情况进行教育和管理。根据每个学生性格、思维和成长的不同采用不同的方式对学生进行人文关怀，这才是正确的做法。同时，在增强人文关怀的过程中，要将每个学生的个人目标和班级目标相结合，班主任和辅导员尽量为大家制定一个共同的奋斗目标，这样就能将全班同学联系在一起，不至于混乱而毫无章法可寻。

②加强开展多样化主题教育活动

大学生思想政治教育管理的课堂是传播理论知识的第一阵地，在课堂内的知识主要是理论基础，相对来说比较单一。校园文化活动的开展就很好地补充了理论知识的不足，其开展更能体现出学生的主体地位。依托于学校开展的校园文化活动能更快地凸显人文关怀。诸如红色主题、知识竞赛、辩论赛等校园活动的开展，学生在活动中潜移默化地学习知识和提高交往等技能，以便养成良好的生活习惯，提高学生的自我管理能力。

（2）创新人才培养方案

对人才的定义从来都不是固定的，一般来讲，人才可以是具有一定专业知识或专门技能进行创造性劳动，并对社会做出贡献的人。在大学生思想政治教育过程中，人才的培养主要是指在拥有扎实的思想政治理论基础的同时，注重培养自身的理想信念、道德品质等一系列优秀品格全面发展的人。高校在制定学生培养方案和培养目标的时候要充分考虑本校的办学特色，为学生的全面发展提供空间和支持。人才的培养从来都不是单一的方面，更重要的是注重全面发展，针对不同起点的学生要采用不同的培养方式。同时，学生的个性自由也是应该被有效引导和培养的，这样才能培养出具备独特人格魅力的全面发展型人才。

学校的人才培养方案总是有一定依据的，要始终以党的教育方针政策和科学的教育管理思想为指导思想，人才培养的过程也要以优化教育教学内容和方式为主，以便更好地服务人才培养。为了更好地响应国家教育方针政策等，不少高校结合自身实际情况对人才培养方案进行了修订完善，将以人为本、因材施教、增加课堂弹性、强化通识教育等都纳入创新人才培养方案。通识教育作为高校的公共必修课程，对培养学生科学和人文精神。提高综合素质等作用巨大，加之其内容丰富多彩，涉及中国与世界、科技与社会、政治与法律、人文与社会、艺术与人生等多个方面，更是深受广大学生的青睐。鉴于此，大学生思想政治教育中要加强通识教育，采用各种手段和方式吸引更多的学生进行学习、研修，以促进学生思想道德品质的提升。针对当前高校马克思主义理论课和思想品德课中存在的教学方法单一、体制落后等问题也要引起高度重视，积极从创新角度引入新的教学方式和工具，以增强思想政治教育的实效性。利用新媒体工具最大化地发挥集文字、图片、音频、视频等于一体的优势，通过专题讲授、案例分析、创建思想政治教育红色网站、在线心理健康教育咨询室等方式促进大学生的全面健康发展，实现全方位育人的可能。同时，为了创新人才培养，传统单一的考核方式也需要与时俱进地加以完善，可以采用多样性的考核方式来达到激发学生创造力的目的。例如，加强对教学内容和专业主干课程的考查以及反馈，逐步夯实学生的专业基础知识和技能；通过理论联系实践的方式，加深学生对知识点的记忆，实现教育内容的有机联系和不同年级的衔接，最大化发挥知识的延伸性与发展性，完成教育目标。针对学生的差异性，要在以生为本的理念下，结合学生的兴趣、爱好、能力、需求和实际情况开设相适应的课程，为社会主义现代化建设培养更多优秀的继承者和接班人。

（二）新媒体时代下大学生思想政治教育的发展路径

1. 创建新媒体教学平台，鼓励学生自主学习

创建新媒体教学平台是新媒体时代下大学生思想政治教育发展的必然举措。新媒体教学平台的建设必须紧跟当前大学生思想政治教育发展的步伐，要依据学生的实际水平与接收能力展开活动。新媒体教学平台的多模式方式，有利于增强师生之间的互动交流，有利于提高大学生对思想政治教育的接受度。

在大学生思想政治教育中创建新媒体教学平台的同时，也要让学生认识网络、了解网络、利用网络。新媒体平台的建立固然重要，但离不开教师和学生的共同努力，尤其学生更应该发挥学习的主动性。由教育者引导受教育者学习，在这个过程中，充分激发学生的学习积极性，让学生在学习过程中潜移默化地建立起良好的思想政治知识体系，以便大学生思想政治教育达到理想的效果，提高学生的思想政治综合实践能力。

在新媒体时代下这样开放的网络环境中，教育者更重要的作用是引领学生的认知和辨别能力，鼓励学生利用网络开展自主学习。学生充分参与思想政治教育知识的学习，能在这个过程中逐渐体会到学习知识的成就感，这样有利于学生践行高校思想政治理论知识。

2. 发挥教材最大效用，增加新媒体内容价值解读

新媒体时代下大学生思想政治教育必须加强对教材的统筹与协调力度，努力实现教学内容的个性化，提高教学内容与时代的同步性。同时，需要引导学生增加对新媒体内容的价值解读，从呈现的新媒体信息中分析出价值规律。新媒体时代下的教材内容要充分体现出时代特点、多样性和丰富性。有利于提高思想政治教育的吸引力。采用让学生更容易接受的形式，能最大化地发挥其作用。教材是一切教学活动的最基本的物质载体，是将教学内容个性化落到实处的依据。新媒体时代下，教材也要不断创新以满足新时代下大学生对思想政治学习的需求。

新媒体时代下，教师要发挥自己引导人的作用，学生要擅长运用新媒体的信息资源。学生对新媒体内容的价值解读往往有正反两个方面的考量。对新媒体内容中真实价值的认识在于对新媒体本质特征和根本规律的认识和探索，我们要在探索过程中找出与社会主义核心价值观相契合的观念理论，要在发挥主观能动性的同时对教育有多元化的认知和解读能力。

3. 采用新媒体教学技术，促进教学方法多样化

新媒体教学技术是新媒体时代发展的产物，有其独有特点。传统的大学生思想政治教育比较注重理论知识，其虽有它的优点，只不过课堂内容形式单一，学生的接受能力比较有限，而新媒体技术的出现与利用，让大学生思想政治教育课堂内外的教学内容和教学方法都丰富多样起来。在采取新媒体教学方式的同时也不摒弃传统教学方法中的优势，采用理论知识与实践知识相结合的教学模式，把单一的变综合，把不变的进行创新。兴趣是学生最好的老师，新媒体技术运用中的教学方式多样化，在最大程度上解决了这个问题，促进学生学习的积极性和主动性，使学生更容易接受教师讲授的内容。学生学习首先是要接受学习，且对所学知识要能够实际运用，这才是思想政治教育的最终目的，这对培养我国社会发展所需的高素养人才意义深远。

新媒体时代下的大学生思想政治教育，采用多种教育方式将抽象的思想政治理论转化为知识，甚至是可以具象体会的。学生在这个过程中，更容易理解且思想政治教育的目的，也便于将理论转化为实践，且在具象化的指导下，学生对于思想政治教育过程中可能出现的认知问题都有一定的预料且能提前进行预演，这使得学生解决思想政治教育过程中出现问题的能力大大增强。采用新媒体教学技术促进教学方法多样化，能够在很大程度上使得大学生思想政治教育摆脱传统课堂的束缚，合理利用新媒体技术进行教学实操，构建更加完整的思想政治知识体系。新媒体时代下大学生思想政治教育有了突破性的发展，依托于新媒体技术的思想政治教育有了前所未有的变化，学生的学习地位也逐渐发生改变。在教学中学生终于能真正融入教育过程去发现问题和解决问题，不再是被动接受知识，主观能动性的发挥有助于真正提升学生的思想政治实践能力。传统思想政治教育的局限性都在新媒体技术的利用中逐一突破，将范围局限打破是大学生思想政治教育创新的目的之一。在秉持思想政治教育理论体系的同时，运用新媒体技术辅助教学，实现传统

思想教育和现代思想教育的融会贯通，更能在实践中解决诸多困难。

4. 提高教师专业素养，丰富思政教育内涵

新媒体时代下，思想政治教师的专业素养是非常重要的。大学生思想政治教育的重要因素之一就是教育者，教育者的素质在很大程度上决定教育的水平。首先，高校思想政治教师要有扎实的马克思主义理论基础，较强的教学能力和较高的专业水平是教师教学的基础；其次，要不断提高自身能力，要与时俱进学习多种技能；最后，教育者在武装自己的同时，要更多地关注学生的思想动态，丰富思想政治教育内涵。教育者自身要有丰富的知识储备和较高的教育水平，在教育过程中才能给学生做好引导工作，用自己的人格魅力去影响学生，站在学生的立场上考虑学生的实际需要，拉近与学生之间的距离，让教学知识在学生看来更容易接纳，教师所教授的知识必定要学生接收，并能很好地内化之后才能转化成实际有用的践行成果，从而产生教学实效。为了实现这一目标就必定要提高教师专业素养，丰富思想教育内涵。因此，高校要加强对教师的培训，提高其群体理论素养和专业素养，特别是新媒体时代下对教师新媒体素养的培养。

在教学观念上，教师也应该随着时代的变化而变化。新媒体的发展促使新媒体技术的发展，新媒体技术的发展促使教学模式的革新，这一切改变都是建立在时代发展的基础上的。当前，新媒体时代下大学生思想政治教育增加了教育内容的多样性和趣味性，区别于传统教育中的单调和乏味，在一定程度上扭转了学生对大学生思想政治教育固有的印象，也让学生了解到大学生思想政治教育的重要性，并且在众多实践活动中增强其功能性。作为大学生思想政治教育工作者，更应该站在教育的前沿，随时掌握教育本身以及教育影响因素的实时动态，将多媒体技术很好地融合进大学生思想政治教育过程中，激发学生的学习兴趣，促进其学习的主动性，提升思想政治教育综合水平。在师资队伍的建设上，也需要和新媒体同步发展，大学生思想政治教育者队伍本身就是一个相对固定、师资相对较少的教育队伍，扩大思政教育队伍，增强其师资力量是一个亟待解决的问题。思想政治教育队伍是关系思政课程教育质量的直接因素，所以，大学生思想政治教育的师资力量建设尤为重要。在进行平时教育内容时，要积极开展对教师的培训以及教师外出学习的交流互动活动。教师首先要不断地学习，提升自身能力，才能去教书

育人。高校本身也可以建立一些有关思想政治工作的办公室或者研究中心，让高校师生有更多接触交流的机会，提升高校整体学习水平和教学质量。

综上所述，新媒体时代下大学生思想政治教育发展路径是由教学平台、教材内容、新媒体技术、学生主体性和教师专业技能等多方面共同革新的，这也是由当前时代下多元化文化冲击所形成的。促进大学生思想政治教育的发展也是其他各门专业发展的基础，以提升整个高校的教育质量。

第三节 新媒体视野下大学生思想政治教育创新的策略探索

一、创新思想政治教育工作模式

大学生思想政治教育在一定程度上是对大学生思想品格形成过程中的一种说服教育和塑造的过程。关注学生的发展，从学生的需求点出发，才能使思想政治教育的内涵更好地被大学生主动吸收内化。新媒体时代，科技的创新带来的不仅仅是对生活、工作的影响，更多的是观念的转变。思想政治教育工作者要厘清这些变化，跟随时代的潮流，对教育观念进行更新，与大学生在新时期的思维方式同步转变，创新思想政治教育的工作模式。

（一）确立"以人为本、育人至上"的工作新理念

随着大学生对新媒体使用广度与深度的不断扩展，新媒体中自由、平等、开放的思想意识已深入大学生头脑中，越来越多的大学生将自我平等、全面发展的需求从新媒体中延伸到校园中。

新媒体时代，思想政治教育工作者需要看到学生主体的需求，尊重学生主体地位，以实现学生全面发展为教育目标，坚持"以人为本""育人至上"的工作理念，透彻研究大学生群体的心理特征，掌握他们的思想动态，以生活式关怀走进大学生的内心，激发学生的积极性与主动性，突出并把握教学针对性。

1. 强化大学生思想政治理论课教学过程中的问题意识

思想政治理论课作为对大学生进行思想政治教育的主渠道。在教学过程中，强化大学生的问题意识，有针对性地分析、引领大学生，使其客观分析所关注的热点问题。在这一过程中，教育者要将大学生放在中心位置，通过分析大学生所关注的新媒体中的热点问题，借助新媒体的传播优势，探究

他们的心理需求，关注他们的所思所感。在思想政治教育理论课程上，如果教育者回避此问题，不做出正面的引导，不仅会拉大与学生之间的距离，更可能会使部分大学生的价值观、道德观受到影响。因此，教育者应及时对大学生所关注的问题做出回应，在对事件进行全面的透彻分析过后，通过视频、图片等形式向大学生传递社会正能量。通过全方位的、多层次的、多角度的情境引导，教育者帮助大学生树立正确的、健康向上的观点并加以内化落实。

2. 在进行大学生思想政治教育过程中突出针对性，切实做到因材施教

传统的思想政治教育往往为完成教学目标而对全校范围的学生开展思想政治理论课程的学习，其教学内容常常是相同的。由于学习环境的差异，文理科学生对于思想政治理论课的接受能力存在差异。文科学生由于从未间断过政治理论方面的学习，加之学科间的渗透，使其对于原有课堂内容的理解较为容易，从他们的角度出发，课程内容应该更为深层次一些。一些理工科学生由于对基础知识的把握不够扎实，使得其对原有课堂内容的理解较为困难。伴随着新媒体时代的来临，大学生的自我意识得到进一步的发展，根据自身内在心理需求，要求课程学习内容有所区别的趋势较为明显。由此，新时期的大学生思想政治教育工作应根据大学生的不同专业加以区分，从而有针对性的有序进行。以新媒体为载体的大学生网上思想政治教育活动也需要根据大学生的不同专业而区别对待。一些文科生常常为自己的个人前途而担忧，一些理工科学生则往往为自身的学业而烦恼等等这些问题，均需要教育者依据不同情况进行不同引导，量体裁衣，对思想政治教育的针对性不断进行提升。

3. 要重视思想政治教育过程中的生动性的增强

作为一种教育目的性很强的活动，思想政治教育不断完成着由教育到转化的过程，而这一过程顺利完成的关键就是被大学生所接受。与传统思想政治教育不同的是，这一过程未必需要严肃冷峻，其内容也未必需要晦涩难懂。面对新形势，思想政治教育更加需要展示其所具有的生动性和吸引力，由此才能被大学生所接受。在丰富教育内容，拓展教育形式之余，要重视思想政治教育过程中的生动性的增强，必须转变新媒体环境中思想政治教育的语言表达范式，结合新媒体语言的模糊性、混杂性、简洁性等特点，转变思想政治教育话语语境的设立，如，将"对话"转变为"讨论"，将"必须"

变为"可以"。通过话语方式的多元转换，思想政治教育工作者从"高台"走下，以一种亦师亦友的平等身份与学生进行交流和沟通，站在学生的视角引领其思想的发展。

（二）探索"新旧结合、虚实统一"的工作新思路

新媒体时代，传统的大学生思想政治教育方式存在问题，这是毋庸置疑的，但经过多年的经验积累，并能不断经过时间与实践的检验而延续至今，无不说明其仍具有一定的科学性与存在的必要性。这就要求大学生思想政治教育在新媒体时代进行创新之余，需要不断进行回顾与总结，对传统大学生思想政治教育中的有效性必须予以肯定。在此基础上，加入大学生感兴趣的、具有时代感的内容，以适当的方式进行教育并做到有效传播。正如马克思哲学思想中所讲述的，对于大学生思想政治教育工作的历史与创新而言，全盘否定或是全盘肯定都是不正确、不全面的。新媒体视野下的大学生思想政治教育与传统大学生思想政治教育二者之间应该是互相共存而非淘汰取代的关系。将新旧媒体有效地结合在一起，以虚实统一的新方法进行思想政治教育，才能真正提高思想政治教育的实效性。此外，面对复杂多变的国际形势，西方势力从未停止过对我国大学生进行思想渗透的脚步。对此，必须加强新媒体环境中思想政治教育阵地的建设，以先进的理论武装学生头脑，抵制不良信息的侵入。

1. 要充分实现教育内容上的新旧结合

传统的大学生思想政治教育中，理论本身没有任何问题，但由于部分理论过于深奥，语言过于晦涩难懂，不少经典理论逐渐无人问津。新媒体视野下大学生思想政治教育的创新就是要求思想政治教育工作者将传统教育中的优秀思想进行整理，将其相关理论精髓以新媒体的语言进行阐述，提高对大学生的吸引力，在不影响思想理念的前提下，最大限度地为大学生对思想的理解提供便利。思想政治教育工作者可以将新媒体中的先进文化或热点话题与思想政治教育中的思想理论相结合，在大学生的"兴趣点"上开展理论教育，往往能取得意想不到的效果。此外，思想政治教育工作者可加强对新媒体技术的使用，采用声、光、画面等元素对思想政治教育理论进行包装，使理论本身立体化、直观化。

2.要充分完成教育形式上的虚实结合

要想使新时期大学生思想政治教育具有强有力的生命力，必须完成教育形式上的虚实结合，做到网上网下思想政治教育的无缝衔接。这就要求建立起一个高效覆盖且立体交叉的网络体系，实现课上课下互补、网上网下互动的新局面。在课堂教育中，教育者应关心学生所关注的热点问题，在课上给予正面回复，以马克思主义理论的先进思想武装大学生头脑，引导大学生树立正确的人生观、价值观。课堂外，教育者可以开通QQ、手机信箱、微信、微博等新媒体平台，与学生进行零距离互动，及时了解大学生的课下思想动态，实现师生间资源互通，以亦师亦友的身份融入大学生的日常生活之中，再进行适时引导。当再次上课时，教育者可根据线上情况在课上与大学生进行面对面的平等交流，形成一个完整的网上网下互动链，进而真正实现新旧结合、虚实统一的教育新思路。

（三）构建"分层教育、分众教育"的工作新方式

在新媒体的作用下，大学生个性化意识逐步加强，传统大学生思想政治教育的"一本教案走校园""一套课件教几年"等教育方式不再适用于当今形势。新时期大学生思想政治教育工作的有效开展，必须是在充分尊重学生个性的基础上进行，对学生不同的专业、不同的知识背景、不同的兴趣爱好进行归纳分类，制定不同的教育方案，从而有针对性地将大学生思想政治教育工作细化、深化。

1.依据专业领域划分，定制文理不同的教育方案

由于文科学生和理工科学生对于思想政治理论学习的基础不同，加之在日常的学习生活中培养的学习思维不同，在接收思想政治教育时，侧重点以及对难点的把握必然会出现差异。思想政治教育工作者在进行分类教育时，应充分考虑这些因素。在对发散思维强的文科生进行教育的过程中，多采用网状知识结构，适当地提高理论高度。在对逻辑思维严密的理工科学生进行教育的过程中，则应多采用线性知识结构，以通俗易懂的方式进行层层递进的思想教育。

2.依据年级划分，寻找不同年级的教育切入点

依据年级的不同，分析大一至大四年级学生之间的不同关注点与兴趣点，通过不同的渠道，开展更具针对性的思想政治教育工作。大一学生初入

校园，面对未知的独立生活，心理上存在一定的不适应性。思想政治教育工作者可通过新媒体融入新环境中，采用介绍式的教育方法，拉近与学生间的心理距离，教育基调应以人文关怀为主。大二、大三年级的学生对校园已形成基本认识，教育工作者可通过引导性教育、方向性教育，以提高思想政治教育的有效性。大四年级的学生面临就业选择与压力，容易形成一定的心理负担，教育工作者应适时关注其思想动态，缓解大学生的焦虑情绪，进行渗透式教育。不同年龄段的学生对新媒体载体的选择具有差异性。教育者应审时度势，依据不同年级学生的变化选择相应的主要教育载体。

二、开发思想政治教育全新载体

互联网作为新媒体的典型代表，具有信息涵盖量大、传播速度快、表现形式多样、交互性强、快捷搜索等显著特点，早已深深地植入大学生的日常学习生活中。基于网络的发展，众多媒体形态由此衍生出来，尤其以微博为代表的社交网站、以 QQ 为代表的通信软件、大学生几乎人手必备的手机及新兴的各类 APP 为主，在大学生群体中的存在已成为常态，与其日常生活紧密地联系在一起。在网络织成的大环境中，大学生的思维方式与思想认知均发生了巨大的变化。如何利用网络技术进一步开拓大学生思想政治教育的全新载体成为一个全新的课题。

（一）发挥社交网站的作用唱响大学生思想政治教育主旋律

伴随互联网的快速普及，建立在"六度分割"理论之上的社交网站受到大学生的普遍欢迎。微博、人人网（原校内网）、开心网、facebook 等知名社交网站均具有较高人气。大学生可依据自身的兴趣、专业或需求在社交网站中寻找相关的信息服务。在众多社交网站中，微博作为大学生用户黏度最高的社交网站脱颖而出。本节将以微博为例，探究社交网站在加强大学生思想政治教育中的有效途径。

1.正确认识微博，树立起利用微博弘扬思想政治教育主旋律的新理念

微时代的到来，传统思想政治教育中教育者的权威性和主导地位被碎片化的信息传播方式消解了。在清楚地认识到这一问题后，思想政治教育工作者必须树立起利用碎片化工具——微博进行思想政治教育的理念。微博中的用户关系体现在"关注""评论""转发"和"点赞"四个动作上。思想政治教育工作者需要及时开通微博，"关注"大学生，了解大学生的思想动

态，对大学生"转发"的内容进行分析，必要时，通过朋友间的语言进行"评论"或是"点赞"，以行动引导学生。在与学生进行追随与被追随的过程中，潜移默化地进行思想政治教育引导工作。思想政治教育工作者需要在自己的微博中有规律地发布一些健康的、积极的、充满正能量的、有趣味性的文字、图片或视频，吸引大学生主动进行关注、转发或点赞，形成属于思想政治教育的好友圈，将主流意识形态渗透到每条微博中。

2. 积极创建微博，在高校中建立起各级微博网络系统

各级校领导作为大学生思想政治教育工作开展的领军人物，在与大学生学习生活息息相关的问题上，对大学生具有天然的号召力。高校领导进行微博实名注册并相互关注，形成微博网络系统。在微博中进行校务公开，接受大学生的工作监督和意见反馈，建立起畅通的"越级上报"机制。利用微博评论功能，关心大学生普遍关注的热点问题，对留言及评论及时做出回复，拉近校领导与学生之间的心理距离，以春风化雨的形式身体力行地开展大学生思想政治教育工作。积极创建班级微博和学院微博，开展及时的班务公开、发布通知公告等活动，对大学生的学习生活进行方向上的引领。通过各级微博的创建，形成一个大学生思想政治教育工作的闭合路径，充分占领微博空间，实现有效的隐性教育，切实发挥好微博的教育服务功能。

3. 科学使用微博，发挥意见领袖作用，正确引导微博舆论走向

大学生对于微博情有独钟，在一定程度上将引发校园舆情的形成及态势发展，无论直接或间接都会影响大学生思想政治教育工作的开展。为此，思想政治教育工作者应努力寻找科学使用微博的方法。科学使用微博，一是要结合重要节日，通过议题的设置，吸引大学生的注意力，通过微博话语的运用，鼓励大学生转发或评论，并及时对评论进行回复，持续引领话题走向。二是要充分利用点赞效应，大学生对于某一问题的关注，常常通过点赞数量为切入点，形成一种点赞效应。思想政治教育工作者要认识到这一问题，通过发布一些外在幽默诙谐、内在引人思考的涵盖社会主义核心价值观的内容，动员微博网络系统的其他工作人员共同点赞，吸引大学生进行关注。三是要培养意见领袖，思想政治教育工作者可在日常工作中培养一批品学兼优、具有号召力的学生成为微博中的发声者。这些意见领袖一方面可以主动发布具有正能量的微博，以自身魅力带动大学生进行追随；另一方面可配合

思想政治教育工作者，共同引领大学生对于微博舆论形成共识，激发沉默的大多数人参与其中，带动"潜水者"参与问题的讨论，进一步扩大校园主流文化的影响力。

（二）利用 QQ 软件搭建大学生思想政治教育的交流平台

腾讯 QQ 作为一款快捷高效的即时通信软件，包含在线聊天、文件传送、资源共享、QQ 群、QQ 空间、QQ 微博、QQ 音乐、QQ 邮箱及 QQ 游戏等多项功能，拥有手机、电脑、iPad 客户端，适合多种系统运行，自 1999 年推出后，逐渐覆盖中国聊天软件市场，其发展也备受关注。作为大学生人手必备的聊天软件，如何高效地将其应用于思想政治教育中，搭建起大学生思想政治教育平等交流的平台，需思想政治教育工作者通过实践来完成。

1. 思想政治教育工作者需要静下心来，在 QQ 中聆听学生的心声

在与学生进行交流前，思想政治教育工作者首先需要为自己设计一个"QQ 名"，在网络两端的两个人，第一印象的建立往往就是网名所传达的信息。在设计网名时，需要考虑大学生的接受心情。过于正统会让学生没了说话的欲望，过于非主流又会给学生带来误导。在聊天的过程中，教育者应根据大学生所使用的语言，所涉及的内容对隐匿在 QQ 背后的学生个体进行"数据分析"，通过立场转换而想学生所想，找到问题根源，通过 QQ 表情的辅助进行"注射式"思想政治教育。

其次，思想政治教育工作者需要两群互动，用心建设 QQ 群环境。两群互动指的并不是数量上的两群，而是类别上的两群。一方面，思想政治教育工作者需要加入同事群，共同交流经验，分享资源，学习他人之长补己之短，不断提升自己的能力，同时还可以群策群力，共同解决棘手问题，多视角寻找解决问题的方法；另一方面，思想政治教育工作者需要加入学生群，在为学生答疑解惑，设置问题和引领学生的话题讨论之余，思想政治教育工作者还可通过 QQ 群中的文件、相册、论坛等功能进行渗透式思想政治教育，如上传党支部活动图片、正能量传播图片；等等。此外，思想政治教育工作者可结合现实情况，设计思想政治教育的相关问题，组织学生参与投票，实时掌握学生动态，还可通过设计群签到活动，让大学生寻找群归属感。总之，大学生思想政治教育工作者需要认真研究 QQ 群的各项功能，结合大学生思想政治教育，将其应用其中。

2.思想政治教育工作者需要装扮 QQ 空间，用心点亮思想政治教育明灯

QQ 空间的合理运用能够弱化大学生对思想政治教育的排斥感，融洽师生关系，强化思想政治教育的参与性与共享性。思想政治教育工作者需要看到 QQ 空间所蕴含的巨大潜力，将其纳入有效教育的工作范围。思想政治教育工作者要充分利用 QQ 空间中的日志、留言板、相册、自定义页面等功能选项，通过对不同板块的有效利用，一是要营造出舒适的视觉环境，符合大学生的视觉审美需求；二是依据不同功能的板块设置不同内容的专题，将马克思主义的先进理论、中华民族的优良传统和道德文化巧妙融入 QQ 空间，并将优秀的空间内容置顶，推荐给大学生，实现资源共享。

（三）借助手机媒体拓展大学生思想政治教育的生活化渠道

随着智能手机的更新和 5G 网络的到来，手机媒体以其独特的优势日益改变着大学生的生活、学习以及思维方式，成为大学生日常生活中不可或缺的交流工具。与此同时，手机媒体也为大学生思想政治教育搭建了新平台，完善了大学生思想政治教育有效落地的路径建设，其获取信息的渠道得到了相应拓展，思想政治教育生动性和实效性的落实同时得到强化。大学生思想政治教育工作者应抓紧时机，利用手机媒体对大学生开展行之有效的思想政治教育工作。

1.以学院为单位，搭建校园手机信息发布平台

一是要建设手机短信群发平台。将大学生日常的学习计划、证书考试等相关信息有条理地编辑成为 60 字以内的（一条信息的容量）信息，定时定期将信息推送至大学生手中。二是建立手机微信平台，思想政治教育工作者需要开设公共账号，通过几个板块的设计，以校园趣事或校园动态为载体将一些诙谐幽默却富有思想政治教育内涵的信息融入其中，每天进行群发。针对校园热议话题开展微话题讨论活动，引导学生话题谈论方向。与此同时，思想政治教育工作者还需要申请个人的账号，与学院学生互加好友，解答学生日常问题。加入微信好友群，与学生共同分享每日新闻和所见所感。思想政治教育工作者还可利用微信在大学生生日时语音送上祝福，拉近师生距离，进一步加深情感。

2.与三大手机通信运营商合作，发布覆盖全校学生的手机新闻

校园手机思想政治教育工作的开展，需要加强与移动、电信、联通三

家手机通信运营商的合作，共建有效覆盖全校的手机报推送系统。手机报内容的选择应立足中国，放眼世界。在关注国内热议新闻之余，需要进一步分析其成因以及对其产生影响的国际形势。通过手机报的推送，不仅要拓宽大学生的视野，还要进一步培养大学生透过现象看本质的分析问题的能力。

3. 积极研发"校园通"手机客户端，实现思想政治教育的有效落地

大学生对于手机的青睐，不仅仅源于手机本身，更多的是对其"概念背后所蕴含的可能性"的关注。由此，设计研发适用于 Android、IOS 手机系统的校园通客户端，针对大一至大四不同年级的不同需求设计板块内容。"校园通"手机客户端应包含以下几个方面的内容：一是学习篇，依据文理科进行划分，定制书单，丰富大学生的学习生活。二是设计篇，以优秀毕业生为例，讲述他们的大学生涯规划，鼓励学生根据自身情况进行生涯设计。与学生个人教务系统进行链接，便于学生在受到启发后对自己的大学生涯进行有序规划，同时加入名师讲堂，教师在线对学生的生涯规划进行点评与纠正。三是心理篇，总结大学生在大一至大四年级会遇到的心理问题，以案例讲述分析的方式对大学生进行正确引导，同时设置在线咨询，及时解决大学生的心理困惑。四是实践篇，为学生提供实习岗位和就业信息。此外，在技术的支持下，还可添加消息提醒功能，对大学生遗漏的新近更新信息进行标注，提醒阅读。通过"校园通"手机客户端的研发与应用，可进一步加强大学生思想政治教育的落地工作，将其生活化，使教育工作真正做到"润物细无声"。

（四）开发全新 App 客户端实现大学生思想政治教育的全面落地

随着移动互联网时代的开启，智能手机和 iPad 等越来越多的移动设备为大学生所青睐，App 也逐渐走入了大学生的视野。App，全拼 Application，翻译为应用。由美国苹果公司的 App store（应用商店）中引申而出。随着技术的进步，App 的种类不断增多，如，墨迹天气 App、百度 App、爱奇艺 App，等等。此外，为进一步占有市场，新闻媒体单位也逐渐走上了 App 研发之路，如网易新闻 App，等等。面对 App 市场的蓬勃发展，大学生对于 App 的下载量和使用量也在不断提高。开发全新的思想政治教育 App，以大学生喜闻乐见的方式融入大学生的各种移动设备中，全面提高大学生思想政治教育覆盖面成为当今大学生思想政治教育的必然之选。大学生

思想政治教育 App 的研发涉及以下几个方面。

一是校内 App。校内 App 以校园内事务为主，可涵盖科技发明、校内活动、图片分享、明星风采、热点话题等几个板块。科技发明主要介绍校园内大学生专利申请、科研实验等相关情况，鼓励大学生的创新精神；校内活动以介绍学生社团活动为主，对活动进行预告，鼓励大学生积极参与其中；图片分享则以校园风光、学校历史为主，培养学生以母校为荣的意识；明星风采可每期一位优秀学生代表，讲述自己学术或兴趣的培养方法，为普通大学生树立榜样；热点话题则可结合校内外的热议问题组织学生自由辩论，实时更新评论。

二是理论知识 App。理论知识 App 以大学生思想政治教育的基本内容为主，可包含理论阐述、指导实践、历史今日、知识问答等模块。理论阐述需要系统地对马克思主义理论进行讲述，由表及里，深入理论核心；指导实践则需要根据本期介绍的理论、组织实践活动，可以是历史中已有活动的介绍，也可以组织学生进行新的实践活动；历史今日则以故事的方式，讲述马克思主义发展史或中国共产党党史等思想政治教育内容；知识问答环节可结合我国历史、地理、人文等多方面的内容，以游戏的形式将知识传输至学生头脑中。

三是思想政治教育相关 App 的安装必须简洁化。思想政治教育工作者在校园内需对思想政治教育 App 进行广泛宣传，制作下载安装二维码，方便学生扫码安装，以具有时代感的形式拉近与学生间的心理距离，以 App 的植入为契机，全面实现大学生思想政治教育的落地，进一步扩大思想政治教育覆盖面。

三、优化思想政治教育媒体环境

新媒体视野下大学生思想政治教育创新是一项艰巨而庞大的系统工程，需要融合包括政府、社会、高校在内的多方力量共同参与，优化媒体环境，才能保证大学生思想政治教育切实收到成效。

（一）以政府为主，加大拟态环境的建设力度

所谓拟态环境主要是指信息环境，然而它却并不是现实环境镜子式的再现，而是传播媒介通过对象征性事件或信息进行选择和加工、重新加以结构化以后向人们提示的环境。拟态环境不仅制约着人们的认知和行为，还通

过这种制约对客观的现实环境产生影响。随着社会的信息化程度越来越高，大学生的认知和行为受到拟态环境的影响也随之加深。面对宏观环境所产生的巨大变化，我们应以政府为主，加大拟态环境的建设力度。

1. 加强相关立法，采用法律、法规、政策等手段规范网络信息传播，净化网络信息环境

随着互联网的快速发展，其开放性及隐蔽性的特点导致网络信息环境趋于复杂化，信息质量参差不齐。负面信息的传播对拟态环境造成污染，蚕食着大学生的网络道德与社会主义核心价值观。因此，政府部门应针对这些"破窗"第一时间采取有效措施，及时健全相应的法律法规，对网站从业者和信息发布者进行法律约束，通过法律法规，净化网络信息环境，将有害的、垃圾的信息剔除，严厉打击传播网络有害信息的网站。

2. 大力弘扬社会主义核心价值观，占领拟态环境主场

在网络技术的支持下，新媒体所构建的主体多元化造成信息源的不断增长，多种价值观相互交融、渗透与冲突，对大学生产生了极大影响。在此环境下，要充分发挥政府的主导力量，大力弘扬社会主义核心价值观。通过红色网站、新闻门户网站的建立，多渠道、多角度地对社会主义核心价值体系进行宣传，以红色的、正面的信息占领网络空间，营造积极向上的传播氛围。此外，通过对议程进行设置，有序引导大学生关注并加入社会主义核心价值体系的探讨中，形成拟态环境舆论主场，对消极的、低俗的、具有分裂倾向的不良信息予以坚决地驳斥与回击。

3. 成立网络信息监管部门，加强信息传播过程中的监管力度

面对互联网中出现的不良信息，在对大学生形成正面引导的同时，政府需要针对网络信息的传播成立专门的监管部门，以法律为保障，进一步加强对网络信息的监管力度。一方面，根据时代的发展设定敏感词汇，对不良信息进行过滤并加以删除；另一方面，监管部门要坚持对发出不良信息的传播者进行跟踪追查，保障技术上能够实现彻底肃清，对追踪到的信息传播者进行必要的教育，情节严重的可依法处理。此外，要畅通网络不良信息的举报投诉渠道，调动广大网民的积极性，共同打击不良信息的传播，从而形成和谐有序的网络信息环境。

（二）以高校为主，扩大校园新媒体影响范围

对大学生来说，大学阶段正是其结束了应试教育后，开始形成对社会的判断和认识的时期，而高校作为这一时期大学生生活环境的主体，对大学生承载了较多的思想政治教育任务。思想政治教育工作者在以传统的方式开展思想政治教育工作之余，应更多地适应时代的发展，逐步扩大校园新媒体中的思想政治教育比重，在结合大学生兴趣的同时，以具有时代感的内容和方式，吸引并感染大学生对教育者所传播的内容主动接受，并内化为自身指导实践的持续动力，使得大学生思想政治教育实效性的增强真正得到落实。

1.结合课堂教学，开设大学生思想政治教育理论课程网站

在坚持课堂教学的基础上，结合课程内容，开设大学生思想政治教育理论课程网站，将弘扬主旋律的内容融入网站的思想核心之中。一方面通过设计不同的板块，对马克思主义基本理论、党的路线方针政策等书本内容进行二次编辑，以多种形式对思想政治教育课程的基本理论进行演绎，简化理解程序；同时，设置时政板块，添加富有时代感的新时期理论。另一方面可开设思想政治教育网络课程，设计网络课堂考核标准，以修学分的形式激励大学生对思想政治教育理论网站的关注。

2.依据校园已有网站，增设思想政治教育主题板块

依据校园中已投入使用的成熟网站，尤其访问量较高的学校官网、学生在线等校园网站，增设思想政治教育主题版块，将板块名称设计得更具有吸引力，以期不引起学生的排斥心理。内容上涵盖时事、政治、经济、文学、心理、法学、伦理等多学科多领域知识，以满足不同类型大学生的需求。在进行多学科知识阐述过程中，将思想政治教育的政治性本质与历史文化知识、经济发展走势、现代科技信息进行有机融合，使其具有极高的文化和科技含量，使大学生在潜移默化中受到思想政治教育理论的熏陶与感染。

3.加强校园 BBS 信息交流平台的舆论引导

高校 BBS 作为一个互动平台，越来越多的大学生乐于在 BBS 中就校园热点问题或是时事政治新闻等展开讨论，然而，大学生的讨论活动稍加挑拨或者煽风点火，便会成为舆论的导火索。为此，大学生思想政治教育工作者应进一步重视校园 BBS 中的舆论引导。一是要建立起相应 BBS 规章制度，如《校园网络 BBS 站点管理规则》或《校园 BBS 平台准入条例》等，形成

完整的制度保障机制，使校园 BBS 的运行更加制度化、规范化。二是培养有效"意见领袖"，引导话题走向。一些大学生思想政治教育工作者由于精力有限，不可能在每一个讨论组中现身说法，为此，要大力培养"意见领袖"，在学生谈论过程中，通过理性的分析和平等的话语表达，对学生的情绪进行疏导、安抚，缓和过激讨论态势，引导舆论健康走向。

此外，大学生思想政治教育工作者可结合校园手机媒体的应用，进行校内新媒体资源整合，制订详细工作计划，有序开展大学生思想政治教育，提高教育的实效性。

（三）以社会为主，健全新媒体信息监管机制

随着时代的发展，高校与社会之间不再是单一的、独立的存在。通过新媒体，社会发展的最新动态时刻影响校园中大学生的一举一动。面对社会转型期多元文化的交流碰撞，大学生的思想观、价值观都在不同程度地受到影响。大学生思想政治教育工作也受到挑战。面对复杂的思想政治教育环境，社会需要联动政府、高校共同努力，净化新媒体中信息传播环境，建立健全新媒体信息监管机制。

一是要在全社会范围内，结合国家出台的相关法律法规，在各个机构（网站运营单位、新闻机构、IT 公司等主要依靠互联网发展的机构）间制定通用的网络信息传播公约。公约需对网络中信息的传播做出明确说明，对公约的适用机构和适用人群做出明确界定，并对违反公约的处罚条例进行详细说明。将管理机制落实到实践，切实做到有据可依。

二是加强相关机构的强强联合，成立信息监管联盟。结合各机构自身优势，在推动联盟内机构共同发展的同时，通过敏感词汇库的建立，对网络信息进行有效监管，通过大数据模型对信息进行类别化整理分析，发现不良信息传播源后，通过技术手段，封锁其 IP 地址，并对其进行邮件警示。此外，在联盟内部设立思想政治教育组，通过对思想政治教育理论知识的转化，将社会主义核心价值观内化于联盟技术发展之中，从根本上逐步净化网络信息环境。

三是建立高效畅通的信息反馈系统，接收到来自基层网民的声音。联盟内机构需采用统一信息反馈系统，所有反馈信息均上传至后台，联盟内机构对反馈信息共享，通过意见反馈开展有效的漏洞处理工作。

参 考 文 献

[1] 张乙方，张雯，王树辉 . 新时代大学生价值观与大学生思想政治教育创新研究 [M]. 延吉：延边大学出版社，2022.

[2] 邵泽义 . 新时代大学生思想政治教育管理体系的构建研究 [M]. 镇江：江苏大学出版社有限责任公司，2022.

[3] 张枫 . 中国优秀传统文化与大学生思想政治教育工作融合研究 [M]. 太原：山西经济出版社，2022.

[4] 宋红波，陈尧 . 高校外语课程思政理念与实践研究 [M]. 武汉：武汉大学出版社，2022.

[5] 张恩祥，范宝祥 . 身边的榜样 [M]. 北京：中国政法大学出版社有限责任公司，2022.

[6] 王凯旋 . 大学生价值观教育载体研究 [M]. 北京：江西高校出版社有限责任公司，2022.

[7] 王子刚 . 大学生组织思想政治教育感染性研究 [M]. 北京：中国人民大学出版社，2022.

[8] 李晔 . 大学生主体性思想政治教育实践研究 [M]. 西安：陕西师范大学出版总社，2022.

[9] 钟媛媛 . 守正与创新大学生思想政治教育理论与实践 [M]. 北京：中国传媒大学出版社有限责任公司，2022.

[10] 李智慧 . 大学生思想政治教育有效资源开发利用研究 [M]. 北京：旅游教育出版社，2022.

[11] 王莎 . 运用大数据优化大学生思想政治教育研究 [M]. 长沙：中南大学出版社，2022.

[12] 何勇平 . 新时代大学生思想政治教育改革创新 [M]. 成都：西南财经

大学出版社，2022.

[13] 周达疆，王镭，崔静. 新时代学校课程思政建设研究 [M]. 天津：天津人民出版社，2022.

[14] 李洁. 社会主义核心价值观融入高校思想政治理论课教学研究 [M]. 北京：人民出版社，2022.

[15] 徐金平. 社会主义核心价值观与大学生思想政治教育研究 [M]. 长春：吉林出版集团股份有限公司，2021.

[16] 孔德博，王宇翔，冉冉. 高校社会主义核心价值观教育 [M]. 北京：九州出版社，2021.

[17] 韩振峰. 新时代大学生思想政治教育及思想政治理论课教学研究 [M]. 北京：中央编译出版社，2021.

[18] 刘萍萍. 现代思想政治教育的文化价值研究 [M]. 北京：现代出版社，2021.

[19] 孙永鲁. 新媒体时代思想政治教育传播学创新研究 [M]. 北京：新华出版社，2021.

[20] 谈娅. 新时代大学生思想政治教育创新研究 [M]. 重庆：西南师范大学出版社，2021.

[21] 张春秀. 马克思主义实践观视域下的思想政治教育评价论 [M]. 北京：光明日报出版社，2021.

[22] 李鹏. 高校大学生价值观与思想政治教育创新研究 [M]. 长春：吉林出版集团股份有限公司，2020.

[23] 刘颖，罗源. 大学生社会主义核心价值观与思想政治教育融合策略研究 [M]. 北京：九州出版社，2020.

[24] 张娥. 社会主义核心价值观引领大学生思想政治教育质量提升研究 [M]. 成都：四川师范大学电子出版社，2020.

[25] 邢瑞娟，王纪鹏. 社会主义核心价值观融入大学生思想政治教育研究 [M]. 北京：中国社会科学出版社，2020.

[26] 谭月明. 新时代大学生思想政治教育文化自觉研究 [M]. 北京：知识产权出版社，2020.

[27] 柳琼，韩冰，张薇. 大学生思想政治教育对策研究 [M]. 长春：吉林

出版集团股份有限公司，2020.

[28] 陈志成．思想政治教育理论与实践 [M]．北京：中国农业大学出版社，2020.

[29] 石丽艳．大学生社会主义核心价值观认同教育 [M]．长春：吉林大学出版社，2020.

[30] 朱佳．新时代背景下大学生思想政治教育与大学生社会主义核心价值观培育 [M]．北京：研究出版社，2019.

[31] 魏晓笛．大学生思想政治教育与教学工作创新研究 [M]．北京：中央编译出版社，2019.

[32] 何玉初，张明辉．思想政治教育与教学研究 [M]．北京：研究出版社，2019.

[33] 王安平．大学生思想政治教育研究 [M]．成都：四川大学出版社，2019.